독립운동
열전

- 잊힌 사건을 찾아서 -

독립운동 열전

_ 01 _

잊힌 사건을 찾아서

···임경석 지음···

푸른역사

《독립운동 열전》을
펴내면서

이 책은 한국의 독립을 위해 싸운 사람들 이야기입니다. 일본제국주의에 국권을 빼앗긴 시대에 살았던 한국 사람들이 해방을 위해 투쟁한 이야기 이지요. 그것은 제국주의 지배에 맞선 피억압 민족의 해방운동사입니다. 제국주의 열강의 폭압에 저항하여 비서구 약소민족들이 전개한 세계적 규모의 민족해방운동의 일환입니다. 투쟁에 나선 이들은 일본제국으로 부터 영토와 인민을 분리시켜 독립 국가를 건설하고자 했습니다. 그런 의미에서 독립운동사이기도 합니다. 1910년에 빼앗겼던 국가 주권을 되찾으려 했다는 뜻으로 보자면 광복운동입니다. 수백만의 민중이 참여하고 폭력을 포함한 온갖 방법으로 식민지 통치 권력을 전복하려 했다는 점에서는 혁명운동사이기도 합니다.

독립운동사를 다룬 책은 이미 많습니다. 그런데 왜 또 독립운동을 제목으로 하는 책을 출간하나요? 이렇게 묻고 싶은 독자들이 있을 것입니다. 그분들께 답합니다. 이 책에는 다른 독립운동사 저술에서는 보기 힘든 특징을 담았습니다.

무엇보다도 먼저, 사회주의를 배제하거나 축소하지 않았습니다. 그러기는커녕 사회주의를 중시했습니다. 왜냐하면 독립운동에 참가한 사람들 다수가 사회주의자였기 때문입니다. 1919년 3·1운동 이후에는 특히 더 그랬습니다. 이런 이유로 독자 여러분은 이 책에서 사회주의자들이 주된 지위를 점하고 있음을 확인할 수 있을 것입니다.

이 점이 이채롭게 느껴지시나요? 그렇게 느끼시더라도 무리는 아닙니다. 오랫동안 공식적인 독립운동 역사서에서 사회주의를 배제해왔기 때문입니다. 해방 이후 정부 기금으로 처음 간행된 《독립운동사》(전10권, 1970~1971)는 좋은 보기입니다. 두터운 벽돌 책들입니다만 그 속에는 사회주의자의 독립운동 정보가 담겨 있지 않습니다. 그 뒤에 나온 방대한 자료집들도 마찬가지입니다. 국사편찬위원회에서 발간한 《한국독립운동사자료》(전43권, 1970~2007)와 《한민족독립운동사자료집》(전70권, 1986~2007)에서도 사회주의에 관한 정보는 찾아보기 어렵습니다. 반공 이데올로기가 작동한 탓이었습니다. 냉전과 남북 분단, 그리고 군사 독재의 소산이었습니다. 그런 까닭에 독립운동과 사회주의를 서로 무관한 것인 양 생각하는 고정관념이 생겨났던 것입니다.

정부기관의 독립유공자 선정 과정도 그렇습니다. 설령 독립운동으로 옥고를 치른 분이라 하더라도 사회주의운동에 가담한 형적이 있으면 유공자 서훈에서 제외됐습니다. 1990년대 중반까지 그랬습니다. 민주정부가 들어선 뒤에야 비로소 조금씩 빗장이 풀렸습니다만, 지금도 여전히 제약이 남아 있습니다. 사회주의 계열의 독립운동가가 해방 이후에도 사회주의 활동을 계속했음이 밝혀질 경우 독립유공자 선정에서 배제되곤 했습니다. 요행히 선정됐다 하더라도 서훈 등급 판정에서 불이익을 받았습니다. 한 등급 낮추곤 하는 일이 자주 있었습니다.

이 책에서는 그러지 않았습니다. 진실을 추구하는 것이 역사가에게는 다른 어떤 가치보다 앞서기 때문입니다. 독립운동사에서 사회주의를 배제하거나 축소하는 것은 역사적 진실에 전혀 부합하지 않습니다. 그러기는커녕 정면으로 배치됩니다. 일제하 사회주의운동은 마땅히 독립운동사에 포함되어야 할 뿐 아니라 역사적 기여만큼 온당한 지위와 비중을 인정받아야 한다고 생각합니다.

또 하나 특징이 있습니다. 무명의 헌신에 주의를 기울였습니다. 독립운동사는 정의에 헌신했으되 잊혀져 버린 이름없는 투사들로 가득차 있기 때문입니다. 3·1운동과 세계대공황기 혁명운동과 같은 독립투쟁의 일대 고조기를 들여다보시기 바랍니다. 수십만, 수백만의 민중이 자신의 개인적 이해관계를 돌보지 않고 공동체의 해방을 위해 기꺼이 헌신하는 모습을 확인할 수 있습니다. 민중의 헌신이 독립운동의 가장 큰 원동력이었던 것이지요. 이 책에서는 그러한 모습을 형상화하고자 했습니다. 대의에 헌신했던 이름 없는 민중을 독립운동사의 주역 자리에 올려놓고자 했습니다.

그래서 잘 알려지지 않은 사람들에 주목했습니다. 지도적 지위에 있던 사람이나 영웅적 업적으로 이름이 알려진 사람보다는 그렇지 않은 사람들을 발굴하고자 했습니다. 독립운동에 헌신했다가 고초를 겪은 당사자뿐만 아니라 그 가족에게도 눈길을 돌렸습니다. 아버지 없이 자라야 했던 어린 자식들, 남편 없이 홀로 어린 자식들을 키워야 했던 아내들, 자식을 잃은 노부모의 애타는 고통을, 해방된 조국에서 살고 있는 후대 사람들은 기억해야 할 의무가 있다고 생각합니다. 그렇다고 지도자나 저명인사를 다루지 않은 것은 아닙니다. 그들의 삶에서는 그늘에 가려 드러나지 않았던 이야기를 발굴하는 데 주의를 기울였습니다. 공적인 업적을 보여주는 정보에 머물지 않고, 개인 신상이나 가족에 관한 정보를 소중히 여겼습니다.

이러한 노력은 박제 속에 갇힌 독립운동사를 구출하는 데 도움이 됩니다. 박제란 전시용 동물을 살아 있는 것처럼 보이게 하기 위해 썩지 않게끔 처리하는 기술입니다. 박제품은 실제와 비슷해 보이지만 온기가 없고 생동감이 느껴지지 않습니다. 오늘날 독립운동사 저서와 논문 대다수가 이러한 약점을 갖고 있습니다. 영웅 서사에 골몰하고 부조적 수법에 의지합니다. 독립운동가 개인이나 독립운동 단체를 돋보이게 하려고 긍정적인 측면만을 도드라지게 부각합니다. 그래서야 되겠습니까. 박제화와 영웅 서사에 따른 부작용은 적지 않습니다. 지루하고 권태롭습니다. 이를 극복하는 것은 오늘날 독립운동사 연구의 과제 중 하나입니다. 민중 서사에 관한 추구가 이 과제를 수행하는 유력한 방법이 될 것입니다.

이 책은 주간지 《한겨레21》의 고정 칼럼 〈임경석의 역사극장〉에 실린 글들을 모은 것입니다. 2017년 5월에 발간한 첫 기고문에서 2022년 2월의 제73회 기고문까지 약 5년간 연재했습니다. 기고문에 담긴 이야기들은 사료 속에서 건져 올린 것입니다. 사료를 읽다가 뜻하지 않게 놀랍고도 눈물겨운 일화를 접하곤 했습니다. 바로 그 일화들을 모아 썼습니다.

이 책이 나올 수 있게 도움을 준 분들이 있습니다. 그동안 마음속에만 품고 있던 고마운 감정을 표하고자 합니다. 제 역사 연구의 결과가 시민 사회와 대면할 수 있게끔 주선해주신 《한겨레21》의 역대 편집장님께 감사의 뜻을 표합니다. 길윤형, 류이근, 정은주, 황예랑 편집장님입니다. 제 원고를 한결같이 긍정적으로 평가해주신 덕분에 장기간 연재할 수 있는 동력을 얻었습니다. 푸른역사 출판사 박혜숙 사장님의 후의에 고마움을 느낍니다. 칼럼 연재를 시작하자마자 제게 출판을 제의했지요. 원고에 대한 거듭된 상찬은 제게 큰 용기와 에너지를 주었습니다. 편집자 정호영 선생님께도 감사의 인사를 드립니다. 거친 원고를 다듬어 예쁜 책을 만들이 주셨습니다. 이내 강선미에게 마음속 깊은 곳에서 솟는 형언하기 어려운 고마움을 전합니다. 그녀는 제 연구 활동의 가장 가깝고 오랜 협력자입니다. 긴 강사 시절 가난을 같이 견뎠고, 제 연구 활동의 가치를 항상 인정해 주었습니다. 언젠가 좋은 책을 내면 감사의 뜻을 표해야겠다 생각해 왔는데요, 이제 그때가 됐습니다. 두 손으로 나팔을 만들어 큰 소리로 전합니다. 고맙습니다.

2022년 8월
임경석

1장

망
명.

01

《소년》 잡지 권두시의 비밀

태백아 우리 님아 나 간다고 슬퍼마라

태백아 우리 님아,

나 간다고 슬퍼마라.

나는 간다.

가기는 간다마는,

나의 가슴에 품긴 이상의 광명은 영겁무궁까지도 네가 그의 표상이로다.

이별을 노래한 시다. 우리 님 '태백'에게 석별의 정을 전하고 있다. 부득이 헤어져야 하지만 임을 향한 사랑은 변함이 없다. 그러기는커녕 더욱 타오른다고 말한다. 최상급의 수사를 사용하여 속마음을 표현했다. 끝없이 영원토록 당신은 나의 님이라고 토로하고 있다.

잡지《소년》1910년 4월호에 실린 권두시의 한 구절이다. 1908년 11월부터 1911년 5월까지 통권 23호를 발행했던, 한국 최초의 근대적 종합잡지로 이름 높은 바로 그 언론매체다. 이 잡지는 만 18세에 불과했던 최남선이 거의 혼자 발행했다는 점에서 눈길을 끈다. 일본 유학을 그만두고 중도에 귀국한 그는 큰 목표를 세웠다. 한국의 시대정신을 하나로 통일하는 것이었다.《소년》발행은 이를 위한 수단이었다. 그는 근대 지식에 관한 교과서를 젊은이들에게 공급하는 방법을 통해 목표를 달성할 수 있다고 보았다. 서구 문학을 비롯하여 세계의 지리와 역사, 철학과 과학에 관한 기사, 번역, 번안 작품이《소년》잡지에 실린 것은 바로 그 때문이었다.

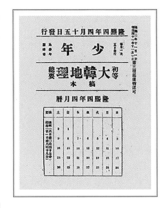

《소년少年》표지
《소년少年》제3년 제4권(1910년 4월) 표지.

최남선의 〈나라를 떠나는 슬픔〉,
〈태백의 님을 이별함〉
《소년少年》제3년 제4권에 실린
최남선의 권두시 〈나라를 떠나는 슬픔〉과
〈태백의 님을 이별함〉.

1909년 9월호부터 《소년》 잡지는 바뀌었다. 청년학우회 결성에 참가한 최남선은 잡지 지면을 통해 청년학우회의 동향을 선전하기 시작했다. 《소년》 잡지가 청년학우회의 기관지 역할을 하게 된 것이다. 청년학우회 참가를 권유한 사람은 안창호였다. 그때 최남선은 주저하지 않았다고 한다. "나에게 여러 군데서 입회하기를 청하는 단체가 많았으나 도무지 응낙하지 아니하였다. 그러나 내 이 청년학우회에는 희생적으로 일하겠노라"면서 쾌히 승낙했다.[1]

청년학우회는 비밀결사 신민회의 표면 단체였다. 표면 단체란 실정법이 허용하는 테두리 내에서 합법적·공개적으로 활동하는 단체를 가리키는 말이었다. 당시는 일본의 '보호국'으로 전락하여 보안법, 신문지법 등과 같이 기본권을 제약하는 악법이 횡행하던 대한제국 말기였다. 대한제국은 외교권, 경찰권, 사법권을 박탈당하고 허울만 남아 있었다. 일본의 침략기관 통감부가 지휘하는 경찰의 압제와 감시를 수용해야만 하는 시대였다. 피억압 예속 상태에 빠진 한국을 구하기 위해서는 비밀결사가 필요했다. 합법 상태의 제약에서 자유로운 동지적인 결합이 요청됐다.

신민회는 그에 부응하는 비밀결사였다. 신민회는 가입을 희망하는 사람에게 엄중한 결단을 요구했다. "입회의 첫째 조건으로 만일 경찰에게 발각되었을 때는 죽음을 결심하고 자백치 않을 것을 서약토록 되어 있다"고 한다.[2] 언제 성립됐는지, 조직 규모가 어느 정도였는지에 대해서는 학계에서 논란이 있다. 하지만 대한제국 말기에 애국계몽운동을 추동하던 비밀결사였다는 점에서는 이견이 없다. 신민회의 활동 반경은 넓었다. 서우학회, 한북흥학회, 기호흥학회와 같은 학교 설립 기관에 신민회 구성원들이 자리 잡고 있었다. 평양 대성학교를 비롯한 각지의 초중등 사립학교에도 영향력을 미쳤다. 상동청년회와 황성기독교청년회YMCA 같은 수도 서울의 기독교 청년 단체에서도, 대한매일신보 등 언론기관에서도 신민회원들이 움직이고 있었다.

무장투쟁 포함 해외 독립운동 큰 그림

1910년에 접어들었다. 망국의 그림자가 다가왔다. 일본의 식민지로 전락해가는 양상이 뚜렷했다. 이를 저지하려던 비장한 시도들은 유혈의 탄압 속에서 시들어갔다. 한때 전국을 내란 상태로 몰고 갔던 의병투쟁은 내리막길에 들어섰다. 애국계몽운동도 총칼의 탄압 앞에서 무력했다. 일본군 헌병대는 항일운동에 나설 가능성이 있는 인물들에 대해 대대적인 탄압을 가해왔다. 특히 안중근의 이토 히로부미 사살 사건 이후에 더욱 그러했다. 무차별적인 체포, 구금, 구속이 자행되고 있었다. 어떻게 할 것인가?

그해 3월경이었다. 신민회의 지도적 위치에 있는 인사들은 중대한 결단을 내렸다. 망명이었다. 집단적으로 해외로 나가 후일을 도모하기로 합의했다. 어떻게 강력한 일본을 물리칠 수 있단 말인가? 망명을 결심한 사람들은 잘 짜인 정교한 독립운동 계획안을 고안했다.

먼저 일본에 적대하는 서구열강의 외교적 후원을 받아야 한다고 판단했다. 염두에 둔 강국은 바로 러시아와 독일이었다. 러시아는 러일전쟁 패배 이후 절치부심 복수를 염원하고 있었다. 또 남서 태평양의 마샬제도와 중국 교주만에 교두보를 마련한 독일은 아시아·태평양 일대의 세력권 확장을 위해 일본과 긴장관계에 놓여 있었다. 시운이 맞아 굴러간다면 이들이 한국 독립의 우방이 될 수 있었다.

다음으로 근거지를 마련하기로 했다. 만주 밀산현密山縣에 농경지를 구매하여 대규모 농장을 경영하는 한편, 무장투쟁 간부를 양성할 무관학교를 설립하고자 했다. 유사시에 일본이 러시아나 독일과 전쟁 상태에 처하게 되면 국내에 진공하게 될 무장부대의 군사 간부를 양성한다는 복안이었다.

또 있었다. 해외에 거주하는 한인들을 조직화하기로 했다. 북간도, 연해주, 미국 등지에 거주하는 한인 이주민 수십만 명을 '대한인국민회'라는 단일한 조직으로 결속하는 일이있다. 그뿐인가. 독립운동을 선노하는 언론매체도 발행하기로 했다. 제대로 된 항일 언론은 국내에서는 경영하기 어려웠다. 망명을 결심한 이유 가운데 하나였다. 이 계획안을 실행에 옮기려면 자금이 필요했다. 다행히 그 문제도 해결됐다. 큰 부자인 이종호李鍾浩·이종만李鍾萬 형제가 대농장 경영 자금을 출자하기로 약속했다.

망명자들은 중국 산둥반도에 위치한 칭다오靑島에서 집결하기로 했다. 독일의 조차지였기 때문이다. 그곳에서 모여 망명 이후의 뒷일을 도모하기로 약속했다. 그리하여 그해 3~4월에 국내에서 활동하던 반일운동가들이 하나둘 모습을 감추기 시작했다. 무관학교 운영을 책임지기로 한 이갑李甲, 유동열柳東說, 김희선金羲善 등 대한제국의 장교들, 언론매체 발간과 무관학교 정신교육을 담당할 저명한 저널리스트 신채호, 거액의 운동자금을 출자하게 될 이종호 형제, 농경지 구매와 농장 경영을 담당할 김지간金志侃, 해외 국민회운동의 지도자 안창호와 이강李剛 등이 그들이었다.[3] 이 명단은 이강이 뒷날 저술한 회고록에 등장하는 인물들이다.

그 외에도 망명자들이 더 있었다. 보성전문학교 졸업생 김립이 대표적이다. 행적을 추적해 보면 김립도 신민회 망명 간부들과 보조를 같이했음을 확인할 수 있다. 그는 1910년 3월 9일 서울에서 열린 보성전문학교 제3회 졸업생 다과회에 참석했다. 그 자리에서 졸업생을 대표하여 개회

1910년 망명자들
① 안창호, ② 이갑, ③ 김립, ④ 이종호, ⑤ 이회영, ⑥ 이시영,
⑦ 이상룡, ⑧ 김동삼, ⑨ 신채호.

취지를 설명했다고 한다.[4] 그런데 불과 한 달 뒤에는 블라디보스토크의 한 집회에 얼굴을 내밀고 있다. 4월 4일에 블라디보스토크 한민학교에서 열린 안중근 의사 추도회에 참석하여 통분에 찬 연설을 한 것이다.[5] 이는 김립도 신민회 요인들의 집단 망명 행렬에 참가한 사람 중 한 명이었음을 말해준다. 이로 미뤄보면 당시 망명자 대열 중에는 이름이 밝혀지지 않은 인물이 여럿 있었던 듯하다.

서간도에 농장·무관학교 설립 추진

신민회 인사들의 집단 망명은 그 뒤로도 이어졌다. 나라가 망한 뒤인 1910년 12월, 신민회 인사들의 국외 망명이 또 한 차례 집단적으로 조직됐다. 이번에는 압록강 건너 서간도가 근거지로 정해졌다. 농경지 구입과 무관학교 설립을 위해 75만 원을 모금할 계획을 세웠다. 정부기관 장예원의 주사 월급이 15원이고, 사립학교 교원 월급이 25원 하던 때였다. 오늘날 구매력으로 환산하면 대략 1,000억 원에 해당하는 거금이었다.

양기탁, 이동녕, 이시영, 안태국, 이승훈, 김구, 김도희金道熙, 주진수朱鎭洙 등이 이 논의에 참여했다. 언론과 교육을 통해 애국계몽운동에 참가하던 유력한 반일 인사들이었다. 망명 계획은 극비리에 이뤄졌다. 심지어 가족에게도 알리지 않았다. 예를 들면 양기탁은 자신의 망명 의도를 친동생인 양인탁에게도 비밀에 부쳤다. 국외로 출발하기 직전에야 귀띔할 작정이지 않았을까 싶다.

그러나 출발을 앞두고 사고가 터졌다. 독립군 자금을 모으기 위해 비밀리에 잠행하던 안명근이 불행히 체포되고 말았다. 이를 계기로 국외 망명을 기도하던 신민회 인사들이 속속 검거되기 시작했다. 사안이 매우 급박했다. 검거 선풍 속에서 망명을 결행해야만 했다. 이회영·이시영 6형제와 이동녕이 건너갔다. 뒤따라 이상룡李相龍, 김동삼金東三, 김대락金大洛·김형식金衡植 부자 등도 망명에 성공했다. 가산도 처분한 채 온 가족을 이끌고 나선 비장한 망명길이었다. 서간도에 살던 토착 중국인들이 그 행렬을 보고 크게 놀랐다고 한다. 짐을 실은 수레가 줄을 이어 계속되는 것을 보고서는 한국의 황실 인사가 망명하는 것 아니냐는 소문까지 돌았다.[6]

《소년》잡지 권두시는 바로 신민회 망명자들의 심정을 노래한 것이었다. 잡지 편집자가 극비리에 이뤄진 망명 계획의 내막을 전해 들었음이 틀림없다. 기약 없이 망명길에 오르는 동지들을 바라보는 젊은 최남선의 가슴 속에서는 격정과 비애감이 끓어올랐다. 그는 망명자들을 축복하는 두 편의 시를 썼다. 〈나라를 떠나는 슬픔〉과 〈태백의 님을 이별함〉이 그것이다. 의도가 노출된다면 위험할 수도 있는 행위였지만, 망명자들의

최남선
3·1운동으로 투옥된 최남선.

용기를 기리지 않을 수 없었다.

태백은 조국을 가리키는 은유였다. 지금은 비록 이지러진 달처럼 조락하고 있지만, 시운이 닿으면 다시 둥근 보름달로 떠오르게 될 조국이었다. 피억압 민족에게 그것은 평화와 정의의 표상이었다. "세계 평화의 옹호자, 우리 강토의 정수, 우리 역사의 체화, 우리 민족 이상의 결정, 모든 옳음의 활동력의 원천"으로 간주되고 있었다.[7]

권두시는 미래에 대한 낙관으로 끝맺고 있다.

잘 있거라, 나는 간다.
봄은 오느니라.
제왕의 권력과 재화의 세력 밖에 있는 동군東君(태양신)은 때만 되면 오느니라.
무궁화 다시 피건 또 다시나 만나자.

02

《압록강은 흐른다》의 저자
이미륵의 망명길

1919년 11월, 이미륵 국경을 넘다

압록강 하구는 넓었다. 한참 동안 키보다 높게 솟은 갈대밭을 헤치고 나아간 끝에 마침내 강가에 이르렀을 때, 이미륵은 놀랐다. 압록강은 강처럼 보이지 않았다. 바다 같았다. 강 건너편 아득히 먼 곳을 눈으로 짚었으나, 뭍인 듯 환영인 듯싶은 거무스름하고 얇은 띠그림자를 그만 시야에서 놓치고 말았다.

달밤이었다. 사방이 훤해서 쉽게 사람들 눈에 띌 것 같아 불안했다. 늙은 어부가 빙그레 웃었다. 오히려 달빛이 밝을 때 국경 감시가 소홀하다고 말했다. 강물에 띄운 것은 작은 통나무 쪽배였다. 너무 작아서 두 사람만 간신히 탈 수 있었다. 쪽배는 세 척이었고, 사공도 세 사람이었다. 강을 건너려 한 이들은 미륵과 그보다 좀 어려 보이는 학생 둘이었다. 둘 중 하얗

게 겁에 질린 한 명은 열일곱 살도 채 안 돼 보였다. 미륵도 경성의학전문학교 3학년에 재학 중이었으니 셋 다 학생인 셈이었다.

쪽배는 충분히 간격을 두고 차례차례 강가를 떠났다. 넓은 강 위로 소리 없이 노를 저어갔다. 시간이 더디게 흘렀다. 이미륵은 훗날 마치 영원의 시간을 지나가는 것 같았다고 회고했다. 강 한복판에 이르렀을 때였다. 멀리서 총소리가 몇 발 들렸다. 어부가 가만히 있으라는 신호를 보냈다. 얼마쯤 지난 후, 어부가 속삭였다. 이따금씩 압록강 철교 위에서 쏘아대는 경고의 총소리라고 했다. 하지만 반짝이는 수면 한가운데 떠 있는 쪽배인지라 일본군은 결코 우리를 찾아낼 수 없을 것이라고 말했다.[8]

1919년 11월, 이미륵은 이렇게 국경을 넘었다. 이 체험을 미륵은 평생토록 잊지 못했다. 자신의 삶의 역정을 글로 옮겨서 출판하게 됐을 때 책 제목을 《압록강은 흐른다》라고 지은 것도 그 때문이었다. 그는 왜 위험을 무릅쓰고 험난한 길을 헤쳐 월경을 해야 했을까?

바로 3·1운동 때문이었다. 3·1운동은 이미륵의 인생행로에 변화를 가져다주었다. 그저 영향을 끼친 정도가 아니었다. 삶의 궤적이 판이하게 달라질 만큼 급격한 변화였다. 이미륵뿐이랴. 3·1운동을 계기로 운명의 전환을 겪었던 조선인들은 적지 않았다. 국경을 넘어 망명길에 오른 젊은이들이 어디 한둘이었는가.

의사를 지망하던 엘리트 학생

경찰에게 쫓기기 전 미륵은 의사가 되는 길을 걷던 엘리트 학생이었다. 그가 다니던 경성의전은 1910년대 식민지 조선에서 손꼽히는 고등교육

경성의학전문학교

이미륵은 1917년 학교에 처음 도착한 날 풍경을 이렇게 묘사했다. "다음 날 아침 나는 경성의학전문학교 입구에 서 있었다. 그것은 도시의 동쪽에 위치해 있었고, 여러 채의 유럽풍 건물들로 이뤄져 있었다. 대학생들이 우르르 빠져나가기도 하고, 또 한꺼번에 몰려 들어오기도 했다. 그들은 모두 '의학'이라는 글자가 박힌 황금색 배지를 단 감청색 교복을 입고 있었다."

기관이었다. 조선을 대표하는 이른바 3대 전문학교 가운데 하나였다. 보기를 들면 《매일신보》 1917년 신년호에는 〈신년을 맞이하는 세 전문학교〉라는 제목을 달고 경성전수학교, 경성의학전문학교, 경성공업전문학교 세 학교의 사진과 관련 기사를 싣고 있다. 법학, 의학, 공학 분야의 중하급 기술 관료와 그에 상응하는 실무자를 양성하는 교육기관들이었다. 모두 관립이었고 학비는 면제였다. 총독부가 관할하던 다른 모든 공공기관들처럼 학교 운영은 군대식이었다. 학생들은 강의와 실습 시간을 자유롭게 선택할 수 없었다. 누구든지 특별한 이유 없이 무더운 7월까지 계속되는 강의를 단 한 시간도 빼먹어서는 안 되었다.

입학하기가 몹시 어려웠다. 적은 정원 때문이었다. 미륵이 응시했던 1917년도 입학요강에 따르면, 신입생 모집 총수는 조선인 50명, 일본인 25명으로 도합 75명에 지나지 않았다.[9] 조선인에게 고등교육의 기회를 가능한 한 적게 부여하고 부여하더라도 실무 기술자 양성 분야에 한정한다는 총독부의 식민지 통치정책 탓이었다. 조선인 입학 정원이 일본인보다 두 배나 되지 않는가, 이런 의문을 가지는 사람도 있을 것이다. 하지만 조선에 거주하는 민족별 인구수에 비교하면, 얼마나 심각한 민족차별 정책을 썼는지를 확인할 수 있다. 조선인 학생 정원 비율은 인구 10만 명당 0.3명인 데 반해, 일본인 비율은 8.3명이었다. 무려 28배의 특혜를 일본인 측에 부여했던 것이다.

이미륵은 극심한 경쟁을 뚫고 경성의전에 입학하는 데 성공했다. 하마터면 구술시험에서 탈락할 뻔한 위기도 겪었다. 의학전문학교에 입학하려는 개인적 동기를 물었을 때, 미륵은 생명의 탄생과 죽음의 근원을 연구하고 싶다는 소견을 피력했다. 하지만 식민지 조선의 전문학교는 학문 연구를 위한 연구기관이 아니라 실무 분야의 기술자를 양성하는 기관이었다. 식민지 원주민으로서는 넘봐서는 안 되는 고상한 목표를 토로했던 것이다. 그뿐인가. '우리나라'라는 용어를 무의식적으로 조선을 지칭하는 말로 사용하기까지 했다. 면접관은 오랜 시간 망설이다가 자신에게 주어진 재량권을 유연한 방식으로 사용하기로 결심했다. 그는 차분히 설명했다. 전문학교 교육의 목표는 실전에 능한 의사들을 양성하는 데 있다고 일러주었고, 앞으로 우리나라라고 말할 때에는 조선만이 아니라 일본 제국 전체를 지칭하는 식으로 사용해야 한다고 조언했다.

선전문 작성 등 3·1운동에 적극 참여

경성의전의 조선인 학생들은 치열한 경쟁의 관문을 통과한 수재들이었다. 그들은 자신의 처지를 다행스럽고 고맙게 생각하고 있었다. 학교 당국이 자신을 수준 높은 학문의 영역으로 이끌어 주면서도 특별히 반대급부를 요구하지 않는다는 점에서, 또 교육비를 전액 국비로 지원해준다는 점에서 그렇게 여겼다고 이미륵은 회고했다. 그래서였을까. 3·1운동이 다가왔을 때, 거사 참여를 요청받은 의전 학생들은 심각한 고민에 사로잡혔다. '우리가 가담한 것이 당국에 발각되면 처벌을 받게 될 것'이며, '총독부에 속해 있는 관립학교에 다니고 있기 때문에 더 심하게 처벌을 받을 것'이라는 우려에 번민했다.

그럼에도 사전 논의에 가담해 달라고 권유받은 의전 학생들 10여 명은 시위운동에 나서기로 결심했다. 시위를 위한 새로운 준비 사항이나 국기, 전단, 시위 방법에 대한 논의를 거듭하면서 잠 못 이루는 밤을 보냈다. 이미륵도 그 속에 있었다. 사전 모의에 가담한 학생들만이 아니었다.

경성의전 조선인 학생들의 용기와 정의감은 다른 고등교육기관의 평균적인 조선인 학생들보다 월등히 높았다. 경성의전 조선인 학생 수는 총 208명이었는데, 그중에서 3·1운동에 가담한 혐의로 재판에 회부된 숫자는 32명으로 15퍼센트에 달했다. 당시 서울에 소재하던 관립 3개 전문학교, 사립 4개 전문학교를 통틀어서 가장 높은 비율이었다.[10] 체포를 모면했거나 재판에 회부되기 전에 훈방 혹은 기소유예, 태형 처분 등을 받은 학생들까지 포함하면 그 비율은 훨씬 높아진다.

이미륵은 1919년 3월 1일 서울에서 목격하고 자신도 직접 참여했던 만세시위운동 풍경과 군경의 탄압 양상을 유려한 필치로 실감나게 묘사했다. 그중에서 주목되는 것은 그날 일본 군경의 대응 태도가 저물녘에 가서야 비로소 적극 탄압 방식으로 변모했다는 증언이다. "경찰들은 처음에는 간섭하지 않고 우리가 시내를 완전히 통과하도록 그대로 내버려 두었다"고 한다. 그들은 중무장한 상태로 관청 건물을 경비하면서 학생들이 폭력 행위로 넘어가는지 여부를 주시하고 있었다. 그런데 "저녁 무렵이 되면서 우리는 비로소 압박당하고 있다는 것을 느꼈다"고 한다. 시위 대열의 자유로운 이동이 어려워졌던 것이다. 현장에서만 관찰할 수 있는 생생한 증언이다.

이미륵은 시위운동에 적극 가담했다. 3월 1일 시위, 3월 5일 시위가 학생층의 사전 준비를 토대로 진행된 계획 시위였음은 잘 알려져 있다. 그는 "서울에 있는 대학생들은 네 번째 독립 시위를 벌인 후 공식 활동에서 물러났다"고 말했다. 이는 3월 1일과 5일 시위 외에 계획 시위가 두 차례 더 있었음을 시사하는 증언이다. 그는 시위 참가에만 머물지 않았다. "우리는 비밀운동에 전념했다"고 썼다. 이미륵은 그중에서도 선전문을 작성하는 부서에 소속됐다고 한다. 비밀운동에 참여했다는 언급이 눈길을 끈다. 그가 경찰의 추적을 받게 된 계기가 바로 거기에 있기 때문이다.

이미륵은 비밀운동 참여 상황을 기록하지 않았다. 오늘날 축적된 연구 성과에 의하면, 그 비밀운동은 곧 '청년외교단'이라는 비밀결사 참여였다. 청년외교단은 3·1운동이 발발한 그해 5월에 결성됐다. 결사체의 명칭으로부터 그해 10월 개막 예정이던 국제연맹 회의에서 조선의 국제적 지위 변경 문제를 상정하는 것을 목표로 설정했음을 엿볼 수 있다. 이미륵은 이 단체에서 중앙간부인 편집부장으로 활동했다.[11] 이 단체는《외교시보》라는 기관지를 발간하고, 반일 시위 참여를 호소하는 선전문과 전단을 살포했다. 이 업무들은 아마도 편집부장의 손을 거쳐서 이뤄졌을 것이다. 이미륵의 회고에 따르면, 이즈음 몇 달 동안 거의 매일 밤 편히 잠들지 못했다고 한다.

그해 11월 비밀결사가 존재한다는 사실이 일본 경찰에 탐지되고 말았다. 주무기관은 경상북도 경무국이었다. 비밀결사 청년외교단 구성원들에 대한 전국적인 일제 검거가 이뤄졌다. 이미륵이 서울을 떠나 고향인 황해도 해주로 되돌아간 때는 아마도 그 직전이었던 듯하다.

어머니 권유로 투옥 피해 망명

어머니는 알게 됐다. 자신의 아들이 고문과 투옥의 위기에 처해 있음을. 서른여덟이라는 늦은 나이에 어렵게 얻은 아들이었다. 딸 셋을 내리 낳은 뒤 미륵불에 치성을 드린 덕분에 얻은, 천석꾼 지주 가문의 대를 이을 3대 독자였다. 그래서 이의경李儀景이라는 본명 대신에 '미륵'이라는 애칭으로 즐겨 불렀던 아들이었다. 어머니는 아들에게 권했다. 망명하라고.

이미륵
35세의 이미륵(1933년 뮌헨).
© 정규화·박균

압록강을 건너 안전한 땅으로 도망가라고 거듭 말했다. 집을 떠나던 날 안개가 끼고 어두웠지만 어머니는 동구 밖 멀리까지 배웅 나왔다. 이별의 시간이 닥쳐왔을 때 어머니가 마지막으로 말했다. "혹시 우리가 다시 못 만나게 되더라도 너무 슬퍼하지 말거라! 넌 내 생애에 너무도 많은 기쁨을 주었단다. 자, 내 아들. 이젠 너 혼자 가렴. 멈추지 말고."

이미륵은 무사히 국경을 넘었다. 이듬해에는 바라는 대로 유럽 유학 길에 올라 독일에 정착할 수 있었다. 그러나 다시는 고국에 돌아오지 못했다. 어머니도 두 번 다시 만나지 못했다. 이미륵은 1950년 3월, 향년 52세의 나이로 병사할 때까지 디아스포라의 삶을 살아야 했다.[12]

그는 일신의 이익을 돌보지 않고 공동체의 정의를 위해 헌신했다. 대지주의 후손이자 의사라는 전문직이 예정되어 있음에도 불구하고 피억압 민족의 해방을 위한 싸움에 투신했다. 오늘을 살아가는 모든 한국인은 그의 희생과 헌신에 빚지고 있다. 공공선을 위해 기꺼이 소중한 가족과의 생이별까지 감수했던 이미륵을 잊지 말아야 할 것이다.

상하이 망명객들의 삶
심훈의 소설《동방의 애인》

《동방의 애인》, 상하이 망명객들의 삶을 형상화

작가 심훈의 작품 중에《동방의 애인》이라는 장편 소설이 있다. 1930년
10월 29일부터 12월 10일까지《조선일보》지면에 게재된 신문 연재 소설
이다. 기이하게도 연재 소설 치고는 발표 기간이 이례적으로 짧은 점이 눈
에 띈다. 두 달이 채 안 되는 단기간이었고, 연재 횟수도 고작 39회에 불

심훈
20대 시절의 심훈.

과했다. 거기에는 까닭이 있었다. 내용이 불온하다고 판정한 식민지 통치 기구의 검열에 걸려 연재가 중단되고 말았던 것이다.

이 작품은 미완성인 채로 끝났다. 서사의 전개가 불충분하고 플롯이 불완전해서 문학사에서는 높은 평가를 받기 어려웠다. 그래서일까. 문학 평론가들의 눈에 《동방의 애인》은 예술적 성취와는 거리가 있는 작품으로 간주되곤 했다. 일찍이 팔봉 김기진이 이 작품을 가리켜 새로운 통속소설 혹은 마르크스주의 통속소설이라고 평가한 것도 그런 맥락이었다.

하지만 역사학적 관점에서 보면 이 작품은 주목할 만하다. 1920~1921 년 시기 상하이에 망명한 조선인 혁명가들의 삶을 형상화했다고 평가받 기 때문이다. 상하이는 반일 독립운동가들의 최선의 활동 근거지였다. 일 본 경무국 관료들이 '해외 반일 조선인들의 음모 책원지'라고 일컬을 정 도였다. 뿐만 아니라 상하이는 동아시아 사회주의운동의 중심지이기도 했다. 조선과 중국의 사회주의 단체가 그곳에서 싹을 틔웠다.

3·1운동이 발발하기 전 상하이에 체류하는 조선인 숫자는 약 100명 정도였다. 대부분 상업이나 노동에 종사하는 평범한 교민들이었다. 1919 년부터 달라졌다. 망명객들이 몰려들었다. 1919년 5월에 이미 조선인 교 민 숫자가 1,000명을 넘었다. 증가 추세는 이듬해까지 계속되었다. 심훈 은 상하이에 몰려든 망명객들의 삶에 돋보기를 갖다 댔다.

압록강 철교와 뗏목
신문 연재소설 《동방의 애인》 제1회 삽화(안석주 그림).
《조선일보》 1930년 10월 29일.

제목에서 짐작 가능하듯 《동방의 애인》은 사랑 이야기이다. 다만 개인의 사적인 사랑이 아니었다. 〈작자의 말〉에서 심훈은 자신이 묘사하려던 것은 '남녀 간에 맺어지는 연애'가 아니라고 썼다. '어버이와 자녀 간의 사랑'도 아니었다. 그가 염두에 둔 것은 '더 크고 깊고 변함이 없는 사랑', 바로 민족과 계급에 대한 공적인 사랑이었다. 심훈은 '그 사랑에 겨워 껴안고 몸부림칠 만한' 애인을 그리고자 한다고 썼다. 일제의 검열을 감안하여 애매하고 불분명하게 말하고 있지만, 피억압 민족과 계급의 해방을 위해 헌신하는 사람들 이야기를 구상했음에 틀림없다.

박헌영과 주세죽이 주인공 모델

소설 속 주인공 '동렬'이 현실 세계의 박헌영을 모델로 삼았다는 견해는 연구자들에게 널리 받아들여지고 있다. 소설 속에서 동렬은 "뜨거운 정열의 주인공이면서도 좀체 자기의 감정을 표면에 나타내지 않는" 성격의 소유자로 그려진다. "아무리 급한 사정이 있더라도 계획했던 일이 삐뚤어진 코스를 밟게 될 경우를 미리 점쳐보고, 그다음에는 이러저러해야 되겠다는 제2, 제3의 방침을 세워놓고서야" 비로소 행동에 착수하는 주도면밀한 사람이었다. "침착하고 두뇌가 면밀하여" 혁명 단체의 '책임비서감'이라는 평가를 받았다.

박헌영의 실제 성격도 그랬다. 경성고등보통학교 동급생 최기룡의 증언에 따르면, 학창시절 박헌영은 말이 없고 다른 학생들과 잘 어울리는 편은 아니었으나 침착하고 사려가 깊었다고 한다. 학적부에 기재된 4학년 담임선생의 평가도 다르지 않았다. 그의 '성질'을 "온순 과묵하고 착

실하다"고 표현했다.[13]

작가 심훈이 박헌영의 성격과 개인적 면모를 잘 알 수 있었던 데에는 이유가 있었다. 심훈은 1915년 경성고보에 입학한 박헌영의 동창생이었다. "4년 동안이나 같은 책상에서 벤또 반찬을 다투던" 사이였다. 두 사람은 학창시절을 같이 보냈을 뿐 아니라 상하이 시절 함께 혁명운동에 참여했던 것으로 보인다. 심훈은 뒷날 쓴 시에서 자신과 박헌영이 "음습한 비바람이 스며드는 상해의 깊은 밤 어느 지하실에서 함께 주먹을 부르쥐던 사이였다"고 표현한 바 있다.[14]

동렬의 연인 '세정'은 주세죽을 형상화한 인물로 알려져 있다. 소설 속에서 그녀는 눈이 맑고 살빛이 흰 여성으로 묘사되어 있다. "총명, 바로 그것인 듯한 맑은 눈"을 갖고 있으며, "살갗은 희나 좀 강팔라서 성미는 깔끔할 법하여도 그야말로 대리석으로 아로새긴 듯한 똑똑한 얼굴의 윤곽"을 지닌 인물이다. 3·1운동 당시에는 여학교 학생들을 이끌어 시위운동을 주도하고 상하이 망명을 결행할 정도로 용기 있는 여성으로 묘사되고 있다.

현실 세계의 주세죽도 그랬다. 그녀는 용모가 빼어났다. '동양화 속에서 고요히 빠져 나온 듯한 수려한 미인'이라는 평가를 받았다. 3·1운동에도 참가했다. 고향인 함경남도 함흥에서 시위운동에 가담했다가 일본 경찰에 체포되어 1개월 동안 유치장에 수감되어야만 했다. 머지않아 그녀는 상하이로 망명했으며, 사회주의를 수용하여 비밀결사 고려공산청년회와 고려공산당 조직에 가담했다. 소설 속에서 세정과 동렬이 그랬던 것처럼, 현실 세계에서도 주세죽과 박헌영은 결혼식을 올렸다. 뒷날 제1차 공산당 사건 때 작성된 박헌영의 피고인 조서에 따르면, 두 사람은 1921년 봄에 부부가 됐다고 한다.

또 한 사람 중요한 등장인물이 있다. 동렬의 절친한 벗 '박진'이다. 그는 성격이 동렬과는 대조적이었다. "걱실걱실하여 겉으로 보기에는 덤벙대는 듯하나, 의롭지 못한 일을 보면 물불을 가리지 않고 싸움터로 나설 수 있는 정의감이 굳센 용감한 청년"이었다. 3·1운동 당시 《××공보》라는 지하신문 발간에 참여했다가 경찰에게 체포됐으며, 상하이로 망명한 뒤로는 'OO무관학교'에 입학하여 군인의 길을 걷는 것으로 묘사되고 있다. 부인이 있었다. 일찌감치 부모의 뜻에 따라 구식 결혼식을 올려서 "시골집에 마음에 맞지 않는 아내가 있다"고 서술되어 있다.

'박진'의 모델은 김단야였던 것으로 보인다. 소설 속 박진과 마찬가지로 김단야도 기혼이었다. 그의 고향인 경상북도 김천군 개령면 동부동에는 아내 윤재분(?~1974)이 살고 있었다. 어린 아들 하나, 딸 하나를 키우면서 평생토록 시골집을 지켰다.

김단야는 3·1운동에도 참여했다. 상하이 망명 이후 중국의 무관학교에 입학한 것도 사실이었다. 뒷날 김단야가 작성한 자서전에 따르면, "1920년 1월 중순 상하이를 떠나 그때 조선인 혁명가들을 위한 군사학교

박헌영·김단야·주세죽
상하이 시절의 박헌영과 김단야, 주세죽.

가 있던 광둥으로 갔다"고 한다. "이 군사학교는 친일파 돤치루이段祺瑞의 북양정부에 대적하는, 쑨원孫文 지도하의 광둥정부에 의해 설립된 것"이 었다. 그러나 유학생활이 오래가지는 못했다. 그해 4월에 되돌아와야 했다. 쑨원파가 광시廣西군벌 루룽팅陸榮廷의 군사행동에 밀려 광둥에서 추방된 때문이었다.[15]

김단야가 한때 광둥廣東에 있던 무관학교에 입학한 정황은 심산 김창숙의 회고록에도 나온다. 유림을 대표하여 파리강화회의에 파견된 김창숙은 그즈음 조선인 청년간부 교육사업을 추진하고 있었다. 광둥정부의 지원을 받아 청년 망명객들을 군사와 정치 분야 간부로 양성하는 사업이었다. 첫 번째 성과가 나타났다. 50명의 청년을 선발하여 광저우廣州 소재 무관학교와 고등교육기관에 전액 장학생으로 입학시킨 것이다. 청년들 명단 일부가 알려져 있는데, 거기에 김주金柱가 포함되어 있다. 김단야가 상하이 망명시절에 사용하던 가명이었다.[16]

망명 후 사회주의운동 투신 공통점

소설 속 주인공들은 공통점을 갖고 있다. 3·1운동에 참여했고, 상하이로 망명했으며, 사회주의를 수용했다는 점이 그것이다. 귀착점은 사회주의자가 됐다는 것이었다. 동렬, 세정, 박진 등은 3·1운동 직후 망명지 상하이에서 사회주의운동에 가담한 초창기 마르크스주의자를 표상하는 인물이었다. 심훈은 조선 사회에서 어떻게 사회주의자가 출현했는지를 형상화하고 싶었던 듯하다.

하지만 주의할 부분이 있다. 소설 속 인물들의 행적을 현실의 특정인과 과도하게 동일시하는 것은 적절하지 않다는 점이다. 소설에 묘사된 등장인물의 행적이 역사적 사실은 아니다. 보기를 들어보자. 소설 속에서 동렬은 1921년 7월 다른 두 동지와 함께 모스크바로 출발했다. 극동민족대회에 참가하기 위해서였다. 자동차를 이용하여 고비사막을 넘는 노정을 택했다. 몽골을 지나 러시아 국경을 넘는 경로였다. 일정이라든가 세부 묘사가 생생한 까닭에, 독자들은 진짜로 박헌영이 모스크바로 향한 것 같은 느낌을 받을 수 있다. 하지만 이는 사실과 다르다. 박헌영은 극동민족대회에 참가하지 않았다. 고려공산청년회 중앙총국 책임비서 자격으로 대표자를 선정, 파견하는 역할을 했을 뿐이다.[17]

또 있다. 소설 첫머리에는 박진이 열차 편으로 압록강을 넘어 국내로 잠입하는 드라마틱한 장면이 묘사되어 있다. 이미 국내에서 잡지사 기자라는 합법 신분을 확보한 동렬과 접선하는 장면이 뒤를 잇는다. 하지만 이 장면들도 실제와는 다르다. 1922년 4월 고려공청 중앙집행위원인 박헌영과 김단야, 임원근 세 사람이 국내 공작을 위해 비밀리에 입국하려다가 경찰에게 체포되고 말았다. 이게 역사적 사실이다.

그 외에 박진이 무관학교를 졸업하고 장교로 임관했다거나 동렬과 박진이 고등보통학교 동창생이라는 언급 등이 있다. 모두 다 실제와는 다르다. 작가 심훈이 고안해낸 허구이다. 이러한 일은 얼마든지 가능하다. 이런 점에서 소설 속 주인공들이 실재하는 특정인을 형상화한 것임에는 틀림없지만, 그렇다고 그들의 일거수일투족이 모두 역사적 사실로 구성된 것은 아님을 유념해야 한다. 등장인물들은 현실 속 모델의 특정 측면이나 일부분만을 반영했을 뿐이다. 여기에 허구의 요소, 지어낸 얘기가 뒤섞여 있음을 유의해야 할 것이다.

망명객 출신 작가의 생생한 묘사

작가 심훈은 1920~1921년 상하이에서 체류한 경험이 있다. 심훈 자신이 상하이 망명객이었다. 그는 자신의 체험을 녹여 이 소설을 썼다. 상하이의 거리 풍경에 관한 묘사라든가, 상하이에서 막 발아하기 시작한 사회주의 사상의 수용 및 단체 활동 양상에 관한 서술 등을 보라. 어떤 사료보다도 생생하게 역사적 진실을 전해준다. 국경도시 신의주를 통해 열차 편으로 잠입하는 비밀 활동 참가자의 행동과 심리 묘사도 압권이다. 그를 색출, 체포하려고 노력하는 경찰, 헌병, 세관 관리 등의 언행도 흥미롭다. 이렇게 《동방의 애인》은 1920년 상하이 한인 망명자 사회의 내면, 특히 사회주의가 처음으로 수용되어가는 과정을 세밀하게 형상화한다. 경험에서 우러나온 서술들이 역사학자의 눈길을 붙잡는다.

2장

김립 암살 사건.

04

누가 독립운동가를 쏘았는가
김립 암살 사건 1

추장루 거리에 울려 퍼진 총소리

1922년 2월 8일 수요일이었다. 중국인들이 위엔샤오지에元宵節라고 부르는 정월 대보름날을 사흘 앞둔 때였다. 상하이 시내는 음력 새해를 맞아 축제 분위기로 들떠 있었다. 음력 설날인 춘절 이래로 거리를 떠들썩하게 만들어 온 폭죽 소리가 여기저기서 들렸다. 설날부터 대보름날까지 밤낮없이 폭죽을 터트리는 것은 새해를 맞이하는 중국인들의 오랜 풍습이었다.

북쪽 외곽의 중국인 밀집 지구인 자베이閘北 구역 바오퉁루寶通路 거리도 그랬다. 자동차 2대가 조심스레 마주 다닐 수 있을 정도로 넓지 않은 차로였다. 양편으로 2~3층짜리 중국인 가옥이 늘어서 있고 맨 아래층에는 상점과 수공업 작업장들이 들어찬 평범한 길이었다. 상하이 육상 교통의 관문인 베이잔 철도역에서 300미터쯤 떨어진 이 거리에도 폭죽 소리가 울리곤 했다. 마치 총소리 같았다.[1]

오후 1시였다. 점심 때라 바오퉁루 거리에는 오가는 사람이 많았다. 네 남자가 둘씩 짝지어 걷고 있었다. 중국옷과 양복을 나눠 입은, 인텔리 풍의 30~40대 남성들이었다. 스쳐 지나가면서 우연히 대화를 엿들은 사람이 있다면, 아마도 그는 네 사람이 이방인임을 곧바로 알아차렸을 것이다. 네 사람은 거리를 오가는 중국인들과는 다른 언어를 사용하고 있었다. 한국어였다.

바오퉁루 거리와 추장루虯江路 거리가 만나는 지점이 보였다. 앞선 두 사람은 커브를 돌아 추장루 거리로 꺾어 들었다. 뒤에 선 두 사람이 길모퉁이를 돌 무렵이었다. 어디선가 잠복해 있던 네 명의 양복 입은 청년들이 튀어나왔다. 둘은 앞을 가로막고, 둘은 퇴로를 차단하기 위해 멀찌감치 뒤를 가로막았다. 앞길을 가로막은 두 청년이 양복에 손을 집어넣었다. 시커먼 쇠뭉치를 꺼내 들었다. 권총이었다.

탕, 탕, 탕…… 연이어 총소리가 울렸다. 정초에 거리에 울리는 폭죽 소리에 섞여서 둔탁한 총성이 바오퉁루 거리 일대에 울려 퍼졌다. 습격자들의 목표는 한 사람이었다. 40대 중반의 남성이 쓰러졌다. 앞 머리칼이 반쯤 벗겨진, 중국옷을 입은 중년 신사였다.

총성은 계속 이어졌다. 습격자들은 권총에 장전된 탄환을 다 소비할 때까지 계속 총을 쏘았다. 마지막 탄환까지 쏜 뒤에야 두 습격자는 급히 몸을 움직였다. 그들은 신속히 현장을 벗어났다. 멀찌감치 후방을 차단했던 다른 두 명의 양복 입은 청년들도 유유히 사라져 갔다.

"피살자는 한국독립당 간부 양춘산"

바오퉁루 암살 사건은 언론의 주목을 받았다. 상하이에서 발간되는, 중국의 가장 영향력 있는 일간지로 꼽히는 《선바오申報》는 사건 직후 두 차례에 걸쳐 이 사건을 보도했다. 보도에 따르면 피습자는 바오퉁루 거리에 거주하는 한국인 양춘산이었다.[2] 양춘산은 '한국 독립당의 중요 분자'인데, 종래 상하이 프랑스 조계에서 살다가 중국 관할 구역으로 이사한 지 불과 3, 4일밖에 안 되는 상태였다. 나이는 44세이고, 다년간 '정치관계 일'에 종사했으며, 대한민국임시정부에 들어가 독립운동에 참가한 사람이었다.

신문은 피격 전후의 상황을 상세히 보도했다. 습격자들은 권총으로 양춘산을 사살했는데, "총탄이 비 오듯 했다"고 한다.[3] 총을 맞고 땅에 넘어진 희생자는 바로 숨이 끊겨서 사망했다. 사건 현장의 좌우에는 중국인 상점이 줄지어 있었다. 상가의 중국인들은 사건을 목격하고 크게 놀랐으나, 범인들이 모두 권총을 들고 있어서 감히 앞으로 나아가 관여하지 못했다. 그래서 습격자들은 범행을 마치고 활개 치며 현장을 벗어날 수 있었다는 것이다.

신문기자는 현장 주변의 상점을 돌아다니며 목격자들에게 보고 들은 바를 물었다. 그에 따르면, "흉수는 2인인데, 둘 다 양복을 입었고 신체는 왜소"했다. 그들은 범행을 마친 뒤 '철로 방면'으로 뛰어 달아났다고 한다. 여기서 말하는 '철로'란 바오퉁루 거리와 추장루 거리가 만나는 교차로를 축으로 하여 북쪽과 남서쪽 방향으로 완만하게 곡선을 그리며 부설된, 상하이 베이잔 역과 우숭 역 사이를 잇는 철도선을 가리킨다. 그 교차로는 길이 다섯 갈래로 나뉘는 오거리라 습격자들이 도주하는 데에는 매우 적합했을 것이다. 목격자들이 범인 숫자를 두 사람이라고 증언한 것은 후방 감시를 맡았던 다른 두 명의 존재를 인지하지 못해 그랬던 것으로 보인다.

범인은 일본인으로 추정된다고 보도

머지않아 경찰이 출동했다. 관할 경찰관서인 5구 2분서 소속 순경들이 사건 현장에 도착했다. 물론 흉행을 저지른 자들이 어디론가 사라진 뒤였다. 검찰청에서도 관계자들이 나왔다. 현장에 도착하여 현장 검증을 지휘한 검찰관과 검시원은 시체 부근에서 탄피를 발견하고 시신에서 12발의 총상을 확인했다. 희생자의 사망 원인은 총상으로 말미암은 것임이 명백했다.

중국 측 치안 관계자뿐만 아니라 인접한 공동조계 경무처에서도 사건에 관심을 보였다. 공동조계란 중국의 통치권이 미치지 않는 재상하이 외국 조차 구역을 말한다. 이 구역의 행정과 경찰권은 영국이 주도하고 미국과 일본이 참여하는 방식으로 행사되고 있었다. 사건이 발생한 이튿날 공동조계 경무처 관리가 중국 검찰청에 찾아와 사건의 시말과 정황에 대해 조사해갔다.

이 사건에 대해 상하이 이외 지역의 중국 언론기관도 관심을 보였다. 사건 발생 열흘 뒤인 1922년 2월 18일, 저장성浙江省의 수도 항저우杭州에서 발행되는 《항저우바오杭州報》에 관련 기사가 실렸다. 〈재상해 한인 양춘산의 암살 사건을 논함〉이라는 논평 기사였다.

기자는 '한국 독립운동에 분주하게 헌신하던 사람'이 살해된 점에 주

COPY.

No. 6980

SHANGHAI MUNICIPAL COUNCIL,

February 16, 1922.

Sir,

I have the honour to inform you that on February 8th a man whose name was given as Yang Tsung San 楊岑山 was assassinated on Paotung Road in Chapei.

Enquiries made lead to the belief that Yang Tsung San 楊岑 was the assumed name of a Korean known locally as Kim Nip 金立 who was formerly private secretary to the Premier of the Korean Provisional Government and whose life has been sought for by the members of a party styled the Forlorn Hope of the Korean Volunteer Army. Evidence of this was in the possession of two Koreans named Cho Ung Soon 趙应晙 and Kai Zun Ho 桂俊昊 who were arrested at Louza Station on January 4 on a charge of being in possession of firearms and remitted to your Consulate.

I have the honour to be,

Sir,

Your Obedient Servant,

김립 암살 사건 보고서
상하이 공동조계 경찰국이 작성한 김립 암살 사건 보고서.

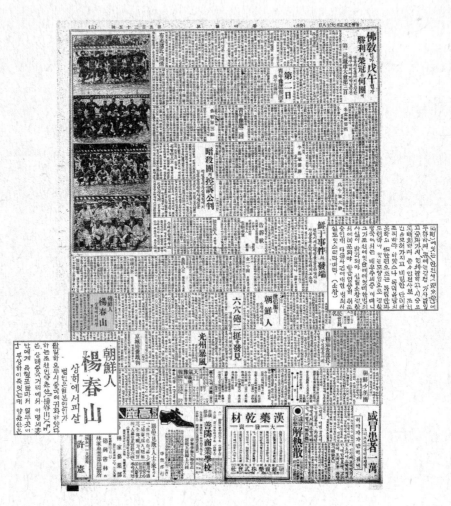

김립 암살 사건 기사
김립 암살 사건을 전하는 《동아일보》 1922년 2월 14일.

목했다. 그는 죽은 이에게 깊은 동정의 뜻을 표했다. 독립을 위해 헌신하다가 희생됐으니 아홉 번 죽더라도 후회하지 않을 터이지만, 목적을 이루기도 전에 먼저 몸이 죽었으니 그것이 한탄스러울 뿐이라고 적었다. 기자는 피살자의 죽음을 가리켜 '순국'이자 '희생'이라고 표현했다. 이어서 기자는 암살자의 정체에도 관심을 기울였다. 한국의 독립지사 암살은 아마도 '모국인'의 행위일 것이라고 추정했다. 문맥상 일본을 가리키고 있음이 틀림없다. 논평자는 그 나라의 명예를 위해서도 암살 따위를 저지르는 것은 부끄러운 일이라고 통박했다.[4]

이 암살 사건은 일본의 식민지 지배하에 놓여 있던 한국 국내 언론에도 보도됐다. 《동아일보》는 사건 발생 6일 만에, '조선인 양춘산'이 상하이에서 참혹하게 피살됐다는 소식을 전했다. 신문은 피살자가 일찍이 북간도에서 독립운동을 하다가 근래에 상하이로 온 사람이라는 정보도 제공했다. 범인은 체포되지 않았으며 원인도 밝혀지지 않았다고 썼다. 보도 기사에는 〈범인은 일본인인가?〉라는 부제가 달려 있었다. "중국 신문의 보도를 보면 범인은 일본인인 듯하다"고 적었다.[5]

임시정부 국무원 비서장을 지낸 김립

피살자는 누구인가? 일본 경찰은 이 암살 사건에 대해 촉각을 곤두세웠다. '대일본제국'을 적대시하는 한국 독립운동계의 거물이 피살됐으니 그럴 법도 했다. 진상을 파악하기 위해 재상하이 일본 총영사관 경찰부가 나섰다. 공동조계 경무처에 연락하여 수사 결과를 입수했고, 상하이 한인사회의 내부 동향을 파악하기 위해 첩보망을 가동했다.

총영사관 경찰부가 탐지한 바에 따르면, 피살자 양춘산에게는 다른 이름이 있었다. 양춘산은 중국인으로 행세하려고 사용한 가명이었다. 그의 한국식 이름은 김립金立이었다.

김립은 1919년 11월 재상하이 대한민국임시정부 국무원 비서장에 취임하여, 임시정부의 재정과 인사를 비롯한 모든 업무를 실질적으로 총괄하던 거물급 인사였다. 국무원 비서장이란 국무총리 직속 집행기구의 책임자로서, 산하에 서무국을 비롯한 실무 부서를 거느리고 있었다. 또한 국무원 각부 차관회의를 주재함으로써 임시정부의 운영 전반을 좌우할 수 있는 영향력을 가진 직책이었다. 그는 1920년 9월 15일까지 그 직위에 있었다.[6]

김립
암살되기 1년 전에 촬영한 김립의 모습.
*출처: 독립기념관

김립 암살 사건 기사
김립 암살 사건을 전하는
상하이 《독립신문》 1922년 2월 20일.

楊春山의 被殺
上海中國租界貴派路二百四號엿
던中國人家에寫居하던楊春山이라
稱하는年紀四十餘歲된우리사람하
나이지난八日에엇던靑年四人에게
被殺되엿는데一說에는그被殺된이
가곳金立이라고도하더라

피살자가 누구인지에 대해서는 어느 누구도 이견이 없었다. 일본 경찰만이 아니라 공동조계 경찰의 판단도 동일했다. 상하이 공동조계의 최고 행정관리기구인 공부국工部局 산하 경찰국장이 일본 총영사관 앞으로 발송한 1922년 2월 16일 자 수사 결과 통지문에도 같은 정보가 기재되어 있었다.[7]

게다가 상하이 한국인 망명자들 또한 그와 같이 판단하고 있었음을 보여주는 기록들이 있다. 상하이에서 발간되는 한국 독립운동가들의 기관지 《독립신문》를 보자. 사건 발생 12일이 지난 1922 2월 20일 《독립신문》에는 〈양춘산의 피살〉이라는 제하의 기사가 실렸다. 거기에는 "양춘산이라 칭하는 나이 40여 세 된 우리 사람 하나가 지난 8일에 어떤 청년 4인에게 피살되었는데, 일설에는 그 피살된 이가 곧 김립이라고도 하더라"[8]라고 적혀 있었다.

더 흥미로운 기록이 있다. 사건이 일어난 지 며칠 뒤였다. 우편물 검열에 종사하던 일본 영사관 경찰이 우편물 더미 속에서 의심스런 편지 하나를 발견했다. 상하이 청년 망명객 한 사람이 한국 내의 친구에게 보낸 편지였다. 거기에는 상하이 독립운동가 사회에 관한 어둡고 우울한 풍경이 묘사되어 있었다. 바오퉁루 암살 사건의 내막에 대해서도 언급이 있었다. "이동휘의 심복인 김립이라면 알겠는가? 어제 대낮에 대도에서 혹자로부터 12발이나 맞고서 길 위에서 즉사했다"고 쓰여 있었다.[9]

이동휘는 김립과 같은 시기에 대한민국임시정부의 국무총리에 재임했던, 독립운동계의 최상급 지도자였다. 김립을 그의 심복이라고 지목한 대목에 눈길이 간다. 사건이 있던 날을 '어제'라고 표현한 부분은 이 편지가 2월 9일에 쓰였음을 알려준다. 김립이 살해된 다음 날에 이미 상하이 한국인 망명자들 사이에 그 소식이 신속히 퍼져나갔음을 짐작케 한다. 사건 정황에 대해 한 치의 오차도 없이 정확히 인지하고 있던 점 또한 주목된다. 놀랍게도 피살자가 누구라는 것, 대낮에 대로상에서 사건이 일어났다는 것, 12발의 총상을 입었다는 것, 현장에서 김립이 즉사했다는 것 등의 사실이 적혀 있었다.

편지 발신인이 누구인지 일본 경찰 문서에 거명되어 있지 않기 때문에 신상을 알 수 없지만, 상하이 망명자 사회의 내막을 훤히 꿰뚫고 있는 사람임에는 틀림없다. 하지만 그조차도 누가 왜 김립을 살해했는지에 대해서는 쓰지 않았다. 알지 못해서 그랬을 수도 있고, 워낙 기밀 사항이라 편지에 차마 적지 못했을 수도 있겠다.

설만 분분했던 암살범 정체

과연 누가 김립을 암살했는가? 왜 그처럼 처참하게 살해했는가? 피살자의 신원과 관련해서 일치된 견해를 보이는 각종 기록도 이 문제에 대해서는 서로 다른 정보를 전하고 있다.

네 가지 설이 분분히 난무하고 있었다. 어떤 이들은 일본 측 정보기관이 김립의 암살을 사주했을 것이라고 보았다. 어떤 이들은 한국인 망명자들을 의심했다. 한국인 사회주의 진영의 반대파가 그를 살해했거나 대한민국임시정부의 지령을 받은 자객들이 그를 암살했을 것이라고 보았다. 어떤 이들은 임시정부에 반대하는 일파가 자행한 일이라고 판단하기도 했다. 과연 어떤 주장이 실제에 부합하는가. 혹시 네 가지 풍설 외에 달리 범인이 존재할 가능성은 없는가. 도대체 범인들은 왜 김립을 그처럼 처참하게 살해했는가. 이제 이 의문들에 대한 해답을 찾아보자.

05

동지가 동지를 쐈다
김립 암살 사건 2

모스크바 지원자금 횡령 문제 불거져

독립운동가 김립을 살해한 범인은 누구인가? 필시 일본인일 것이다! 조선과 중국의 언론계는 대체로 그렇게 생각했다. 중국 신문 《항저우바오》와 경성에서 간행되는 《동아일보》는 명시적으로 그렇게 보도했다. 그러나 일본 국가기관은 범행 당사자가 아니었다. 비록 김립의 소재를 집요하게 뒤쫓긴 했지만, 그의 살해를 교사하거나 실행했던 것 같지는 않다.

김립의 행방을 추적하던 일본 정보기관 종사자들은 한둘이 아니었지만 그중에서도 단연 돋보인 이는 조선총독부 파견관 오다 미쓰루였다. 재판소 통역관으로 재임하면서 조선어를 유창하게 구사하던 그는 3·1운동이 일어나자 조선총독부 고등경찰 간부로 특채되어 상하이 주재 일본 총영사관 경찰부에 파견된 터였다. 그는 상하이 한인사회 내부에 독자적인 스파이망을 구축하는 데 성공했다. 그는 많은 기밀비를 운용하면서 상당수의 밀정을 관리했다. 그가 관리하는 밀정 가운데 이치열이라는 자가 있었다. 유능한 스파이였다. 경성의 친일 단체 국민협회의 회원이기도 한 그는 1921년 말 1922년 초 시기 상하이 한인 망명자 사회 내부의 갈등 양상을 상세히 전해왔다. 그에 따르면 김립은 모스크바 자금 문제 때문에 임시정부로부터 지탄을 받고 있었다.[10]

살인 사건이 일어나기 한 달 전, 재상하이 경찰은 김립의 행방에 관한 정보를 입수했다. 김립이 공공연한 자리에 얼굴을 비치지 않은 채 숨어 지내고 있으며, 망명객 현정건과 함께 거처하고 있다는 첩보였다. 비록 숨어 지내지만 활동은 활발했다고 한다. 조선에서 출장 나온 언론인 유진희와 회견하며 뭔가를 도모하고 있는데, 아마도 국내 비밀결사를 강화하는 일인 듯하다는 내용이었다.[11] 김립이 살고 있는 주소를 특정하는 데까지는 이르지 못했지만 실제에 거의 근접한 첩보였다.

김립이 암살되자 일본 정보기관 종사자들도 빠르게 움직였다. 누가 무슨 목적으로 그를 살해했는지 탐문하기 위해서였다. 외무성, 헌병사령부, 조선총독부 등 여러 채널을 통해 작성된 정보 보고서들은 피살 정황이나 범인 추정 문제와 관련하여 서로 상충되기도 했다. 그중에서 가장 신뢰할 만한 것은 상하이 일본 총영사관 경찰부가 작성한 정보 보고서였다. 독자적인 스파이망을 갖고 있을 뿐 아니라 수사권을 가진 공동조계 경찰국의 정보 협조를 얻을 수 있었기 때문이다. 보고서에 따르면 김립은 모스크바 자금 40만 루블을 사사로이 횡령한 혐의로 대한민국임시정부 측에 피살됐다고 한다.[12]

대한민국임시정부 측이 불과 1년 반 전에 고위직에 재직했던 독립운동가를 살해했다고? 이게 과연 있을 법한 일인가? 믿어도 좋은가? 거듭

반문할 만큼 많은 의문점을 내포한 견해였다.

김구 휘하 임시정부 '경호원'들이 나서

그랬다. 사실이었다. 김립에게 방아쇠를 당긴 사람들은 이미 밝혀져 있다. 바로 오면직과 노종균이었다. 그들은 임시정부에 소속된 '경호원'이었다. 오늘날 경호원은 요인의 신변 안전을 위해 위험을 예방·제거하는 일에 종사하는 사람을 가리킨다. 그러나 당시 상하이에서는 다른 의미로 쓰였다. 임시정부 내무부 소속 직원으로서 경무국장의 지휘를 받아 공공 업무에 종사하는 사람, 다름 아닌 경찰을 가리키는 명칭이었다.

오면직과 노종균은 동향 출신의 동갑내기였다. 둘 다 황해도 안악군 출신이며, 1919년 3·1운동에도 열렬히 참가한 청년들이었다. 두 사람은 만세시위운동이 사그라진 뒤에도 반일 비밀결사에 가담하여 독립운동을 계속했다. 하지만 군자금 모금을 돕다가 비밀이 누설되어 상하이로 망명했다. 1921년 11월의 일이었다.[13] 그러니까 두 사람이 상하이에 발을 처음 내디딘 때는 김립 암살 사건이 일어나기 2~3달 전이었다. 두 사람은 상하이에 도착하자마자 출신 지역 연고에 따라 황해도 출신의 임시정부 경무국장 김구와 연계를 맺었다.

임시정부 경찰이 하는 일은 통상적인 국가의 경찰 행정과는 달랐다. 자체의 영토가 없기 때문에 치안과 질서 유지가 주된 임무가 될 수 없었다. 임시정부 경무국의 임무는 정치적이고 군사적인 성격을 띠었다. 경무국장 김구에 따르면, "주요 임무는 왜적의 정탐 활동을 방지하고, 독립운동가의 투항 여부를 정찰하여, 왜의 마수가 어느 방면으로 침입하는가를 살피는 것"이었다. 한마디로 스파이 방지 활동이었다. 경무국장 김구는 20여 명의 임시정부 경호원들을 지휘하면서 이 임무를 수행했다.[14] 임시정부 경무국이 주로 상대한 대상은 상하이 일본 총영사관의 경찰부였다. 상하이 동북방에 위치한 일본 총영사관과 서남방 프랑스 조계에 은밀히 자리 잡은 대한민국임시정부 경무국은 스파이 활동이라는 영역에서 서로 암투를 벌였노라고, 김구는 회고했다.

김립 암살 임무를 맡은 팀은 네 사람이었다. 이 중에서 오면직과 노종균은 전방 담당조였다. 앞길을 차단하여 목표를 사살하는 임무를 맡았다. 후방에도 두 사람이 배치되어 있었으나 어떤 이들이었는지는 알 수 없다. 그들도 임시정부 경무국의 경호원이었음은 틀림없다. 요컨대 김립 암살 사건은 대한민국임시정부 경무국장 지휘하에 4명의 경찰관이 조직적으로 수행한 행위였다.

오면직
반일 독립운동에 가담한 죄로
1938년에 평양 형무소에서 사형당했다.
*출처: 독립기념관

노종균 사망 기사
노종균이 1939년 일본 경찰에게 체포되어
심문을 받던 중 고문 후유증으로 사망했다는
《동아일보》 1939년 6월 24일 자 기사.

未決思想犯
腦溢血로急死

임시정부가 김립에게 극형 선고

왜, 무엇 때문에 그랬는가? 경무국장 김구는 《백범일지》에서 이 문제에 대해 언급했다. 모스크바 자금 40만 루블은 소비에트러시아 정부가 대한민국임시정부에 지급한 것인데, 임시정부 국무총리 이동휘와 비서장 김립이 공모하여 횡령했다고 한다. 이동휘와 김립은 임시정부 '공금 횡령범'들이었던 것이다. 뿐만 아니라 김립은 그 공금을 사적으로 유용했다는 혐의가 있었다. 김구에 따르면, 김립은 비리를 저질렀다. 김구는 김립이 "북간도 자기 식구들을 위하여 토지를 매입"했고, "상해에 비밀리에 잠복하여 광동 여자를 첩으로 삼아 향락"했다고 비난했다.

김구는 김립 암살 사건이 바람직한 일이었다고 평가했다. 다시 《백범일지》를 보자. "정부의 공금 횡령범 김립은 오면직, 노종균 등 청년들에게 총살을 당하니 인심은 잘했다고 칭찬하며 통쾌해하였다"고 한다.[15]

김립이 죽을죄를 지었다는 판단은 경무국장 김구 혼자서 내린 게 아니었다. 그것은 임시정부의 공식 견해였다. 1922년 1월 26일 자로 〈임시정부 포고 제1호〉가 발령됐다. 국무총리대리 신규식을 필두로 내무총장 이동녕, 군무총장 노백린, 학무총장대리 김인전, 재무총장 이시영, 교통총장 손정도 등 6명의 장관급 지도자들이 연명으로 서명한 공식 문서였다.

김구
임시정부 경무국장 시절의 김구.
*출처: 독립기념관

이 포고문은 준엄한 심판의 문서였다. '독립당의 영수'로서 '신망 있는 자'들이 파렴치한 행동을 자행하고 있음을 규탄하는 엄중한 성격을 갖고 있었다. 포고문은 이들을 응징하지 않으면 국기國基가 서기 어렵다고 규정했다. 죄를 낱낱이 밝혀서 온 나라 사람들이 다 같이 그들을 토벌할 수 있도록 정의를 밝히겠다고 선언했다.

특히 세 명의 과거 지도자가 거명됐다. 첫째, 국무총리를 지낸 이동휘였다. 그는 이웃 러시아가 우리 정부에게 증여한 거금을 김립으로 하여금 중도에 횡령케 하고, 도리어 임시정부 각원들에게 죄를 돌리며 정부의 파멸을 도모한 죄가 있다고 했다.

둘째, 군무차장을 지낸 김희선이었다. 그는 변심하여 적에게 투항하는 죄를 범했다. 조선총독부와 은밀히 연락하여 아무런 처벌도 받지 않은 채 조선 내지로 도주해버렸던 것이다. 포고문은 그 죄를 용서하기 어렵다고 썼다.

셋째, 내각 비서장을 지낸 김립이었다. 그는 이동휘 국무총리와 결탁하여 국가의 공금을 횡령하고, 자기 개인 주머니를 비대케 하며, 같은 부류를 모아 간교한 음모를 꾸미고 있다고 비난받았다. 포고문은 그 죄가 '극형'에 해당된다고 썼다.[16]

김립 암살 사건이 발발한 때는 이 포고문이 발령된 지 13일 만이었다. 김립 사건이 이 포고문과 무관하지 않음을 짐작할 수 있다. 물론 경무국 경호원들이 포고문에 거론된 세 명의 과거 지도자들을 모두 징벌했던 것은 아니다. '극형'을 실행에 옮긴 대상은 김립 한 명이었다.

고려공산당 동료들의 대응

김립은 목숨을 잃었다. 조국의 독립과 해방을 위해 한평생 헌신해온 그의 삶은 송두리째 부정당했다. 신체를 말살당했을 뿐 아니라 명예와 정신마저 치욕 속으로 굴러 떨어졌다. 과연 김립은 죽을죄를 지었는가?

죽은 자는 말이 없다. 그러나 살아남은 동료들이 있었다. 그들이 항변하기 시작했다. 암살 현장에 김립이 혼자 있었던 게 아니라 네 사람이 함께 있었음에 주목하자. 유진희, 김하구, 김철수가 사건을 목격했다.[17] 이들은 모두 고려공산당 중앙간부였다. 이르쿠츠크에서 결성된 공산당이 이시파라고 불린 것과 마찬가지로 이 공산당은 상해파라고 불렀다. 상하이에서 결성됐고, 중앙위원회의 소재지가 상하이였기 때문에 생긴 별칭이었다. 이 공산당은 십수 년간 독립운동에 헌신한 사람들이 만든 사회주의 단체였다. 1919년 10월 통합 임시정부가 성립됐을 때 임시정부를 지탱한 3대 정치세력 가운데 하나가 바로 이 단체였다. 단순히 구성세력 가운데 하나가 아니라 집권 여당이었다. 국무총리와 비서장(차관연석회의 의장)을 이 공산당이 담당했다.

김철수는 사건이 발발하기 전부터 불길한 조짐을 느끼고 있었다. 언제부턴가 자기에게 미행자가 따라붙고 있다는 사실을 눈치 챘기 때문이다. 상하이 시내에서 인력거를 타고 이동하면 또 하나의 인력거가 자신을 뒤쫓고 있음을 느낄 수 있었다. 그는 권총을 휴대하고 다니기로 했다. 한번은 큰 용기를 낸 적도 있었다. 뒤따르는 자들이 있음을 감지하고는 자신을 태우고 달리던 인력거꾼을 불러 세웠다. 뒤따르던 인력거도 섰다. 인력거에서 내린 김철수는 미행자들을 태운 인력거에 다가갔다. 위험천만한 행동이었다. 하지만 자신이 표적이 아니라고 본능적으로 확신했기

김철수
상하이 시절 김철수의 모습.
*출처: 독립기념관

때문에 가능한 일이었다. 그는 당황해하는 서투른 미행자들에게 따졌다. "어떤 놈이 뭐라고 했든지 네가 네 정신으로 독립운동을 해야지. 왜 내 뒤를 따라 다니느냐?"고 호통을 쳤다.[18]

김철수는 미행자들도 독립운동에 헌신하고자 망명한 청년들임을 인지하고 있었다. 타인의 잘못된 지시에 좌우되지 말고 자신의 독자적인 판단에 따라 바르게 행동하라고 요구했다. 김립의 비밀 처소가 노출된 것은 바로 미행 탓이었다. 김철수는 그렇게 판단했다. 김립이 몰래 만나던 몇 안 되는 동료들 가운데 한 사람이 부주의하게도 미행자가 뒤따르고 있음을 감지하지 못했기 때문이었다.

김립이 자신의 눈앞에서 피살되는 참혹한 현장을 속수무책으로 지켜본 동료들은 망연자실했다. 그 경황 없는 와중에도 김철수는 지금 당장 무엇을 해야 하는지 금방 파악했다. 그는 사후 처리를 다른 동료들에게 맡겨두고 은행으로 뛰어갔다. '상해상업저축은행'이었다. 김립이 거액의 모스크바 자금을 예치해둔 은행이었다. 암살자들이 노리는 게 바로 그 자금이었다. 인출을 저지해야만 했다. 누군가 그럴듯하게 통장, 도장, 기타 문서를 갖고 와서 예금 인출을 요구하더라도 허용해서는 안 된다는 것을 은행 측에 설득해야 했다. 그뿐인가. 예금을 인출할 수 있는 유일한 사람이 사망했으므로, 속히 그 인출권을 이양 받아야만 했다.

민사상 제3자에 지나지 않는 김철수가 이 문제를 해결하는 것은 매우 어려운 일이었다. 통상적인 경우라면 사실상 불가능한 일이었다. 그러나 하늘이 도왔다고나 할까. 김철수는 양대 과제를 거뜬히 해결했다. 은행장이 일본 유학생 출신인 천꽝푸陳光甫였던 덕분이었다. 훗날 타이완의 재무부 장관까지 지내는 중국 금융계의 이 신진기예는 신뢰를 중시했다. 김철수는 일본 유학 시절에 참여했던 동아시아 각국 유학생들의 비밀결사 '신아동맹단'의 덕을 입었다. 그때 같은 단원으로서 의기투합했던 중국인 유학생들이 때마침 상하이 기독청년회관에 재직하고 있었는데, 그들이 김철수에게 무한한 신뢰를 표명했고 천쾅푸는 그들의 신원 보증을 기꺼이 인정했던 것이다. 덕분에 김철수는 암살자들의 예금 인출 기도를 저지할 수 있었고, 잔여 예금의 인출권도 자기 명의로 옮겨놓을 수 있었다.

김립의 동료들은 통분해 마지않았다. 어떻게 독립운동계의 동지가 다른 동지에게 총을 쏠 수 있는가. 아무리 조직과 정견이 다르더라도 있을 수 없는 일이었다. 정부 공금을 횡령했다는 혐의는 터무니없는 거짓이었다. 저들에게만 총이 있는가? 공산당 내의 열혈 청년들은 보복에 나서야 한다고 주장했다. 김철수의 회고에 따르면, 최동욱, 최계립, 이호반, 한광우 등이 그렇게 주장하면서 행동으로 옮기려고 했다. 그들은 누가 흉행을 교사했는지 잘 알고 있었다. 임시정부 안팎에 피바람이 불어닥칠 수 있는 위험한 순간이었다. 김철수를 비롯한 당의 간부들이 적극적으로 만류했다. 우리의 투쟁 대상은 일본제국주의이지 결코 동족이 아니라고, 거듭된 동족상잔은 허용할 수 없다고 말이다.

김립의 억울한 죽음을 되돌릴 수는 없었다. 그러나 그에게 들씌워진 치욕스런 범죄자 혐의는 풀어야만 했다. 김립 개인의 명예를 회복하기 위해서도 그랬고, 상해파 공산당의 정당성을 보장받기 위해서도 그랬다. 잔여 자금의 순조로운 집행을 위해서도 필요한 일이었다.

문제는 두 가지였다. 하나는 모스크바 자금의 성격 문제였다. 그 자금의 처분권이 과연 누구에게 있는가? 고려공산당인가 아니면 대한민국임시정부인가? 다른 하나는 모스크바 자금 집행의 공정성에 관한 문제였다. 김립은 모스크바 자금을 운용하는 과정에서 사적으로 횡령하거나 유용한 적이 있는가, 없는가?

모스크바 지원금의 진실
김립 암살 사건 3

레닌 정부가 혁명사업에 200만 루블 지원 약속

모스크바 자금은 도대체 어떤 돈인가? 김립이 독립운동 동료들의 손에 목숨을 잃게 된 비극적 사건의 한가운데에는 바로 이 문제가 자리 잡고 있었다. 돈의 출처에 대해서는 아무런 이견도 없다. 코민테른(국제공산당)과 소비에트러시아 정부가 자금을 제공했다는 점은 누구나 다 동의하고 있다.

자금 규모는 어느 정도였는가. 도대체 얼마만큼의 자금이기에 이처럼 비극적인 사건을 초래했을까? 당연히 적은 돈이 아니었다. 자금 운송에 직접 참여했던 한형권의 증언에 따르면, 3·1운동 이듬해인 1920년에 레닌 정부가 한국 혁명사업에 제공하기로 약속한 자금 규모는 200만 루블이었다. 지폐가 아니라 순금 덩어리 금화였다.

왜 금화로 계량했을까. 당시 혁명과 내란에 휩쓸린 러시아 사회의 화폐제도가 매우 불안정했기 때문이다. 통용되는 화폐가 다종다양했다. 제정러시아 시절에 발행된 로마노프 루블, 1917년 2월 혁명 이후에 발행된 케렌스키 루블, 10월 혁명 이후에 소비에트 정부가 발행한 소비에트 루블, 백위파 세묘노프 정부가 발행한 세묘노프 루블 등이 혼용됐다. 어느 것이나 다 안정성이 의심스러웠다. 순금 보유고에 의거한 태환을 보장하지 않은 채 마구 찍어낸 화폐들이었던 것이다. 극심한 인플레이션이 초래됐으며, 화폐 가치가 급락했다. 예컨대 세묘노프 루블은 미국 돈 1달러당 무려 25만 루블 비율로 환전됐다. 지역에 따라서는 통용 자체가 불가능한 돈도 있었다. 케렌스키 루블과 소비에트 루블은 아무르 강변의 블라고베셴스크 일대에서는 유통 자체가 이뤄지지 않았다.

이런 형편이었기에 지폐는 적절하지 않았다. 유럽의 유력한 은행에 계좌를 개설하는 식으로 국제 금융 거래를 이용할 수 있지 않았을까? 당시에는 불가능했다. 신생 혁명 정부를 적대시하는 제국주의 열강은 소비에트러시아에 대해 경제 봉쇄 정책을 취하고 있었다. 오직 실물 자산만이 유용했다. 제정러시아 시절에 발행했던 금화만이 공신력을 갖춘 결제수단으로 사용 가능했다.

1차분 금화 40만 루블 받아

러시아 정부는 한국 측의 필요에 따라 자금을 얼마씩 나누어 지급하기로 약속했다. 1차분 지급액은 1920년 9월에 집행된 금화 40만 루블이었다. 이 돈은 어느 정도의 금덩어리인가. 한형권의 회상에 따르면, 20뿌드의 금괴를 7개 궤짝에 나눠 담았는데 모두 합하면 성인 다섯 사람의 몸무게를 합한 것과 같았다.[19] '뿌드пуд'란 제정러시아에서 사용하던 중량 단위로서 16.38킬로그램에 해당한다. 그램 단위로 환산하면 20뿌드의 금괴는 327.6킬로그램에 달한다. 성인 다섯 사람의 몸무게와 같았다는 회고담이 사실에 부합함을 확인할 수 있다. 그것을 7개 궤짝에 나눠 담았다고 하니, 한 궤짝의 무게는 대략 47킬로그램이었다. 한 사람이 들기에는 너무 무겁고, 둘이서 양 끝을 맞잡는다면 무난히 운반할 수 있는 무게였다.

금화 40만 루블을 오늘날 화폐 구매력으로 환산하면 얼마나 될까. 1920년 런던 현물시장 거래가에 따르면 금 1온스(28.349그램)당 가격이 20.68달러였다.[20] 미터법으로 환산하면 금 1그램당 0.729달러에 해당하는 금액이었다. 따라서 40만 금화 루블에 해당하는 순금 327.6킬로그램은 23만 8,820달러에 달했다. 1924년 1월 현재 1달러에 대한 일본 화폐의 교환가는 2원 16~17전이었다.[21] 그러니 금화 40만 루블은 미국 돈으로는 23만 8,820달러, 일본 돈으로는 51만 5,852엔에 해당했다. 식민지 조선의 신문기자 월급이 40~50엔, 일용노동자의 하루 일당이 1엔쯤 하던 시절이었다. 금화 40만 루블은 오늘날 화폐 구매력으로 환산하면 대략 510억 원쯤 되는 액수였음을 알 수 있다.

소비에트러시아 정부가 한국 독립혁명을 위해 무상으로 원조하기로 약속한 200만 루블은 대략 2,550억 원에 해당하는 셈이었다. 놀랄 만한 액수였다. 레닌 정부는 약속된 무상원조 총액 가운데 5분의 1에 해당하는 510억 원을 1차분으로 지급했다. 혁명과 내전으로 고통을 겪던 소비에트러시아 정부였다. 서구열강에 의해 경제가 봉쇄되고 도처에서 백위파 세력이 외국의 후원을 얻어 군사 반란을 일으키던 와중이었다. 그뿐인가. 흉작으로 인해 볼가강과 돈강 유역의 농업지대에 기근이 발생해서 수

많은 민중이 고통을 겪던 때였다. 그럼에도 러시아 정부는 멀리 떨어진 한국 혁명의 승리를 돕기 위해 거액의 지원금을 쾌척했다. 식민지 피억압 민족의 해방을 지원하는 국제주의 정신의 발로였다. 코민테른 창립대회에서 채택된 구호, '만국의 노동자와 피억압 민족은 단결하라!'는 정신을 실천에 옮겼던 것이다.

이제 가장 중요한 문제를 풀어야 한다. 도대체 소비에트러시아 정부는 누구에게 자금을 주었는가 하는 문제다. 표현을 달리하면 자금의 수령 주체는 누구인가, 누가 모스크바 자금을 관할하는가, 자금을 운용하고 배분하는 권한과 책임이 누구에게 있는가 하는 문제였다. 이 문제를 확인하는 데에는 두 가지 방법이 유용하다. 하나는 모스크바 외교를 성사시킨 행위 주체를 확인하는 것이고, 다른 하나는 자금 제공자인 코민테른과 러시아 정부의 입장을 확인하는 것이다.

모스크바 외교의 주역 박진순

모스크바 외교를 처음 실행에 옮긴 주체는 한국 최초의 사회주의 단체인 한인사회당이었다. 박진순, 박애, 이한영 세 사람으로 구성된 대표단이 블라디보스토크를 출발한 때는 3·1운동이 발발한 1919년 7월이었다. 이들은 시베리아 횡단 열차를 이용했다. 모스크바에 도착한 것은 그해 11월이었다. 평시라면 10여 일 만에 끝날 여정이 무려 120일이나 걸렸던 이유는 바로 러시아 내전 때문이었다. 적위군과 백위군이 엎치락뒤치락 번갈아 집권하는 탓에 교통과 통신이 평시와는 전혀 달랐다. 그들이 지나야 했던 경유지는 적색과 백색이 어지럽게 뒤섞인 모자이크 같았다.

한인사회당 대표단
모스크바에 파견된 한인사회당 대표단 3인.
왼쪽부터 박진순, 박애, 이한영.

박진순
모스크바 외교의 주역 박진순.

박진순과 레닌
코민테른 2차 대회 민족 식민지 분과에서 토의 중인 박진순과 레닌.
1920년 7월 25일 또는 28일.

대표단은 코민테른과 러시아 정부를 상대로 맹렬한 외교전에 임했다. 특히 박진순의 활약상이 두드러졌다. 그는 코민테른 집행위원회 회의에 참석하여 한국의 혁명운동에 대해 설명하고 한인사회당의 코민테른 가입 의사를 밝혔다. 그의 연설은 국제공산당 기관지 《코민테른》 1919년 7~8 호(11~12월 합병호)에 실렸다. 〈한국의 사회주의운동〉이라는 제목이었다. 해외 정기간행물에 한국의 독립운동에 관한 기고문이 게재된 것은 이것이 처음이었다.

러시아 정부기관을 상대로 하는 외교 활동도 활발했다. 1919년 12월 9일에 열린, 러시아 최상급 의결기관인 제7차 전 러시아소비에트대회에 출석한 박진순에게는 한국을 대표하여 연설할 기회가 주어졌다. 한인사회당 대표단이 러시아 정부 당국에게 얼마나 융숭한 대접을 받았는지 잘 보여주는 부분이다.

동료인 박애와 이한영이 1920년 4월에 극동으로 귀환한 뒤에도 박진순은 홀로 남아서 계속 외교 활동에 임했다. 그의 활동상은 1920년 7~8월에 절정에 달했다. 그 기간에 모스크바와 페트로그라드에서 열린 코민테른 제2차 대회에 의결권을 지닌 정식 대표 자격으로 참석했다. 그는 레닌이나 로이처럼 국제적으로 유명한 사회주의자들이 즐비한 민족·식민지 분과에 소속되어 위원으로 활동했다. 식민지 해방운동의 이론과 정책을 수립하는 과정에 머리를 맞대고 참여했던 것이다. 민족·식민지 분과에서 박진순이 취했던 이론적 입장은 〈위대한 진보〉라는 제목의 에세이에 잘 담겨 있다. 이 글에서 그는 민족·식민지 문제에 관한 자신의 논리를 개진한다.[22] 그뿐인가. 대회가 종료된 뒤에는 코민테른의 최상급 집행기구인 집행위원회 위원으로 선출됐다. 코민테른 역사상 한국인으로는 최고위직에 진출한 사례였다.

대한민국임시정부 전권대사 한형권

박진순의 외교 활동이 절정에 달했을 때, 또 한 사람의 유력한 외교 활동가가 모스크바에 모습을 드러냈다. 상하이 대한민국임시정부에서 파견한 전권대사 한형권이었다. 그가 모스크바에 도착한 시점은 1920년 5월 말이었다.

임시정부 국무원에서 모스크바 대사 선임을 논의할 때 애초에 거론된 사람은 한형권, 여운형, 안공근 셋이었다. 러시아말에 능통하거나 영어로 의사소통할 수 있는 이들이었다. 그러나 국무총리 이동휘는 여러 사람의 대사를 파견해서는 안 된다고 판단했다. 세 사람 모두 임시정부에 참여하는 3대 정치세력의 입장을 각각 대변하고 있었기 때문이다. 1919년 10월 통합 임시정부 출범 이후 내각은 3대 정치세력의 연립정부라는 성격을 띠고 있었다. 흥사단을 중심으로 하는 안창호 그룹, 임시정부 내에서 최대 지분을 갖고 있는 이승만 그룹, 국무총리 이동휘가 대표하는 한인사회당 그룹이었다.

이동휘 국무총리는 외교관 파견이 정치적 안배로 이뤄져서는 안 된다고 생각했다. 3인의 대사를 선임했다가는 외교 활동의 통일성을 보장하지 못하는데다가 혼선을 초래할 우려가 있었다. 이동휘 국무총리는 한 사람만 보내기로 결심하고 한형권에게 전권대사 신임장을 부여했다. 한형권이 한인사회당 당원이라는 사실도 그러한 판단의 기준이 됐을 것이다. 이미 파견되어 있는 한인사회당 대표단과 호흡을 맞춰 일하려면 그 외에는 적임자가 없었다.

한형권은 러시아 정부로부터 깍듯한 예우를 받았다. 독립국의 대사나 다름없는 대우였다. 러시아 국경을 넘어 들어가자마자 특별차량과 호위

병을 제공받았다. 모스크바에 도착했을 때에는 역두에서 외무차관 카라한을 필두로 하는 외무 관료들의 영접을 받았다.

박진순과 한형권, 두 사람은 긴밀히 협력했다. 한 사람은 당 수준에서 코민테른과 러시아 공산당의 요로를 뚫었고, 또 한 사람은 정부 수준에서 러시아 외무인민위원부의 관료들과 빈번히 접촉했다. 한인사회당 대표와 대한민국임시정부 대표의 콤비 플레이는 1920년 9월에 이르러 마침내 엄청난 성과를 거뒀다. 모스크바 자금 1차분 금화 40만 루블을 수령하게 된 것이다.

두 사람은 7개의 궤짝에 나눠 담은 327.6킬로그램의 황금을 가지고 극동으로 향하는 열차에 탑승했다. 제국주의 열강의 봉쇄를 뚫으려면 몽골을 거쳐 북중국 방면으로 이동하는 것이 가장 유리했다. 몽골 국경까지 순금 궤짝을 운반한다면 그곳에서 순금 덩어리를 금융자산으로 바꿀 수 있다고 판단했던 것이다. 두 사람이 모스크바를 떠날 때 정거장에 러시아 외무차관 카라한과 외교관들이 전송 나왔다. 귀중품 수송을 위해 무장 호위병이 4명이나 배속된 특별차량이 배정됐다.

〈얀손 보고서〉와 외무인민위원부 기록에 담긴 진실

도대체 김립을 죽음으로 몰아넣은 금화 40만 루블의 관할권은 누구에게 있는 것인가? 코민테른 기록에는 이 문제를 명시적으로 언급한 문서가 여기저기서 발견되고 있다.

먼저 〈얀손 보고서〉를 보자. 김립 암살 사건으로 모스크바 자금을 둘러싼 분규가 격화되자 결국 코민테른이 나섰다. 코민테른은 이 문제의 실상을 조사하고 해결책을 입안할 수 있는 특별한 조치를 취했다. 특별 감사관을 임명한 것이다. 1922년 5월 초순 한국 자금 문제 감사관으로 선임된 사람은 러시아 공산당 극동국 간부인 얀손이었다.[23] 얀손은 내전 시기에 극동 지역의 안정을 위해 일시적으로 설립됐던 극동공화국의 외무부 장관이기도 했다. 그에게는 모스크바 자금에 관한 막강한 권한이 위임됐다. 자금을 수령한 한국의 사회주의 단체들을 감찰하고 잔여금이 있을 시에는 몰수할 수 있는 권한이 부여됐다.

얀손은 자신에게 부여된 권한을 활용하여 폭넓은 조사에 착수했다. 자금의 수령과 집행 관련 인사들에게 서면으로 된 결산보고서 제출을 요구했고, 필요한 경우에는 직접 대면 조사도 병행했다. 예를 들면 얀손은 자신의 동료인 유린을 상하이에 파견하여 한인사회당 재정 담당자 김철수를 대면 조사하게 했다. 그 밖의 관련자들도 조사 범위에 넣었다. 자금 운용에 흑막이 있다고 의혹을 제기한 사람들을 불러들여 청문회를 열었다. 모스크바의 구 코민테른 문서보관소에는 당시 작성된 청문기록 가운데 5종이 남아 있다. 그중에는 한인사회당 책임비서이자 임시정부 국무총리를 지낸 이동휘를 비롯하여, 외교 대표단의 일원이었던 박애의 진술도 포함되어 있다.

얀손 보고서
모스크바 자금의 수령자를 명시한 얀손 보고서.

마침내 얀손 보고서가 3개월간의 조사를 거친 뒤 1922년 8월 18일 자로 작성됐다. 얀손의 지휘하에 실무위원회가 작성한 감사보고서였다.[24] 이 문서에는 모스크바 자금 문제에 관한 코민테른의 입장과 견해가 담겨 있다. 그에 따르면 1920년 9월에 이뤄진 40만 금화 루블의 수령자는 '박진순'이었다. 자금은 코민테른 제2차 대회에 출석한 한인사회당 대표자이자 코민테른 중앙집행위원으로 선임된 박진순에게 제공됐던 것이다. 이는 모스크바 자금의 관할권이 한인사회당과 그 후계 조직인 고려공산당 상해파에게 있었음을 의미한다.

금화 40만 루블의 관리 책임자가 박진순이라는 정보는 또 다른 문서에도 담겨 있다. 러시아 외무인민위원부 공문서가 그것이다. 외무차관 카라한이 작성한 한 전보를 보면, 거기에는 1920년 9월에 러시아 외무인민위원부가 박진순에게 금화 40만 루블을 인도했다는 기사가 적혀 있다.[25]

이제 모스크바 자금 40만 루블의 관할권이 누구에게 있는지 명확해졌다. 논란 당사자들의 설왕설래에 의존하지 않고, 객관적인 성격을 갖고 있는 기록들을 통해 입증할 수 있다. 코민테른 측의 〈얀손 보고서〉, 러시아 외무인민위원부의 공문서 등은 한 가지 사실을 지목하고 있다. 40만 루블의 관할권이 한인사회당과 그 후계 단체인 고려공산당에 속해 있었다는 점이다.

독립군 부대를 107개나 더 만들 수 있었다
김립 암살 사건 4

김립이라는 이름에 담긴 뜻

김립이라는 이름은 좀 낯설다. 한국식 작명으로는 그다지 어울리지 않는다. 이름이 외자인 데다가, '설 립立'이 성명에는 좀체 사용되지 않는 글자이기 때문이다. 그래서일까. 그의 행적을 추적하던 일본 고등경찰들도 종종 오류를 범했다. 일본 측 정보문서 속에서는 '삿갓 립笠' 자를 써서 김립金笠이라고 표기한 경우가 적지 않았다. 조선시대 말기 방랑시인으로 이름 높던 김삿갓을 연상케 하는 이름이었다.

쉬 짐작할 수 있듯이 김립은 가명이었다. 비밀결사에 가담하거나 해외로 망명한 독립운동가들이 통상 그랬던 것처럼 그는 가명을 썼다. 본명은 김익용金翼瑢이었다. 함경북도 명천군에서 태어났다. 나이는 정확히 모르지만 대략 짐작할 수 있다. 1880년에 출생했다는 기록이 있지만,[26]

그보다는 몇 년 뒤에 태어난 듯하다. 어려서부터 평생토록 교유했던 허헌(1885년생)이나 이종호(1885년생) 등과 나이가 같거나 비슷한 연령층으로 판단되기 때문이다.

오랫동안 혁명운동에 참여하다 보니 그에게는 가명이 많았다. 왕진덕, 이세민, 양춘산 등을 사용했다. '일세一洗'라는 아호도 갖고 있었다. 그중에서도 그는 김립이라는 이름에 큰 애착을 가지고 그렇게 불리기를 희망했던 듯하다. 가까운 동료들은 물론이고 독립운동계의 온갖 다양한 인사들이 그를 김립이라고 지칭한 것을 보면 말이다.

그럴 만한 이유가 있었다. 김립이라는 이름은 혁명에의 헌신을 결단하는, 마음속 깃발과 같은 것이었다. 그는 청년기에 마음 맞는 동향 출신 동료 허헌과 함께 망국의 위기에 처한 조국을 구원하는 데 한평생을 바치기로 맹세했다. 대한제국 시절, 두 사람은 '입헌'이라는 글자를 하나씩 나눠 갖기로 합의했다. 위기에 처한 공동체의 미래를 열기 위해서는 전제군주제의 혁신이 필요하다는 생각에서였다. 김익용은 '설 립' 자를 취하고, 허헌은 자신의 본명에 포함된 '법 헌' 자에 그 의미를 부여했다. 두 사람은 전제군주가 가지고 있는 국가 주권을 국민의 품으로 옮겨오는 시민혁명을 꿈꾸고 있었다. 김립의 막역한 친구 허헌은 훗날 인권변호사가 되는 바로 그 사람이다. 허헌은 일제 식민지시대에 3·1운동 피고인들과 조선공산당 사건 피고인들을 변호했으며, 민족통일전선 단체 신간회의 집행위원장으로 활동하다가 옥고를 치른다.

대한민국임시정부 1920년 신년축하 기념사진 속의 김립
두 번째 줄 한가운데에 국무총리 이동휘. 그로부터 오른쪽 한 사람 건너 노동국 총판 안창호,
다시 한 사람 건너 국무원 비서장 김립이 앉아 있다.
*출처: 독립기념관

말 잘하고 지략이 뛰어난 청년 논객

김립은 20대 초반에 혁명운동에 뛰어들었다. 전제군주제에 반대하고 일본의 식민지 침략에 맞서는 혁명이었다. 오늘날 역사학자들이 애국계몽운동이라고 부르는 이 운동에서 김립은 두각을 나타냈다. 공개 사회 단체로서 큰 영향력을 지니고 있던 서북학회의 주요 활동가 명단에서 그의 이름을 발견할 수 있다. 당시 서북학회는 일종의 재야 정당과 같은 존재였다. 김립은 이 단체에서 이갑, 안창호 등과 함께 "말 잘하고 지략이 종횡하는 청년 논객"이라는 평가를 받았다.[27]

공개 단체만이 아니었다. 김립은 비공개 비밀결사에도 깊이 관여했다. 그는 전국 규모의 강력한 비밀결사 신민회의 회원이었던 것으로 보인다. 그저 단순한 회원이 아니라 중견 간부였던 것으로 추정된다. 신민회가 지향하는 사업에 열성적으로 참여했을 뿐 아니라, 신민회 간부급 구성원들이 망국 전후에 취했던 행동 양상을 전형적으로 보여주고 있기 때문이다. 국운이 거의 기울어가던 1910년 4월에 그는 해외로 망명했다. 망

《서북학회월보》
김립의 기고문 〈今日 吾人의 國家에 對한 義務 及 權利〉이 실린
《서북학회월보》 창간호 표지. 1908년 6월호.

국 4개월 전이었다. 일제의 침략에 맞서 타오르던 의병운동과 애국계몽운동의 불길이 점차 잦아들던 때였다. 신민회 간부들이 집단 망명을 단행한 시점이 바로 그때였다. 독일 조차지였던 중국 칭다오에서 전략 회의를 열었던 게 1910년 4월이었다. 이갑, 안창호 등을 비롯한 십수 명의 독립지사들이 회의에 참여했다. 김립이 이 회의에 참석했는지 여부는 불분명하다. 기록에 따라 엇갈린다. 하지만 중요한 것은 김립이 신민회 간부들의 집단 망명 대열에 일원으로서 함께하고 있었다는 점이다.

한국 최초의 잡지로 이름 높은 《소년》 1910년 4월호 첫머리에는 〈나라를 떠나는 슬픔〉, 〈태백의 님을 이별함〉이라는 권두시가 실려 있다. 바로 신민회 간부들의 망명을 읊은 노래였다.[28] 김립은 바로 '태백의 님' 가운데 한 사람이었다.

광성중학과 나자구무관학교의 창립자

김립이 선택한 망명지는 '해도海島'였다. 연해주와 북간도를 합쳐서 부르는 말이었다. 두만강 줄기를 경계로 조국과 잇닿아 있는 곳이자, 수십만 명의 한인 이주민 사회가 형성되어 동포들의 후원과 지지를 얻을 수 있는 곳이었다. 조선 시대 말기에 널리 유행했던 《정감록》에서 이르기를, 해도에서 진인이 출현하여 도탄에 빠진 민중을 구원한다고 하지 않았던가. 연해주와 북간도는 그 음가만으로도 국권을 상실한 한국 민중에게 희망을 주는 곳이었다.

김립은 '해도'를 기반으로 독립혁명의 주체 역량을 양성할 수 있다고 믿었다. 두 가지 방향으로 나아갔다. 하나는 현지에 거주하고 있는 수십만 한인 이주민들을 결속하여 반일운동의 기지로 삼는 일이었다. 이를 위해 북간도에서는 간민교육회(1910)와 간민회(1913)를, 연해주에서는 권업회(1911)의 결성을 이끌어냈다. 모두 이주민들의 자치 단체였다. 1913년 블라디보스토크를 방문한 춘원 이광수는 권업회의 임원들을 관찰한 기록을 남겼다. 그중에 김립이 거론되고 있다. 김립은 '책사'로서 권업회의 중심인물 중 한 명이었다.

다른 하나는 독립혁명의 신진세력을 양성하기 위해 특수 학교를 설립하는 일이었다. 그가 역점을 기울인 학교는 길동吉東학당과 나자구무관학교였다. 길동학당은 북간도의 가장 큰 도회지인 국자가 근교 소영자에 설립한 중등 과정의 사범학교였다. 길동기독학당, 광성중학 등으로도 불린 이 학교는 민족의식을 고취하는 지도자 양성기관으로서 기능했다. 이 학교는 장재촌의 명동학교, 와룡동의 창동학원과 함께 1910년대 북간도 한인사회의 3대 명문 교육기관 중 하나로 꼽혔다. 민족의식이 투철하고 독립혁명에 헌신하는 청년들이 줄이어 배출됐기 때문에 그러한 명성을 얻었다. 1920년 1월에 발발한 저 유명한 15만 원 사건의 주인공들도 바

길동학당 터
중국 길림성 연길현 국자가 소영자 소재 북간도 3대 민족주의 명문 학교 길동학당 터.
학교 터는 밭으로 변해 있고(삼각형), 인근에 민가가 들어서 있다.
*출처: 독립기념관

로 이 세 학교 졸업생으로 구성된 비밀결사 철혈광복단의 단원들이었다. 어느 학교나 다 교명이 '동東' 자로 끝나는 점이 눈에 띈다. 이미 짐작할 수 있듯이 그것은 '해동', 즉 한국을 가리키는 은유였다. 한국에 빛을 가져오고, 한국을 융성시키며, 한국을 이롭게 하는 것이 이 학교들의 교육 목표였다.

나자구무관학교도 김립과 그의 동료들이 심혈을 기울여 설립한 교육기관이었다. 국지가 북쪽 150킬로미터 지점 깊은 산속에 조성된 넓은 분지에 위치한 이 학교는 무장부대의 지휘관을 양성하는 무관학교였다. 길동학당이 정치간부 양성을 위한 교육기관이었다면, 나자구무관학교는 군사간부를 기르는 교육기관이었다. 이 두 학교는 망명객 김립이 구상한 독립운동 전략의 주요 소산이었다. 훗날 그의 오랜 동지였던 김규면이 남긴 수기에 따르면, 김립은 '광성중학과 나자구무관학교의 창립자'라고 불렸다.

사회주의 정당 창립에 앞장

김립은 지식인이었다. 일본 첩보문서의 평가에 따르면 "반일 조선인 가운데 재주와 학식이 제일류의 인물"이었다. 특히 한문과 법률에 능했다고 한다. 전통적인 유교 교양은 물론이고 근대 학문, 특히 법학적 소양을 갖춘 지식인이었다. 신학과 구학을 겸비한 이였다.

학식이 뛰어났다고 해서 그저 공론을 일삼는 책상물림은 아니었다. 김립은 유능한 행동가였다. 가까운 동료였던 역사가 계봉우의 평가에 따르면, 그는 "정치 수완이 민활"하여 "상해 망명자 사회에서 그를 능가할

김립과 그의 동료들
1920년경 상하이에서 촬영한 사진. 앞줄 오른쪽 끝이 비운의 주인공 김립.
시계방향으로 모스크바 외교의 주역 박진순, 대한민국임시정부 국무총리이자 한인사회당 당수 이동휘, 신원미상
뒷줄은 모스크바 자금 결산을 책임진 김철수, 역사가 계봉우, 신원 미상.
*출처: 독립기념관

인물이 없었다"고 한다.

김립은 주·객관 정세에 대한 합리적인 분석을 토대로 독립운동의 미래를 구상했다. 강대한 일본에 맞서기 위해서는 일본을 포위하는 국제적 연대를 추구할 필요가 있었다. 1914년 제1차 세계대전이 발발하자 김립은 독일과의 국제적 연대가 한국 독립의 조건이라고 판단했다. 이 때문에 김립과 그의 동료들은 러시아 정부에 위험인물로 지목됐다. 급기야 김립은 러시아 정부에 의해 적성국가 독일의 스파이 혐의로 체포됐다. 1916년 4월에 우수리스크에서 체포된 그는 러시아혁명이 발발한 뒤인 이듬해 5월에야 석방될 수 있었다.[29]

1917년 러시아혁명이 발발했다. 김립과 동료들은 러시아의 혁명파가 한국 독립의 국제적 지원 역량이 된다고 판단했다. 김립은 그 가능성을 적극적으로 추구해나갔다. 한국 역사상 최초로 마르크스주의를 수용하고, 한인사회당이라는 사회주의 정당을 창설하는 데 앞장섰다. 김규면의 수기를 보면, 김립은 '한인사회당 창립자의 한 사람', '한인 적위군 조직자의 한 사람', '한국 공산주의 선전사업의 첫 사람'이라고 기록되어 있다.[30]

독립운동 전술 놓고 내부의 적 많아

김립에게는 적이 많았다. 일본제국주의와 그들의 협력자를 말하는 게 아니다. 한인사회 내에, 독립운동계 내부에 그에 맞서는 반대파가 항상 있었다. 왜 그에게 내부의 적이 많았을까? 교만했다거나 야심을 품었기 때문이 아니었다. 전적으로 그가 견지했던 독립운동의 전략과 전술에 관련

되어 있었다.

해도에서 독립운동의 기지를 건설할 때에도 그랬다. 북간도에서는 전통 유학자들이 이끄는 보수적인 한인 농민 단체 '농무계'로부터 배척을 당했다. 북간도 이주민 내부의 보수적인 유생 및 농민들과 갈등을 겪었던 것이다. 그가 전제군주제도를 폐지하고 국민주권주의에 입각한 혁명적 민주주의자였기 때문이다. 연해주에서는 러시아 국적을 가진 부유한 한인 이주민들과 사사건건 대립했다. 그가 연해주 한인 이주민들의 공통의 이익을 지향했기 때문이다. 그는 러시아 국적을 갖지 못한, 가난한 비귀화 한인들의 이익과 입장을 존중해야 한다는 관점을 가지고 있었다. 이는 부유한 이주민 상층부와 갈등을 빚은 원인으로 작용했다.

상하이에서도 내부의 적과 맞섰다. 임시정부 내에서는 미국과의 연대를 중시하는 두 세력, 이승만 그룹 및 안창호 그룹과 자주 충돌했다. 김립이 미국과 연계한 외교독립론으로는 한국의 독립을 기약할 수 없다고 판단했기 때문이다. 그는 신생 혁명국가 소비에트러시아와 연계한 무장독립투쟁 노선만이 임시정부가 나아가야 할 길이라고 주장했다. 이는 특히 이승만 그룹과 심각한 불화를 빚은 원인이 된다.

사회주의운동권 내에서는 이시파(이르쿠츠크파) 공산당과 갈등을 겪었다. 이시파 공산당과는 왜 싸웠는가? 김립은 한국혁명이 식민지 상태에서 벗어나는 것을 당면 목표로 삼는 민족혁명이어야 한다고 생각했다. 따라서 독립을 위해 싸우는 세력이라면 설혹 부르주아적 성격을 가지고 있다 하더라도 연대해야 한다고 보았다. 이시파 공산당 세력은 달랐다. 그들은 러시아에서 수행하는 것과 동일한 성격의 혁명을 한국에서도 실행에 옮겨야 한다고 보았다. 프롤레타리아혁명을 실천해야 한다고 생각했던 것이다.

북로군정서 107개 조직할 군자금 날아가

결국 김립은 내부의 적에게 목숨을 빼앗겼다. 그의 죽음은 독립운동에 커다란 손실을 가져왔다. 상하이 망명자들 사이에 존재했던 동지적 유대감을 산산이 무너뜨렸다. 정견과 조직이 다르면 한때 동료였던 사람의 손에 목숨을 잃게 될지도 모른다는 의심과 위구심을 만연케 했다. 극소수의 동료들 외에는 누구도 신뢰하지 않게 됐다. 상하이 독립운동가들 사이에 냉담한 기운이 감돌았다.

그뿐인가. 독립운동은 막대한 경제적 손실을 입었다. 김립의 죽음은 모스크바 자금의 추가 수령을 불가능하게 했다. 김립 암살 사건을 계기로 모스크바 자금 집행에 관한 의혹이 제기됐고, 이 의혹을 중시한 코민테른은 자체 감찰을 실시했다. 그 결과 약속된 총 지원금 가운데 잔여액의 지급을 중단하기로 결정했다. 도합 200만 금화 루블이 한국 독립운동에 제공될 예정이었다. 그중에서 실제 지급된 금액은 2회에 걸쳐서 60만 루블이었다. 잔여 자금으로 140만 금화 루블이 남아 있었지만 지급이 취소되고 말았다. 오늘날 구매력으로 환산하면 2,085억 원에 달하는 거액의 혁명자금이 날아가버린 것이었다. 그즈음 블라디보스토크에서 은밀히 거래되던 무기 시장 시세에 따르면, 소총 500정과 기관총 3문으로 무장한 북로군정서 규모의 비정규 무장부대를 무려 107개나 조직할 수 있는 자금이었다. 그 기회가 사라지고 말았다.

공금 횡령 낙인 지우고 독립유공자 지정해야

김립 암살 사건은 일종의 국가폭력이었다. 대한민국임시정부 내각의 결정에 의거하여 경무국이 집행한 이 사건은 한국 독립운동에 큰 위해를 가져온 불행이었다. 임시정부는 두 가지 점에서 명백한 과오를 범했다. 첫째, 잘못된 정보와 판단에 입각해 있었다. 모스크바 자금 40만 금화 루블의 집행권은 임시정부가 아니라 한인사회당에 속해 있었다. 둘째, 설혹 유죄가 인정된다 하더라도 형벌의 집행 과정이 적법하거나 적절하지 않았다. 독립운동계의 폭넓은 동의를 이끌어낼 수 있는 방식으로 이뤄졌어야 했다.

지금이라도 과오를 바로잡아야 한다. 진상이 규명되어야 하고, 망자에게 국가적 차원에서 사과를 해야 한다. 또 피해자의 명예 회복과 기념사업이 진행되어야 한다. 이렇게 하는 것이 대한민국임시정부의 계승을 자임하는 한국 정부의 마땅한 태도라고 생각한다.

김립은 오늘날에도 '공금 횡령범'이라는 불명예 속에 갇혀 있다. 사후 근 백 년이 지났음에도 여전히 대한민국임시정부가 범한 정책적 과오의 그늘 속에 놓여 있다. 임시정부 공금 횡령자라는 낙인 때문에 보훈처의 독립유공자 심의 과정에서 그의 서훈 상신이 번번이 기각되고 있다. 가슴 아픈 일이다. 그를 억누르고 있는 허위의 낙인을 지워내고, 그 자리에 그의 헌신과 희생을 기리는 꽃을 한 다발 놓아야 할 때이다.

3장

15만 원 사건.

08

일제의 돈을 갖고 튀어라!
'15만 원 사건' 1

길회선 철도 부설 자금 수송 중 탈취

48킬로미터, 두만강변의 국경도시 회령에서 북간도 용정에 이르는 구간의 거리, 조선의 전통적인 거리 측정 단위로는 120리 길이었다. 사람의 평균 걸음 속도로 1시간에 10리쯤 걸을 수 있으므로, 새벽 일찍 출발해서 부지런히 걸으면 저녁 무렵에는 도착할 수 있는 거리였다. 아직 철도나 자동차도로가 닦이지 않은 때였다. 두 곳을 오가려면 걷거나 말을 이용해야만 했다.

1920년 1월 4일 월요일이었다. 무장 경관들의 호위를 받는 현금 수송 행렬이 아침 8시 반에 회령을 출발했다. 호송대는 도합 6명이었다. 호위 경관 2인과 은행원, 우편물 호송인 등으로 이뤄진 이 일행의 임무는 현금을 안전하게 수송하는 일이었다. 돈은 청국 연길과 조선 회령을 잇는 길회선 철도 부설을 위한 자금이었다. 길회선 철도 부설권은 1909년 간도 협약 당시에 청국이 일본에게 양도한 바 있었다.

호송대는 일본의 식민지 금융기관인 조선은행 회령지점에서 인수한 거액의 현금 행낭을 용정지점에 전달해야 했다. 현금 수송은 긴장되는 업무였다. 하지만 처음 해보는 낯선 일은 아니었다. 최근 3개월 동안만 해도 이미 두 차례나 있었다. 1919년 10월 중순에 35만 원을, 11월 중순에 28만 원을 운반했다.[1]

현금을 담은 철제 궤짝과 우편물 행낭을 실은 두 마리 말을 앞세우고, 무장 경관들은 말에 올라탄 채 뒤따랐다. 마상에 올라앉은 두 명의 경관은 위풍당당했다. 경관 정복에 허리에는 군도를 차고 장총을 어깨에 맨 채 옆구리에는 육혈포까지 장착했다. 다른 대원들도 권총을 휴대했지만 말고삐를 쥐거나 두 발로 직접 걸어야만 했다. 일행은 도중에 점심 식사를 위해 신흥평이라는 마을에서 머문 것을 제외하고는 쉼 없이 이동했다.

호송대 일행은 해가 진 뒤에야 용정에 접근할 수 있었다. 저녁 6시 무렵이었다. 해가 짧은 겨울철이라 일몰 후 40분쯤 지난 때였다. 음력 보름날이라 달이 밝았다. 6킬로미터만 더 가면 목적지였다. '동량東良 어구'라고 부르는 골짜기에 접어들었다. 멀리 용정 시내의 불빛이 보였다. 앞서 가던 선임 경관 나가토모 순사가 말했다. "저 아래 보이는 불빛은 용정 일본영사관 지붕 위에 비치는 전깃불이다. 이제는 다 온 것이나 다름이 없다."[2] 그 소리에 일행은 긴장이 풀렸다. 약속이나 한 듯 담배를 빼어 물었다.

그때였다. "사격!"이라는 소리와 함께 한 무리 검은 그림자들이 총을 쏘면서 달려들었다. 모자와 의복, 신발을 중국인 마적처럼 갖춰 입은 이들이었다. 달빛 아래 교교하던 골짜기가 총소리와 고함으로 뒤덮였다.

15만 원 사건 기념비
15만 원 사건 현장 기념비.
*출처: 독립기념관

맨 앞에서 호송대를 이끌던 나가토모 순사가 현장에서 즉사했다. 옆에서 동행하던 회령 거주 조선인 상인 진길풍도 관통상을 입고 쓰러졌다. 거리를 두고 뒤따라오던 다른 대원들은 요행히 탄환을 피할 수 있었다. 그들은 맞서 싸우는 대신 안전을 택했다. 느닷없이 닥친 일이라 어찌할 바를 잘 몰랐고, 습격자들의 숫자도 호송대보다 훨씬 더 많은 것 같았다. 그들은 뿔뿔이 흩어져 어둠 속으로 사라졌다.

사건 발생 다음 날 일본군 회령헌병대가 작성한 정보 보고서에 이 같은 '조난' 경위와 피해 상황이 상세하게 기록되어 있다.[3] 보고서에 따르면 습격자들은 '총기를 휴대한 조선인 마적 십수 명'이었다. 범인들을 '조선인 마적'이라고 지목한 점이 눈에 띈다. 마적 복장을 한 것이 신분을 은폐하는 데 도움이 됐지만, 끝내 조선인이라는 사실은 감추지 못했던 것이다. 숫자가 열 명이 넘는다고 기재한 점이 이채롭다. 습격자 숫자를 높게 잡고 있다. 여기에는 살아남은 호송대원들의 심리가 반영되어 있다. 상황을 충분히 파악하지 못했을 뿐 아니라 피신 행위가 불가항력이었음을 강조하려 한 듯하다. 호송대 가운데 두 명이 사망했다고 한다. 복부 관통상을 입은 중상자는 인근 병원에 후송됐으나 살아나지 못하고 이튿날 절명했다. 수송마 두 마리는 탈취당했다. 말 등에 실었던 철제 궤짝과 우편물 행낭도 물론 빼앗기고 말았다.

철혈광복단원 6명이 거사

짐을 실은 수송마가 중요했다. 총소리에 놀라 허둥대고 있던 말 중 한 마리를 윤준희가 올라타서 몰았다. 다른 한 마리는 최봉설이 낚아챘다. 두 사람은 골짜기 서쪽 산등성이로 말을 몰았다. 목표 지점과 반대되는 방향이었다. 눈 위에 찍힐 말 발자국을 서쪽 화룡和龍현 방면으로 유도하기 위한 행동이었다. 그들 뒤를 두 사람이 따라붙었다. 말이 더 없었기 때문에 부득이 뛰어야 했다. 임국정과 한상호가 가쁜 숨을 몰아쉬며 뜀박질로 뒤따라갔다.

습격자는 모두 여섯 명이었다. 남은 두 사람은 사전에 약정한 대로 대열에서 벗어났다. 박웅세와 김준은 습격 작전에만 가담하고, 이후에는 독립적으로 행동하기로 약속되어 있었다. 뒷날 두 사람은 각자 자신의 행로를 걸었다. 박웅세는 일본 경찰의 추적을 피하기 위해 박건으로 개명하고 사회주의 항일 단체 〈적기단〉의 유명한 구성원이 되었다. 문필이 뛰어났던 김준은 재러시아 고려인 사회에서 언론인이자 작가로 활동했다.

습격자들은 비밀결사 '철혈광복단'의 단원들이었다. 철혈광복단 구성원은 1910년대 북간도의 3대 항일 중학교로 이름 높던 명동明東중학, 창동昌東학원, 광성중학의 졸업생 중에서 선발된 이들이었다. 민족의식이 높고 반일혁명운동에 직접 헌신하기로 맹세한 이들이었다. 이 비밀결사는 북간도 3·1운동을 논할 때 빠트릴 수 없는 중요한 역할을 수행했다. 1919년 3·13 용정 만세시위를 이끈 것도 철혈광복단이었고, 그해 7월경 북간도 민족운동 방향을 평화시위운동에서 무장투쟁으로 전환하기로 결정한 것도 철혈광복단이었다.[4]

산속으로 4킬로미터쯤 들어갔을까. 습격자들은 말을 멈춰 세웠다. 전리품의 내용물을 확인하기 위해서였다. 보름달이 밝게 비치는 공간에서 짐을 부렸다. 철제 궤짝 속에는 고액권 지폐가 띠지로 묶인 채 차곡차곡 쌓여 있었다. 5원짜리 지폐 200장을 묶은 1,000원 다발이 100개, 10원짜리 지폐 100장을 묶은 1,000원 다발이 50개, 도합 15만 원이었다.

15만 원 사건 관련자 사진

1920년 1월 4일 용정촌에서 조선은행의 현금 15만 원을 탈취한
임국정林國楨·윤준희·최이붕·김준金俊·박웅세朴雄世 등의 얼굴을 모아 놓은 사진.
사진의 위쪽에는 '1919년 말 간도 십오만원 사건에 관한 모험가들'이라는 문구가 적혀 있다.
*출처: 독립기념관. 한상호 사진은 《동아일보》 1966년 11월 24일.

1919년이면 경기도 수원에 사는 4인 가족이 가장의 월급 25원으로 근근히 생활하던 시절이었다.[5] 전리품 15만 원은 오늘날 구매력으로 환산하면 대략 150억 원에 해당할 정도의 거금이었다. 전액을 무기 구입에 쓴다면 조선 독립군의 전력을 획기적으로 강화할 수 있었다.

그즈음 블라디보스토크에는 은밀히 거래되는 무기시장이 있었다. 거기에서는 '소총 1자루와 탄환 100발'을 30원이면 구매할 수 있었다. 개인 화기만이 아니었다. 공용화기인 기관총 1문도 200원이면 살 수 있었다.

당시 독립군 부대의 실제 무장 상태를 보자. 1920년 7월에 임시정부의 간도 특파원 왕삼덕이 작성한 보고서에 따르면, 김좌진이 이끄는 북로군정서 부대의 군인 수는 500명이고, 소총 숫자는 500자루였으며, 공용화기로는 기관총이 3문 있었다고 한다.[6] 15만 원이라는 돈은 북로군정서 규모의 독립군 부대를 9개나 더 편성할 수 있는 거금이었다.

다음 목표는 거액의 현금을 안전한 곳으로 옮기는 것이었다. 그러자면 말 발자국을 따라서 뒤쫓아올 추격대를 따돌려야 했다. 네 사람은 역할을 분담했다. 한 사람은 추격대를 유인하기로 했다. 임국정이 그 임무를 맡았다. 그는 말을 타고 서편으로 계속 달리기로 했다. 서쪽 산악지대 백두산 방향으로 깊숙이 들어가는 게 그의 역할이었다. 그는 두 마리 말을 몰고서 즉시 길을 떠났다.

다른 세 사람은 150개의 현금다발을 나누어서 배낭에 넣고 짊어졌다. 밤을 새워서라도 속히 안전지대로 옮겨가야 했다. 염두에 둔 목표지는 용정 동북방 방향에 위치한 왕청汪淸현의 산악지대 의란구依蘭溝였다. 거기에는 철혈광복단 동지이자 사냥을 업으로 하는 김 포수가 아내와 단둘이서 거주하는 외딴 가옥이 있었다. 그곳에서 집결하기로 약속했다.

세 사람도 지체 없이 길을 떠났다. 그들은 도회지인 용정을 우회하여 국자가局子街(오늘날 연길) 교외에 위치한 와룡동까지 약 80리 길을 걸었다. 32킬로미터나 되는 눈 쌓인 산길을 밤새 걸었던 것이다.

와룡동에는 최봉설의 집이 있었다. 새벽닭이 울 즈음 도착할 수 있었다. 머지않아 날이 밝을 터이므로 의심받지 않게끔 옷도 갈아입고 운송 수단도 개선할 필요가 있었다. 청년들은 한복 두루마기로 갈아입었다. 두루마기는 품이 넉넉하여 돈다발을 감추기에 적합했다. 운송 수단도 얻었다. 최봉설의 아우인 최봉준 덕분에 소달구지를 동원할 수 있었다. 와룡동에서 의란구 김 포수의 집까지는 40리 길, 16킬로미터 거리였다.

의란구 김 포수의 집은 외딴 산속에 있는데다가 향후 행로의 출발점으로 삼기에 적합한 곳이었다. 북쪽으로는 무장투쟁의 거점 중 하나인 하마탕哈蟆塘으로, 동쪽으로는 국경 너머 연해주로 나아갈 수 있는 곳이었다. 청년들은 이곳에서 뜻밖의 인물과 조우했다. 연해주 조선인들의 자

최봉설과 임국정
1919년 9월 블라디보스토크에서 촬영한 사진. 왼쪽이 최봉설, 오른쪽이 임국정이다. 뒷면에 '1919년 9월 세 번째로 해삼위(러시아 블라디보스토크의 조선식 지명)에 와서 폭탄과 단총을 준비해 바닷가에서 사격 연습을 하는 등 모든 준비를 마치고 중국으로 들어가기 전 마지막으로 둘이 찍은 사진'이라는 내용이 적혀 있다. 15만 원 사건 거사 직전 상황을 보여준다.
*출처: 독립기념관

치 단체 대한국민의회의 군무부장으로 재임 중이던 김하석이 그곳에 와 있었던 것이다. 우연이라면 참으로 놀라운 일이었다.

김하석은 네 청년에게 블라디보스토크행을 권했다. 그곳에서는 손쉽게 무기를 구매할 수 있고 일본의 추격으로부터 안전하게 피신할 수 있다는 주장이었다. 이 견해에 대해 윤준희와 임국정이 동의를 표했다. 그러나 다른 두 청년은 이견을 보였다. 전설의 의병장 홍범도가 본부로 삼고 있는 하마탕을 찾아 북행하자는 게 이들의 주장이었다. 양자 사이에 심각한 토론이 진행됐다. 거금을 가지고 어디로 갈 것인가 하는 문제가 쟁점이 됐다.

독립군 무기 구하려 블라디보스토크로

용정 주재 일본 총영사관 경찰서는 발칵 뒤집혔다. 현금 호송대가 습격당했다는 소식을 접하자마자 11명의 경관대를 현장으로 급파했다. 밤 10시가 넘었는데도 개의치 않았다. 사건 현장과 주변을 샅샅이 수색했다. 범인들이 누군지, 어디로 도주했는지 추론할 수 있는 단서가 필요했다.

그러나 만족할 만한 정보를 얻지 못했다. 사건 현장에서 60미터 떨어진 한 농경지에서 구식 엽총의 총신이 발견됐고, 서북쪽 방향 100미터 지점의 산기슭에 우편물 행낭이 버려져 있는 게 눈에 띄었다. 재암골, 남양동, 동량 등 사건 현장 부근의 조선인 마을들을 샅샅이 수색했지만 아무런 소득도 없었다. 이틀에 걸친 노력이 헛수고가 됐다.

일본 관헌들은 무차별적으로 수사를 확대했다. 평소에 반일 성향을 보이던 조선인 마을과 인물들에 대해 아무런 근거도 없이 야만적인 압박을 가했다. 북간도 주요 도로와 고개 위에서는 오가는 사람들에 대한 검문이 이뤄졌다. 반일 성향의 명문 중학교 소재지는 가혹한 구타와 수색의 대상이 되었다. 명동학교 소재지인 장재촌, 창동학원 소재지 와룡동이 곤욕을 치렀다. 무고한 사람들을 별다른 증거도 없이 구타하고 수색하는 통에 한동안 청국과 러시아 국경지대의 교통이 두절되기까지 했다.

그뿐인가. 일본 측은 청국 정부의 북간도 행정책임자인 연길 도윤에게 범인 체포에 협력해줄 것을 요구했다. 연길 도윤은 그에 따랐다. 〈포고 제2호〉를 발표하고 현상금을 내걸었다. 일본 돈 5원 지폐와 10원 지폐를 사용하는 자가 있으면 즉시 청국 관청에 보고하라는 내용이 담겨 있었다.

일본 관헌 측의 범인 추적이 급진전을 보인 것은 조선은행 용정출장소 사무원 전홍섭을 체포하면서부터였다. 경찰은 내부자를 의심했다. 현금 수송은 극소수만이 인지하는 극비사항인데 어떻게 범인들이 알게됐을까? 내응이 없으면 불가능한 일이라고 보았다. 은행에서 근무하는 조선인 은행원들이 경찰에 불려가기 시작했다. 그 결과 평소 반일 조선인들과 접촉하는 것을 마다하지 않던 전홍섭이 표적이 되었다.

전홍섭
조선은행 용정출장소 행원으로 군자금 탈취에
도움을 주었던 전홍섭의 모습.

마침내 일본 경찰이 궁금해하던 정보들이 입수됐다. 범인들의 윤곽이 떠올랐다. 조선은행권 15만 원 탈취 사건에 가담한 이들의 이름과 신상이 발각되고 말았다. 1월 10일에 와룡동에 대한 일제 수색이 이루어졌다. 일본 관헌이 범인들의 신상을 정확히 파악했던 것이다. 이날 일본 경찰 37명과 청국 관헌 53명은 와룡동을 포위한 채 100여 민가를 전부 수색했다. 최봉설의 아버지와 동생 등 가족들은 체포되어 범인들의 소재지를 밝히라는 가혹한 고문을 받아야만 했다.

15만 원 사건의 네 주역이 김하석과 더불어 중국–러시아 국경을 넘은 것은 사건 발생 후 3일째 되던 날이었다. 그들은 하마탕이 아니라 블라디보스토크를 행선지로 삼기로 결정했다. 하마탕 노선을 주장하던 최봉설과 한상호가 다수결을 존중하여 자신의 의사를 철회했던 것이다. 그들이 뽀시에트 항구에서 블라디보스토크행 기선에 탑승한 날은 사건 발생 후 4일째 되던 날이었다. 저녁 9시에 출발하는 기선이 출발의 뱃고동 소리를 길게 울렸다. 기선에 탑승한 네 청년은 안도감을 느꼈다. 일본은행의 현금 수송대를 습격하여 얻은 자금으로 조선 독립군을 무장시킨다는, 무모하고 불가능해 보였던 계획이 성공한 것만 같았다.[7]

밀고로 스러진 무기 마련 꿈
'15만 원 사건' 2

무기 구매·무관학교 설립 등 용도 결정

1920년 1월 9일 저녁 9시에 뽀시에트 항구를 떠난 기선은 8시간을 달려 이튿날 새벽 5시에 블라디보스토크 항구에 닿았다. 어둠 속에서 도시가 빛났다. 일곱 가지 색깔로 꾸민 조명이 높은 산을 꾸미고 있었다. 찬란했다. 밤하늘의 별인지 전깃불인지 분간하기 어려울 정도였다. 최봉설은 마음속으로 감탄했다. 항만시설이 잘 갖춰진 금각만金角灣에 접어들면서 배는 길게 뱃고동을 울렸다.[8]

일행은 어둠이 깔린 항구에 발을 내디뎠다. 윤준희, 임국정, 최봉설, 한상호 등 간도 15만 원 사건 주역이 마침내 목적지 블라디보스토크에 도착했다. 그들은 안도감을 느꼈다. 일본 간도 총영사관과 중국 지방관청 경찰대의 급박한 추격을 벗어났으니 말이다. 사지를 벗어난 셈이었다. 그러나 이곳도 백 퍼센트 안전하지는 않았다. 위험이 도사리고 있었다. 일본군이 주둔해 있었기 때문이다.

1년 4개월 전에 여러 제국주의 열강이 연해주에 간섭군을 파견했다. 러시아혁명의 파급을 저지하기 위해서였다. 1918년 8월이었다. 일본, 미국, 영국, 프랑스, 이탈리아 등이 제각기 연해주로 군대를 출병했다. 그들은 러시아 극동 지역 내전에서 결코 중립을 지키지 않았다. 그러기는커녕 백위파 장군들을 일방적으로 지원했다. 그중에서 가장 적극적인 태도를 보인 나라는 일본이었다. 가장 많은 군대를 가장 오랫동안 러시아 극동 지역에 주둔시켰다. 출병 3개월 만에 러시아 극동 지역에 주둔한 일본군 숫자는 7만 3,000명을 헤아렸다.[9]

블라디보스토크는 일본 파견군의 중심지였다. 파견군 총사령부와 헌병대가 주둔해 있었다. 그뿐인가. 일본 총영사관이 소재해 있었다. 이 기관은 반일 조선인의 동향을 추적하는 비밀경찰 역할을 수행했다. 그 때문에 스파이가 많았다. 블라디보스토크의 조선인 밀집 거주지에는 일본 총영사관이 고용한 밀정들이 은밀히 활동하고 있었다.

블라디보스토크로 간 15만 원 사건의 주역들
윤준희, 임국정, 최봉설, 한상호.
《동아일보》 1966년 11월 24일.

일행은 신한촌에 숨어들었다. 블라디보스토크의 7개 조선인 거주지 가운데 가장 규모가 큰 곳이었다. 당시 통계에 의하면 거류 조선인의 80퍼센트가 모여 살고 있었고 인구는 6,500명이었다.[10] 네 사람은 제각기 다른 숙소에 여장을 풀었다. 위험을 분산하고 불행히 누군가 발각된다 하더라도 남은 이들이 사명을 다할 수 있게 하려는 취지였다. 최봉설은 채성하가 경영하는 여관에 숙소를 잡았다. 주인 채씨는 반일의식이 뚜렷한 사람이었다. 마음이 놓였다.

이튿날 밤에 비밀리에 철혈광복단 간부회의가 열렸다. 단장 전일金—이 소집한 회의였다. 1914년 북간도 용정에서 창립될 때부터 비밀결사를 이끌고 있는 믿음직한 맏형이었다. 회의 자리에는 블라디보스토크에 체류 중인 주요 단원들이 모였다. 새로 획득한 군자금 15만 원의 사용처와 책임자를 정하는 것이 주요 의안이었다. 회의 참석자들은 자금 사용처를 셋으로 정했다. 첫째 무기를 구매하고, 둘째 연해주 동부 산악지대인 수청에 무관학교를 건립하며, 셋째 신한촌 내부에 신문 발간과 도서 출판을 위한 사무소 건물을 구매하기로 했다.

결정 사항은 즉시 행동으로 옮겨졌다. 장기영과 채영 등이 무관학교 부지를 물색하기 위해 수청으로 길을 떠났다. 5만 루블을 휴대했다. 일본 돈으로 치면 1만 원, 오늘날 화폐 구매력으로 환산하면 대략 10억 원에 해당하는 돈이었다. 서류상 거래 당사자로는 합법적인 신분을 가진 사람을 내세웠다. 대동상회 대표 유찬희의 명의로 하기로 했다.

신한촌에 사무소 건물을 구입하는 문제도 실행에 옮겨졌다. 하바롭스까야 거리 9번지 건물이 물망에 올랐다. 기독교계 사립학교인 백산학교 자리였다. 교사 4명에 학생 수 70명인 자그만 학교였다. 그 건물이 일본 돈 5,000원에 매물로 나와 있었다. 요즘 화폐 구매력으로는 5억 원에 상

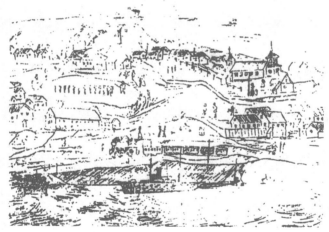

신한촌
1920~30년대 블라디보스토크 신한촌 거리.
당시 블라디보스토크의 7개 조선인 거주지 중 가장 큰 규모였다.

당하는 돈이었다. 그것을 샀다. 신한촌 유력자이자 반일 민족주의자인
강양오와 조장원 두 사람 공동 명의로 매입 계약서를 작성했다.[11]

1,000명 무장할 무기 구입 순항

무기 구입은 전적으로 15만 원 사건 주역들에게 위임됐다. 네 사람은 업
무를 나눴다. 윤준희가 자금과 서류를 관리하는 책임을 맡았다. 나이가
가장 많았을 뿐 아니라 15만 원 사건의 입안과 집행을 이끌어왔던 터라
당연한 귀결이었다. 구매 담당은 몸집이 크고 체력이 강대한 임국정이 맡
았다. 그는 1년 전에 이미 권총 구입 차 신한촌에 출입한 경력이 있었다.
게다가 5년 전에는 독립군 나자구무관학교 경비 조달을 위해 학교 사관
생도 40여 명과 함께 저 머나먼 우랄산맥 삼림지대에서 벌목 노동에 종
사하기까지 했다. 더할 나위 없는 적임자였다.

　그즈음 분산 유숙 대신에 단체로 합숙하자는 논의가 나왔다. 김하석
이 제안했다. 중책을 원활하게 수행하려면 자주 회의를 열어야 하기 때문
에 한 집에 모여서 지내자는 취지였다. 일리가 있었다. 김하석은 일찍이
간도 광성중학 교사를 지냈기 때문에 철혈광복단 단원들에게서 선생님
소리를 듣는 이였다. 또 대한국민의회 군무부장으로 재임 중인지라 그의
발언은 존중됐다. 유사시에 일망타진될 위험이 있었지만 네 사람은 그의
제안을 따르기로 했다.

　새로 옮긴 합숙소에서 무기 구매를 위한 논의가 급진전했다. 임국정
이 조사한 바에 따르면, 무기 밀거래 파트너는 블라디보스토크 요새사령
부 포병부 무기고 책임자 몰린 대위였다. 백위파 연해주 지방정부 포병

장교였다. 그를 통해 개인화기뿐만 아니라 공용화기도 구입할 수 있었다. 이 은밀한 거래를 주선한 중개인이 있었다. 엄인섭이었다.

그를 믿을 수 있느냐는 의문이 제기됐다. 임국정은 주저 없이 신뢰한다고 답했다. 엄인섭은 1908년 여름에 국내 진공작전을 감행한 연해주 의병의 중견 지도자였다. 우영장 안중근과 함께 좌영장으로서 의병부대를 지휘했던 이였다.[12] 임국정과의 인연도 남달랐다. 우랄산맥에서 벌목 노동을 마치고 돌아올 때 의형제 결의까지 한 사이였다. 외국어 능력도 출중했다. 연해주에서 성장한 만큼 러시아어를 모국어처럼 구사했다. 무기 밀매와 같은 은밀한 일을 추진하려면 그와 같은 사람이 필요했다. 임국정은 아무 걱정도 하지 말라고 동료들을 안심시켰다.

다행히 무기 구매 계약은 잘 진행됐다. 비밀 담판에 나갔던 임국정이 사흘 만에 되돌아와서 밝은 얼굴로 이렇게 보고했다. 소총 1,000자루, 탄약 100상자, 기관총 10문을 좋은 시세에 거래하기로 합의했다는 내용이었다. 도합 3만 2,000여 원에 해당하는 무기였다. 오늘날로 치면 32억 원어치였다. 1월 30일 착수금 5만 루블(일본 돈 1만 원)을 건네고, 이튿날인 31일 밤 러시아 군용 자동차에 약속된 분량의 무기를 적재하여 곧바로 얼어붙은 아무르만을 건너 바라바쉬 북쪽에 위치한 이도구二道溝 방향으로 수송하기로 약속했다고 한다. 청년들은 기쁨과 함께 긴장감을 느꼈다. 얼마나 간절히 바라던 무기였던가. 단숨에 1,000명 규모의 대단위 독립군을 편성할 수 있는 장비였다.

그날 저녁, 김하석 군무부장이 찾아왔다. 뜻밖의 요청을 하기 위해서였다. 권총과 수류탄을 빌려달라고 했다. 현지 청년들이 일본군 병영 내에 철병을 촉구하는 선전 삐라를 살포할 예정인데, 거사 당일에 호신용 무기를 가졌으면 한다고 말했다. 달리 구할 곳이 없으니 하루 이틀만 빌려 달라는 말이었다. 반발이 있었지만 임국정이 승낙했다. 동료들은 그 판단을 존중했다. 책임자 윤준희를 제외한 다른 세 사람의 권총과 수류탄은 김하석에게 인계됐다.

밀고로 한밤중에 체포돼

합숙소 위치는 하바롭스까야 거리 5번지였다. 집주인 임씨는 조선시대 종9품 말단 관리인 '참봉'이라고 불리는 이였다. 부엌과 안방 사이에 벽을 두지 않고 부뚜막에 방바닥을 잇달아 꾸민 함경도식 가옥이었다. 그 공간을 정주간이라고 불렀다. 안쪽으로는 방이 여럿 있는데 한가운데 방을 청년들이 사용했다. 그 방에는 윤준희가 관리하는, 거액의 지폐와 기밀문서를 넣은 철제 상자도 보관되어 있었다.

1월 30일 밤이었다. 내일 저녁에 있을 대규모 무기 인수를 앞두고 청년들은 들떠 있었다. 최봉설과 한상호는 알고 지내는 사이인지 영감네 집을 방문하여 즐겁게 놀았다. 술도 마시고 국수도 먹으며 밤이 깊도록 놀았다. 자고 가라는 주인의 친절한 권유도 사양하고 합숙소로 되돌아왔다. 밤 11시쯤이었다. 북간도 용정 청년 나일이 와 있었다. 반일 혁명의식이 강렬하지만 15만 원 사건과는 관계없는 사람이었다. 무람없이 신뢰하는 사이였으므로 그날 밤에 같이 잠자리에 들었다. 밤 12시쯤에 다섯 청년은 베개를 나란히 하고 잠이 들었다.

새벽 3시였다. 일본군 헌병대 1개 소대 병력이 임 참봉 집을 에워쌌다. 밀정의 길 안내를 받았기 때문에 표적을 명확히 할 수 있었다. 러시아인 경찰관 2명도 대동했다. 외교 문제를 고려하여 사전에 연해주 경찰 당국과 교섭한 결과였다. '살인강도범'이 신한촌에 잠복해 있음을 탐지했으니 범인 체포 과정에 입회해 달라고 요청했는데 그게 받아들여졌다. 만반의 준비를 마친 뒤 헌병대 병력을 출동시켰다.

고등경찰 기토 가쓰미가 체포 과정을 지휘했다. 그는 외무성 촉탁 조선총독부 통역관이라는 직함으로 블라디보스토크 총영사관에 파견된 경찰 간부였다. 조선 강점 이후 10여 년 동안 블라디보스토크에서 붙박이로 근무하는 중이었다. 밀정을 통해 '범인' 동향을 낱낱이 들여다보고 있던 그는 마침내 디데이를 잡았다. 체포 작전에 돌입했다. 많은 예산을 들여 오랜 기간 밀정을 양성해온 노력이 빛을 발하는 순간이었다.

출입문에서 네 번째 자리에 누웠던 최봉설은 잠결에 대문 두드리는 소리를 들었다. 정주간에서 임 참봉이 누구냐고 물었다. 조선말로 답하는 게 들렸다. "일본 헌병대에서 왔으니 문을 벗기시오!"[13] 화들짝 잠이 깬 최봉설은 동료들을 서둘러 깨웠다. 그새 일본군이 들이닥쳤다. 방문이 거칠게 열리면서 총부리와 손전등 불빛이 쏟아져 들어왔다. 한 사람당 세 명의 헌병이 달라붙었다. 하나는 총을 겨누고 다른 둘은 오랏줄을 들고서 결박하기 시작했다. 둘째 열에 누웠던 윤준희만이 총을 지니고 있었다. 그는 완강히 저항하며 권총을 꺼내려고 했다. 하지만 자던 중에 예기치 않은 기습으로 당황해서 그랬는지 금방 제압되고 말았다.

최봉설만 필사의 탈출 성공

최봉설에게도 세 사람이 달려들었다. 그는 결심했다. 혼자서라도 마지막 힘을 다 써야 하겠다고. 그새 헌병들은 상황이 종료된 듯 긴장감이 다소 풀려 있었다. 그는 앞으로 다가오는 두 헌병의 콧등을 주먹으로 가격하고, 그 옆에 선 군인의 사타구니를 걷어찼다. 문 앞에 서 있는 총 든 군인은 박치기로 넘어뜨렸다. 빠르기가 비호같았다.

복도로 나갔다. 정주간에 대기하고 있던 헌병들이 소리를 지르면서 달려들었다. 팔을 잡은 놈, 목덜미를 붙잡은 놈, 등짝 옷 덜미를 쥔 놈 등 제각각이었다. 최봉설은 뛰어나가던 기세에 더욱 힘을 가하여 몸을 내뺐다. 그 바람에 어설프게 신체 한 부분씩을 쥐고 있던 군인들이 구들 위로 나자빠졌다. 그는 어려서부터 달리기를 좋아했다. 학생 시절에 간도 연합운동회 때에는 달리기 경주에서 매번 1등을 독차지했다. '날아다니는 최봉설'이라 불릴 정도였다.[14]

정주문을 나섰다. 총을 짚고 무심히 서 있는 헌병 하나가 보였다. 그쪽 위치가 한두 계단 낮았다. 최봉설은 뛰면서 공중으로 몸을 날려 그자의 가슴팍을 찼다. 얼음판 위로 나자빠지는 헌병 모습이 보였다.

이제 마당이었다. 헌병들이 여럿 모여 있었다. 마당 너머 큰길에 자동차와 오토바이가 여러 대 서 있는 게 보였다. 그는 반대편 담장 쪽으로 몸을 날렸다. 판자를 잇대서 짠 나무담장이었다. 함경도 방언으로 '장재'라고 불렀다. 여러 집이 잇달아 자리 잡고 있는 탓에 반대편 골목으로 나가려면 여러 장재를 뛰어넘어야 했다. 얼추 헤아려도 열 개는 넘었다.

헌병들이 총을 쏘기 시작했다. 장재를 뛰어넘는 최봉설을 향해 사격을 가했다. 그는 이집 저집 장재를 무사히 뛰어넘었다. 하지만 마지막 장재를 넘을 때 오른편 팔에 총을 맞았다. 솜을 넣은 내복을 입고 있었다. 총 맞은 곳에 불길이 일었다. 눈 쌓인 밭에 드러누워 불을 껐다. 불은 껐지만 피가 흘렀고 통증이 몰려왔다. 오른팔을 전혀 쓸 수 없었다.

간신히 포위망을 뚫었다. 이제는 추격을 따돌려야 했다. 산등성이에 비스듬히 자리 잡은 신한촌 지형을 감안하여 산 아래쪽으로 뛰어 내려갔다. 아무르스까야 거리, 멜리니꼽스까야 거리, 젤레즈노다로즈나야 거리를 차례로 횡단했다. 그 끝은 바다였다. 한겨울이라 바다가 얼어 있었다. 얼어붙은 아무르만이 눈앞에 펼쳐져 있었다. 건너편 육지까지 거리는 40리 길, 16킬로미터였다. 최봉설은 바다를 건너기로 결심했다. 순간의 망설임도 없이 아무르만을 향해 뛰기 시작했다. 아무르만은 한겨울에 얼어붙기 때문에 으레 교통로로 사용되곤 했다. 사람과 말은 물론이고 자동차도 건널 수 있었다.

1월 말 블라디보스토크 온도는 영하 20~30도를 오르내렸다. 한밤중인 데다가 강한 바닷바람이 거침없이 불었다. 체감 온도는 더 낮았다. 잠을 자던 중 느닷없이 습격당했기 때문에 최봉설은 옷을 충분히 갖춰 입을 수 없었다. 양말을 신고 내복을 입었을 뿐이었다.

그는 얼어붙은 바다 위를 뛰었다. 총 맞은 오른팔을 왼팔로 쥐고서 달렸다. 절반쯤 건넜을 때였다. 아무르만 한가운데였다. 또 하나의 난관이 버티고 있었다. 바닷물이 얼지 않은 채 흐르고 있던 것이다. 절망감이 몰려왔다. 얼음 바닥에 털썩 주저앉았다. 진퇴양난이었다. 어떻게 해야 하나?

다시 육지로 되돌아갈 수밖에 없었다. 그는 신한촌에서 3킬로미터 떨어진 브따라야 레츠카 철도역 쪽으로 방향을 잡았다. 역전 큰 바위 밑에 도착했다. 어느덧 닭 우는 소리가 들렸다. 새벽이 오고 있었다. 총상을 입고 온몸이 얼어붙었는데 과연 어디로 가야 살 수 있을까?

달리 대안이 없었다. 그는 신한촌으로 되돌아가기로 결심했다. 블라디보스토크에 도착하여 분산 유숙할 때 머물렀던 채성하의 여관을 떠올렸다. 더욱이 그 집에는 딸 채계복이 머물고 있었다. 서울 경신여학교에서 유학할 때 3·1운동에 참여했고, 블라디보스토크에서는 애국부인회

채계복
일본 정보문서에 실린 대한적십자사 간호부의 사진.
두 번째 줄 왼쪽 두 번째가 필사적으로 탈출한 최봉설에게 도움을 준
블라디보스토크 애국부인회 회장 채계복.

최봉설 회고록
최봉설의 회고록
《간도 15만 원 사건에 대한 40주년을 맞으면서》
(1959년 1월) 자필 표지.
*출처: 국가보훈처

104

회장을 맡고 있었다. 도와줄 것이라는 기대감이 들었다. 채성하의 집은 아무르스까야 거리 22번지에 있었다. 피습당한 합숙소 임 참봉의 집에서 그다지 멀지 않은 곳이었다. 최봉설은 조심조심 여관에 접근하여 문을 두드렸다.

최봉설의 기대는 적중했다. 그는 채씨네 가족의 진심 어린 보호를 받았다. 운도 좋았다. 때마침 그 여관에 투숙 중이던 여의사 이혜근의 집도로 오른팔에 박혔던 탄환을 빼냈다. 적절한 응급조치도 받을 수 있었다. 여인들은 최봉설의 피 묻은 옷을 벗기고 얼어붙은 양말을 가위로 뜯어냈다. 온몸에 약을 바르고 붕대를 칭칭 감았다. 최봉설의 상태는 심각했다. 눈과 입만 빼고는 온몸이 얼어 있었다. 몸이 녹으면서 극심한 통증이 밀려왔다. 신음하는 환자를 간호하면서 채계복은 안타까워 흐느껴 울었다.

채성하는 지혜로운 이였다. 여관은 위험했다. 환자를 안전하고 믿을 만한 곳으로 옮겨야 했다. 그는 가까운 곳에 개점한 아들 채창도의 가게를 선택했다. 그 한켠에 비밀 공간을 만들었다. 벽지를 바르고 새로 도배해서 밖에서는 보이지 않도록 했다. 그곳으로 환자를 은밀하게 옮겼다. 가족 중에서는 오직 한 사람 채계복만 드나들게 했다.

병상에 누운 최봉설은 자나 깨나 끌려간 동료들의 안위를 걱정했다. 악행에 얼마나 고생을 할지, 고문을 이겨낼 수 있을지, 말 못할 불행을 겪게 되지나 않을지 근심이었다. 게다가 끝내 그의 뇌리를 떠나지 않는 의문이 있었다. 무엇이 잘못되었기에 헌병대의 습격을 받았을까? 도대체 누가 밀정이란 말인가?

10

의병투쟁의 거목 엄인섭의 두 얼굴
'15만 원 사건' 3

동포 밀고로 체포된 '15만 원 사건' 주역들

블라디보스토크 주재 일본 총영사관이 작성한 보고서에 따르면, '15만 원 사건'의 범인 체포 작전은 1920년 1월 31일 새벽 3시부터 네 시간 동안 계속됐다. 먼동이 밝아오는 7시가 돼서야 헌병대는 현장을 떠났다.[15] 소득이 컸다. '살인강도' 사건 혐의자를 4명이나 한꺼번에 붙잡았다. 윤준희, 임국정, 한상호 셋은 간도 15만 원 사건의 '범인'임이 틀림없었다. 나머지 한 사람 나일羅—은 어떤 연관이 있는지 아직 모르지만, 숙소에서 같이 기거한 것으로 봤을 때 범죄 가담 혐의가 짙었다.

다만 유감스럽게도 범인 한 명을 놓쳤다. 그는 기민한 자였다. 권총을 빼 들고 완강히 저항하는 윤준희를 제압하느라 혼잡한 틈을 타서 문 두 짝을 박차고 밖으로 뛰쳐나갔다. '우리 헌병'들도 가만히 있지는 않았다.

도주하는 용의자를 향해 사격을 가했고 그자의 한쪽 어깨뼈 아래에 관통상을 입혔다. 피를 많이 흘린 데다가 매섭게 추운 북국의 겨울밤에 속옷 바람으로 내몰렸으므로 제대로 살아나기 어려울 것으로 보였다.

빼앗겼던 현금도 되찾았다. 철제 상자 안에 담긴 현금을 헤아려 보니 약 13만 원이었다. 잃었던 돈 가운데 87퍼센트에 해당하는 현금을 회수했다. 상자 안에는 또 귀중한 게 있었다. 노트, 편지, 증서 등의 문서들이었다. 총영사관의 경찰간부 기토 가쓰미 통역관이 이 압수 문서들을 분석했다. 그중에서 가장 주목할 만한 것은 일지였다. 범인들은 자신의 행동을 날마다 일지 형식으로 기록하고 있었다. 이들이 사건의 진범임을 의심의 여지없이 보여주는 증거였다. 편지와 거래 서류도 있었다. 신한촌의 조선인 상인들과 자금 투자 방안을 논의하는 편지, 신한촌 하바롭스까야 거리 9번지 가옥 매도 증서 등이 그 궤짝 속에 들어 있었다. 어느 것이든 모두 강탈 자금의 사용처로 의심되는 사안들이었다.

경찰간부 기토 통역관은 제때 큰 성과를 올릴 수 있었던 것이 밀정 덕분이었다고 말했다. 보고서 내에서 여러 차례 밀정을 언급했다. 그는 '우리 밀정(我 密偵)'이라고 은근하게 호칭했다. 이례적인 일이었다. 어쩌면 현지 부임 이래 10년 동안 세심하게 밀정을 관리해온 자신의 공로를 은근히 드러내고 싶었던 것인지도 모른다.

안중근의 결의형제이자 14년간 밀정 활동

엄인섭嚴仁燮이었다. 15만 원 사건 주인공들의 거처를 일본 총영사관에게 알려준 사람이 말이다. 이 사실은 일본 총영사관의 정보 보고서에 암시되어 있다. 기토 통역관은 자신이 관리하던 밀정의 활약상에 대해 자세히 기술했다. 기록에 따르면, '우리 밀정'이 저들의 무기 구매를 알선해 줬다고 한다. 물론 그 행위는 기만이었다. 구매 협상에 나선 사람들 가운데 러시아어를 구사하는 사람은 그 혼자뿐이었다. '우리 밀정'은 이 점을 이용하여 다른 이들을 교묘하게 속였다고 한다.

좀체 믿기 어려운 기록이다. 엄인섭을 신뢰하지 못한다면 도대체 누구를 믿을 수 있단 말인가? 이렇게 반문할 만큼 그는 민족혁명운동의 중견 인물이었다. 그는 1907년에 개시된 연해주 반일 의병운동에 열렬히 참가했다. 1908년 여름 국내 진공작전 때에는 안중근과 함께 최선봉에 서서 두만강을 넘어 국내 진격을 영도하는 역할을 맡기도 했다.

그는 안중근의 가장 친한 동지였다. 안중근은 여순감옥에서 심문받을 때 "엄인섭은 블라디보스토크 방면에서 가장 친하게 지냈던 사람"이라고 속마음을 토로했다.[16] 그뿐인가. 그들은 의형제까지 맺은 사이였다. 안중근과 엄인섭은 평양 출신의 반일 혁명가 김기룡金起龍과 함께 결의형제를 맺었을 정도로 의기투합한 사이였다. 나이순으로 보면 김기룡(1876년생)이 큰형, 안중근(1879년생)이 둘째, 엄인섭(1885년생)이 막내였다.

엄인섭
15만 원 사건의 주역들이 탈취한 돈으로 무기 밀거래에 나서자
그 거래의 중개인으로 나섰던 엄인섭은 1908년 여름 국내 진공작전을
감행한 연해주 의병의 좌영장이었다.

세 사람은 목숨을 걸고 혁명에 헌신하기로 맹세했다. 일본군의 첩보에 따르면, 1908년 4월에 세 사람은 다른 두 사람(현학표, 이범석)과 함께 5인 단지동맹을 맺었다. 안중근과 엄인섭은 이토 히로부미를 암살할 것을 맹세했고, 다른 세 사람은 각각 친일 매국행위자인 이완용, 박제순, 송병준을 제거하기로 서약했다. 하늘에 제사를 올린 후 다섯 사람은 서약의 징표로 왼손 무명지의 첫 번째 관절부를 절단했다.[17]

엄인섭은 힘이 세고 담대했다. 사람이 여럿 모인 곳에서는 힘자랑을 즐기는 등 좌중의 분위기를 휘어잡으려는 성격이었다고 한다. 당시 기준으로는 중간쯤 되는 164센티미터의 키에 수염이 많고 다소 뚱뚱한 체격이었다.

엄인섭의 반일 활동은 일본의 한국강점 이후에도 계속됐다. 1911년에는 연해주 한인들의 자치기관인 권업회 설립에 참여했다. 이듬해에는 권업회 지회 설립을 촉구하기 위해 연해주 각 지방에 파견한 3인 대표단의 일원으로 선발되기도 했다. 1913년 11월에는 이동휘와 홍범도를 비롯한 혁명가 6인 간담회에 참여했다. 이 자리에서 이동휘는 "홍범도와 엄인섭 두 장군의 활약을 보는 날이 있으리라고 믿는다"고 말했다. 무장투쟁의 시기가 다시 도래할 테니 대비해 달라는 당부였다. 홍

엄인섭과 홍범도
1913년 11월 혁명가 6인 간담회에서 이동휘가
홍범도와 병칭하며 활약을 기원했던 엄인섭. 그러나 그는
15만 원 사건을 일제에 밀고한 밀정이었다.

범도와 병칭되는 항일무장투쟁의 지도자로 인정받고 있었던 것이다.

밀정이라는 증거가 있는가? 당시 독립운동계 내에는 갈등관계에 있는 혁명가들이 상대편을 밀정이라고 의심하는 일이 드물지 않았다. 따라서 밀정이라 말할 때는 암시적이고 간접적인 의혹 말고 직접적인 증거를 제시해야 한다.

10년 전만 하더라도 그를 잘 몰랐다. 러시아 지역 한국 독립운동을 전공하는 연구자들조차 그랬다. 엄인섭은 최재형, 이범윤, 유인석, 안중근 등과 나란히 거론되는 의병장이었다. 주요 의병장 가운데 한 사람으로 꼽혔고, 향후 관련 연구가 더 활성화되어야 할 인물로 지목받았다.[18] 하지만 국사편찬위원회가 해외 한국사 사료의 수집과 편찬에 노력해온 덕분에 엄인섭이 밀정인지 여부를 확증할 수 있게 됐다. 외무성 산하 일본 총영사관 경찰서에서 작성한 반일 단체 관련 공문서철(불령단관계잡건)에 엄인섭의 밀정 행각이 낱낱이 기록되어 있었던 것이다.

공문서에 따르면 엄인섭은 1911년에 반일 언론《대양보》의 간행을 막기 위해 한글 활자 1만 5,000개를 훔쳤다. 93킬로그램에 달하는 무게였다. 이 활자는 블라디보스토크 일본 총영사관 기토 통역관에게 전달됐다.《대양보》신문은 발간을 중단할 수밖에 없었다. 같은 해 6월에는 일본 밀정임이 발각된 서영선이라는 자를 한밤중에 몰래 탈출시켰다. 1912년에는 연해주 조선인 농촌지대인 연추에서 둔전영을 설립하려는 은밀한 논의를 블라디보스토크 영사관 경찰에게 밀고했다. 둔전영이란 농장 경영과 독립군 양성을 동시에 수행하는 무장투쟁 준비 단체였다. 이동휘, 홍범도, 이종호, 김립, 황병길 등과 같은 반일 인사들의 동향을 보고하는 것도 그의 주요 임무였다. 이외에도 엄인섭의 밀정 행위는 꾸준히 계속되고 있었다.

도대체 언제부터 밀정이 됐는가? 대부분 1911년부터 그의 밀정 행위 관련 기록이 남아 있으므로 일본의 한국강점 이후 타락했을 것이라고 생각해왔다. 그러나 실제는 그보다 훨씬 앞서 있다. 총영사관의 기밀문서를 보면, "엄인섭은 재작년(1908) 11월경 본 영사관에 출두하여 첩보자로서 고용해 달라고 청원했다"는 기록이 있다.[19] 총영사관에 접근한 시기에 눈길이 간다. 국내 진공작전이 실패로 돌아간 직후였다. 이로 미뤄보면 그가 밀정으로 암약한 시기는 1908년부터 1922년까지 14년이나 된다. 이처럼 오랜 기간에 걸쳐 스파이로 활동한 사례는 달리 찾아보기 어렵다.

무엇 때문에 밀정이 됐을까? 첩보자로 '고용'해 달라고 요청했다는 대목이 이채롭다. 그가 바랐던 것은 돈이었다. 밀정이 되면 일본 영사관으로부터 대가를 받을 수 있었다. 용정 총영사관은 밀정에게 하루 1전 50전씩 지불했다. 1개월 치는 45원이었다. 그 시기 회령경찰서 순사 나가토모가 받은 월급은 30원이었다. 오히려 일본 경찰관보다 월수입이 더 많을 때도 있었다. 엄인섭은 거물이었고 '공로'를 여러 번 세웠기 때문에 수령액이 훨씬 더 많았을 가능성이 있다.

그는 사회적 평판이 좋지 않았다. 러시아 지방관청의 기록에 엄인섭 인물평이 있다. "지방 거주민들의 말에 따르면, 엄인섭은 속이기와 카드놀이에 아주 능한 사람이며 방탕하다"고 한다. 도박을 즐기고 사람 속이기를 능사로 한다는 말이었다. 그뿐인가. 여성 관계도 문란했다. "그는 합법적인 아내 이외에도 몇 명의 첩을 데리고 있었다"고 한다.[20] 이러한 생활 습관 때문에 많은 돈이 필요했을 것이다.

30대에 사형당한 투사들, 50대에 병사한 밀정

엄인섭의 밀고로 체포된 '15만 원 사건' 주역들은 금각만 부두에 정박 중이던 일본 군함 지쿠젠마루호로 압송됐다. 군용 운송선으로 사용되던 이 배의 맨 밑창에는 특수 감금시설이 있었다. 햇빛이 들지 않아 하루 종일 전등이 켜 있었다. 네 청년은 결박당했다. 발목, 손목, 허리에 삼중으로 쇠사슬이 채워졌다. 그곳에서 청년들은 악형을 견뎌야 했다. 훗날 청년들은 재판정에서 과감히 발언했다. 심문 과정에서 견디기 어려운 고문이 저질러졌음을 폭로했다. "블라디보스토크 헌병대에서 심한 고문을 받아 반죽음의 상태"에 있었고, "고통을 면하기 위하여 자기가 하지 않은 사실까지도 진술하였다"고 말했다.[21]

청년들은 혹독한 고문을 받으면서도 순순히 불지 않았다. 자신들을 돕고 지원해준, 아직 드러나지 않은 사람들을 보호하고자 했다. 1주일간의 심문을 마치고 일본 본국으로 출항하던 날, 총영사관이 외무장관 앞으로 작성한 수사보고서가 있다. 사실과 다른 정보가 도처에 눈에 띈다. 현금 수송 정보를 어떻게 입수했는지, 사건 이후 도주 경로가 어떠했는지 등의 문제에 대해 그러했다. 시종일관 엉뚱한 답을 하고 있음을 확인할 수 있다. 비밀 정보를 제공한 사람과 사건 이후 피신을 도와준 사람, 그리고 비밀결사 구성원들의 이름이 노출되지 않도록 노력한 결과였다. 수감자들이 얼마나 고심했는지 짐작된다.

군함 지쿠젠마루호는 2월 7일 블라디보스토크항을 떠났다. 군함은 규슈 북단의 모지항, 요코하마항을 거쳐 부산항으로 향했다. 이 사건의 재판 관할을 청진지방법원으로 지정한다는 결정이 내려졌기 때문이었다. 부산항에 내린 피의자들은 철도편으로 서울을 거쳐 원산까지 호송됐다. 철도는 거기서 끊겨 있었다. 원산에서 청진까지는 다시 배편으로 이송됐다.

마침내 재판이 시작됐다. 1심은 청진지방법원에서 진행됐다. 숙소에서 같이 자다가 변을 당한 나일은 결국 무혐의가 인정되어 석방됐다. 대신 현금 수송 정보를 제공했던 조선은행 용정출장소 사무원 전홍섭이 피고인 대열에 합류했다. 그는 사건 당일 밤에 일찌감치 회령경찰서에 체포됐다. 그를 의심스럽게 본 회령지점장의 고발 때문이었다. 그는 3주일이나 계속된 심문을 견뎌야 했다. 그 결과 1920년 1월 28일 자로 '강도종범 및 정치범' 혐의로 청진지청 검사국에 송치됐다.[22]

재판은 빠르게 이뤄졌다. 2심은 서울의 경성복심법원에서, 3심은 서울의 고등법원에서 진행됐다. 최종심 선고는 1921년 4월 4일에 있었다. 사건 발발 후 1년 3개월 만의 일이었다. 와타나베 노부 재판장 이하 고등법원 형사부 5인 합의부 판사들은 피고들에게 극형을 선고했다. 15만 원 사건에 직접 가담한 윤준희, 임국정, 한상호 3인에게는 사형을, 현금 수송 정보를 제공한 조선은행 용정출장소 사무원 전홍섭에게는 무기징역을 확정했다.

선고가 이뤄진 지 4개월 20일이 지난 뒤였다. 사형이 집행됐다. 1921년 8월 25일이었다. 낮 기온이 28도에 이른 더운 여름날이었다. 잠시 맑긴 했지만 종일 흐린 날씨였다.[23] 서대문형무소 안쪽 깊숙한 곳에 위치한 사형장에서 세 청년은 영영 눈을 감았다.

세 사람의 시신은 서대문형무소 사형수들이 으레 묻히는 홍제동 밖 신사리 공동묘지에 안장됐다. 장례를 주관한 이는 윤준희의 젊은 부인 최씨와 임국정의 어머니 '임뵈뵈'였다. 임뵈뵈는 독실한 기독교인으로서 '북간도 성녀'라 알려진 여성이었다. 멀리 북간도에서 살다가 남편과

서대문형무소 사형장
엄인섭의 밀고로 체포된 윤준희, 임국정, 한상호 3인은 1925년 8월 25일
서대문형무소 사형장에서 최후를 맞았다.

임뵈뵈
독실한 기독교인으로 '북간도 성녀' 라 불리던
임국정의 어머니. 서대문형무소 사형수들이 묻히던
홍제동 밖 신사리 공동묘지에서
아들의 장례를 주관했다.

아들의 시신을 찾기 위해 낯설고 번잡한 객지로 온 것이다. 시신을 수습하고자 동분서주하던 여인들의 흐느낌 속에서 무덤 세 기가 나란히 들어섰다.

한편 1922년 일본군이 시베리아에서 철병하면서 엄인섭의 밀정 생활도 끝났다. 그는 일본군을 따라 연해주를 떠났다. 처음에는 두만강 너머 함경북도 경흥에 정착했다. 그러나 일본 말도 모르고 글도 몰랐기 때문에 그곳에서는 아무짝에도 쓸모가 없었다. 거처를 옮겼다. 연해주에서 가까운 북간도 훈춘을 찾았다. 고개 하나만 넘으면 제가 자라던 고향 연추와 연결되는 곳이었다. 엄인섭은 그곳에서 1936년에 쉰 둘의 나이로 병사했다고 한다. 15만 원 사건 주역들이 서른 고개를 넘지 못한 채 목숨을 잃었던 것을 상기해 보면, 과연 역사에 정의가 있는지 의심이 든다.

4장

의열투쟁.

11

경성 천지를 뒤흔든
김상옥의 총격전

종로경찰서 폭탄 투척으로 경찰에 쫓겨

혹독하게 추운 날이었다. 해뜨기 직전 경성의 기온이 영하 18.8도를 가리킬 정도로[1] 한 해 중 가장 추운 시기였다. 이틀 전에는 큰 눈까지 내렸다. 차 다니는 큰길이나 구불구불 골목길이나 할 것 없이 꽁꽁 얼어 있었다.

새벽 5시였다. 그날 일출 시각이 7시 49분이었으니까 동이 트기에는 이른 시간이었다. 캄캄한 어둠 속에서 한 무리 장정들이 남산 서남쪽 산록에 위치한 삼판통三坂通(오늘날 후암동)의 한 민가를 은밀하게 에워쌌다. 도합 21명이었다. 종로경찰서와 동대문경찰서 소속 경관들로 이뤄진 형사대였다.

그들은 종로경찰서에 폭탄을 던진 범인을 추적하고 있었다. 닷새 전인 1923년 1월 12일 초저녁, 누군가가 종로 큰길에 위치한 종로경찰서에

종로경찰서 전경과 폭탄에 맞은 현장
1923년 1월 12일 종로경찰서의 폭탄 맞기 전 모습과 폭탄에 맞은 현장.
《동아일보》 1929년 9월 4일; 《동아일보》 1923년 1월 14일.

폭탄을 던졌다. 경찰서 건물 일부가 파손되고 정문 앞을 지나던 행인들 7명이 다쳤다. 피해는 크지 않았지만 의미는 중대했다. 총독부 경무국장의 지휘 아래 대대적인 수사가 개시됐다. 다수의 혐의자가 붙잡혔고 시내 요소요소에 경계망이 펼쳐졌다. 계엄령을 내린 듯했다. 언론 보도에 따르면, 경성 천지가 물 끓듯 펄펄 끓었다.[2] 그러던 차에 동대문경찰서에 첩보가 들어왔다. 범인으로 의심되는 사람이 삼판통 304번지에 은신해 있다는 말이었다. 믿을 만한 정보였다.

음력으로 12월 초하루라 달이 뜨지 않았다. 날이 밝으려면 아직 멀었고 추위도 매서웠다. 매우 어두웠지만 경관들은 더 지체하고 싶지 않았다. 혐의자 체포에 즉각 착수했다. 형사대는 돌격조와 매복조 둘로 나뉘었다. 돌격조에 뽑힌 4명의 민완한 경관들이 널빤지를 잇대서 만든 허술한 담장을 뛰어넘었다. 남은 경관들은 집을 에워싼 채 매복했다.

삼판통 총격전 현장
다무라 형사를 총살한 삼판동 현장.
〈총살銃殺의 인因으로 총살銃殺의 과果를 결結한 계해벽두癸亥劈頭의
대사건진상大事件眞相〉, 《동아일보》 1923년 3월 15일 호외.

유도 2단에 날래기로 유명한 종로서의 다무라 죠시치 형사부장이 권총을 들고 선두에 섰다. 그 뒤를 종로서 경부 이마세 긴타로 사법계 주임과 동대문서 경부보 우메다 신타로 고등계 주임이 바짝 따랐다. 동대문서의 조선인 장 형사가 그들의 뒤를 이었다. 타무라는 혐의자가 은신하고 있는 건넌방 문을 세차게 잡아당겼다. 잠겨 있었다. 다시 한번 힘껏 잡아챘다. 그 바람에 문고리가 빠지며 왈칵, 문이 열렸다.

그때 총성이 울렸다. 쉴 새 없이 연이어 울렸다. 방안에서 권총 탄환이 쏟아져 나왔다. 타무라가 심장에 총알을 맞고 쓰러졌다. 즉사였다. 코와 입으로 피를 수없이 토하면서 최후를 마쳤다. 방안에서는 하얀 눈이 깔린 바깥쪽이 잘 보였지만, 밖에서는 어두운 방안이 도무지 보이지 않았다고 한다. 뒷걸음치던 이마세 경부는 오른 손목과 왼편 옆구리에 관통상을 입었다. 도망치던 우메다 경부보는 뒷등에서 앞 어깨로 관통당하고 거꾸러졌다. 열어젖힌 문짝 뒤에 숨었던 장 형사만 무사할 수 있었다.

집 밖에 매복 중이던 형사들은 갑작스런 사태에 종잡을 수가 없었다. 요란한 총소리가 경찰이 쏘는 것인지 혐의자가 쏘는 것인지 판단하기 어려웠다. 불과 몇 분 사이에 일어난 일이었다. 총성이 그친 뒤 집안으로 몰려 들어간 형사들은 참혹한 현장을 목격해야만 했다. 토방의 위아래와 좁은 마당에는 붉은 피가 낭자했고 피비린내가 코를 찔렀다. 범인은 집 뒤쪽 담을 넘어 산속으로 도망치고 있었다. 추격하려 했으나 어둠이 가로막았다. 도망자의 행방을 도무지 가늠하기 어려웠다.

경찰 1,000여 명이 남산 일대 포위

남산에 수색망이 펼쳐졌다. 날이 밝자마자 온 산에 경찰이 쫙 깔렸다. 경기도 경찰부 지휘 아래 경성 시내 각 경찰서는 물론이고 인근 지방 경찰서들에서도 병력이 차출됐다. 1,000여 명의 정복 순사들이 동원됐다. 남산을 중심으로 광역 포위망이 구축됐다. 신문 기사에 적힌 것처럼 "각처에 비상선을 늘어놓고, 쥐새끼 하나 도망하여 나갈 틈이 없이 엄밀히 경계"가 이뤄졌다.[3]

그뿐만이 아니었다. 경찰은 이중으로 포위망을 쳤다. 포위망이 뚫릴 것에 대비하여 남산 자락의 모든 거주지를 검문하기 시작했다. 삼판통, 광희정, 동대문, 왕십리, 고양군 뚝섬 일대가 주요 수색 대상지로 꼽혔다. 집집마다 가택수색을 했다. 심지어 굴뚝까지 모조리 뒤졌다. 인접 고을로 넘어가는 고갯길도 차단했다. 행여 양주 방면으로 도주할까봐 망우리

김상옥
상하이 망명 중 사진관에서 찍은
김상옥의 전신 사진.
ⓒ 김상옥의사기념사업회

고개를 수십 명 경관들로 하여금 지키게 했다. 기마대도 출현했다. 기마 순사가 총검을 번쩍이며 요소요소를 경계했다. 돌연히 경성 시내의 풍경이 바뀌었다. 전시 상태나 다름없었다.[4]

남산에는 눈이 쌓여 있었다. 이틀 전에 내린 눈으로 인해 등성이와 골짜기마다 흰 눈이 가득했다. 경찰은 눈 위에 찍힌 발자국에 주목했다. 추격대를 조직하여 범인의 발자국을 뒤쫓았다. 삼판통에서 시작된 발자국은 끊길 듯 이어지면서 산을 넘어 왕십리까지 이어졌다. 그러나 거기까지였다. 왕십리 방면으로 달아난 흔적은 희미하나마 찾을 수 있었지만 범인의 소재는 끝내 알아낼 수 없었다.

쫓기는 이는 김상옥金相玉이었다. 나이는 34세. 동대문 인근에서 태어나고 자란 경성 토박이로 자영업자였다. 동대문 밖 남쪽 도로변에 '영덕철물상'이라는 상호의 번듯한 2층 가게를 갖고 있었다. 결혼도 했고 자녀도 둘이나 있었다.

그의 삶의 행로에 전환을 가져다준 사건이 서른 살 때 발발했다. 바로 1919년 3·1운동이었다. 그는 혁명가의 길을 걷기 시작했다. 만세 시위운동에 참가했고, 《혁신공보》라는 지하신문을 발간했으며, 그로 인해 경찰에 체포되어 혹독한 고문도 당했다. 그러나 뜻을 굽히지 않았다. 그러기는커녕 조선 독립에 헌신하겠다는 결심을 더욱 굳혔다. 10월에 석방된 그는 주저 없이 비밀결사 '암살단'에 가담했고, 결국 경찰의 추격을 피해 상하이로 망명했다.[5]

그가 망명지 상하이를 떠나 비밀리에 조선에 입국한 것은 한 달 반 전이었다. 1922년 12월 1일 경성에 잠입하는 데 성공했다. 식민통치의 최고 책임자 조선총독을 암살하기 위해서였다. 권총과 폭탄의 힘으로 의열투쟁의 방법을 사용하여 식민지 지배자들을 응징하고 대중의식의 혁명화를 꾀하고자 했다. 제 한 몸 희생해서 공동체의 대의를 실현하고자 했다.

사실 그가 피습당한 1월 17일은 거사를 위한 디데이였다. 조선총독 사이토 마코토齋藤實가 도쿄에서 개최되는 제국의회 출석을 위해 남대문역을 거쳐 경성을 떠나기로 예정된 날이었다. 은신처를 남대문역과 가까운 삼판통으로 정한 것도 그 때문이었다. 결혼한 지 얼마 안 되는 막내 여동생 김아기와 매부 고봉근의 신혼 살림집이 마침 그곳에 있었다. 남대문역 거사를 준비하기 위해서는 그보다 더 적합한 곳이 없었다.

김상옥의 계획은 그날 새벽의 피습 탓에 어그러지고 말았다. 종로서 폭탄 투척은 그의 계획과 상충되는 사건이었다. 거사를 앞두고 절대적인 은신이 필요했다. 하지만 그럴 수 없었다. 폭탄 범인을 잡으려는 경찰의 압박 수사가 그의 일신에까지 미쳤던 것이다.

추적자들이 뒤쫓아올 게 명백했다. 잠시도 지체할 수 없었다. 경관들을 멀리 떼놓으려면 신속히 이동해야 했다. 빠른 속도만이 그를 구원할 수 있었다. 추적자를 따돌리려면 눈 위에 흔적을 남기지 말아야 했다. 가능한 한 눈이 덜 쌓인 돌이나 마른 풀을 골라 디뎌야만 했다. 포위망도 벗어나야 했다. 남산 일원에 대대적인 수색망이 펼쳐질 게 틀림없었다. 가능한 한 남산에서 멀리 떨어진 곳으로 나아가야 했다. 그는 쉼 없이 내달렸다. 머뭇거리다가 수색망 속에 갇히기라도 하면 더 이상 방법이 없었다.

급하게 뛰쳐나오느라 신발을 신을 틈이 없었다. 그는 맨발로 눈 쌓인 산길을 내달려야만 했다. 겨우내 내린 눈이 온 산을 뒤덮고 있었다. 무릎까지 눈에 푹푹 빠졌다. 게다가 나무가 빽빽이 들어차서 길도 없었다. 미끄러져 넘어지기 일쑤였다. 발이 만신창이가 됐다. 동상과 상처로 인해 피투성이가 됐다.

김상옥은 남산 능선을 따라 달리다가 수철리 공동묘지가 있는 응봉산 자락으로 옮겨 탔다. 응봉 북동쪽 산록에 있는 왕십리의 불교사원 안정사로 향했다. 그는 안정사 승려의 보호를 받은 것으로 보인다. 뜨거운 물과 음식을 제공 받았고, 양말과 짚신 한 켤레, 복면 모자를 얻었다. 무엇보다도 다행인 것은 그곳에서 하룻밤을 안심하고 잘 수 있었다는 점이다. 김상옥이 동대문 일원에서 오랫동안 거주했기 때문에 두 사람은 안면이 있는 사이였던 것 같다. 그러나 뒷날 경찰 조사 과정에서는 실제와 달리 얘기해야만 했다. 안정사 승려는 낯선 자의 기만과 강압 때문에 부득이하게 소극적으로 편의를 봐주었을 뿐이라고 말했다.[6]

다음 날 저녁 김상옥은 다시 길을 나섰다. 모자로 얼굴을 가리고 옷을 바꿔 입었다. 짚신을 거꾸로 신고 눈길을 걸었다. 아직 풀리지 않은 경찰의 수사망을 고려한 행위였다.

세 시간 총격전 끝에 피살

이날은 겨울답지 않게 날씨가 포근했다. 최저 기온이 고작 영하 0.6도에 지나지 않았고, 낮에는 온도가 상승하여 2.2도까지 올랐다. 절기가 대한인데도 따스했다. 심지어 전날에는 큰 비까지 내렸다.[7] 비 온 뒤라서 골목길이 질퍽거렸다.

새벽 3시였다. 종로5가에서 혜화동 방면으로 올라가는 도로 오른

편에 위치한 효제동으로 경찰들이 은밀히 모여들기 시작했다. 효제동 73번지가 목표였다. 그곳에 김상옥이 잠복해 있다는 첩보를 입수했던 것이다. 삼판통 사건 후 엿새 동안이나 잠적했던 그가 여기에 숨어 있다는 것이었다. 첩보는 고문을 통해 얻은 것이었다. 3·1운동 때 김상옥의 동료였고 이번에 국내에 잠입한 뒤에도 그를 줄곧 돕던 전우진이 악형에 못 이겨 비밀을 발설하고 말았던 것이다.[8]

경찰은 삼판통의 실패를 거울 삼았다. 지휘부 위계와 병력 숫자가 달랐다. 우마노 세이이치 경기도 경찰부장이 직접 지휘권을 잡았고, 후지모토 겐이치 경기도경 보안과장과 모리 로쿠지 종로경찰서장이 그를 보좌했다. 이들이 현장 지휘부를 구성했다. 경성 시내 각 경찰서에 비상소집령을 내렸다. 비번 순사들까지 동원되었다. 보도에 따르면 '수백 명'의 무장 경관들이 효제동 일대를 수십 겹으로 포위했다.

진압도 서두르지 않았다. 포위망을 짜놓고 날이 밝기를 기다렸다. 시야를 확보한 상태에서 작전을 전개하고자 했다. 동천이 밝아오는 7시가 되어서야 경찰이 움직이기 시작했다. 완전무장한 저격병 30명이 담을 넘고 지붕을 기어올라 화선을 짰다. 동대문서 고등계 주임 구리타 세이조 경부가 이끄는 결사대 5명이 행동에 나섰다. 그들은 김상옥이 거처하는 방으로 한 걸음씩 접근했다. 숨도 크게 쉬지 않은 채였다.

마침내 방문을 열어젖히며 벼락같이 돌진해 들어갔다. 뜻밖에도 방은 텅 비어 있었다. 방안에는 병풍이 둘러쳐 있을 뿐 아무런 이상을 발견할 수 없었다. 왠지 벽장문이 수상했다. 구리타 경부는 벽장문을 열어젖히며 사격을 가했다. 벽장 속에는 옛 한적이 산처럼 쌓여 있었다. 그 뒤에 김상옥이 숨어 있었다. 그는 침착하게 조준 사격으로 대응했다. 구리타 경부는 오른쪽 어깨에 총을 맞고서 거꾸러졌고, 다른 결사

김상옥이 사살된 집과 김상옥의 사체
김상옥이 몸을 피했던 효제동 72번지와 76번지 사이의 변소 및 김상옥이 사살된 집과 김상옥의 사체.
《동아일보》 1923년 3월 15일 호외; 《매일신보》 1923년 3월 16일.

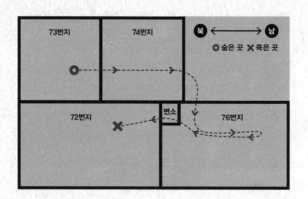

효제동 총격전 현장 지도
효제동 73번지에 숨어 있던 김상옥은 경찰의 진압이 시작되자 73번지 뒷벽을 헐어
74번지로 이동 후 담을 타고 넘어 76번지로 갔다가 76번지와 72번지 사이의 변소로 숨어들었으나
계속된 총격전에 결국 72번지에서 숨을 거둔다.

대원들은 대응 사격을 하며 구리타를 부축한 채 철수했다.

벽장 뒷벽은 흙담이었다. 김상옥은 필사적으로 그 벽을 뚫었다. 마땅한 도구가 없어 맨손으로 벽을 파느라 손톱이 벗겨졌다. 발로 벽을 차느라 발가락이 부러지기까지 했다. 다행히 뒷벽 한 귀퉁이가 헐렸다. 73번지를 빠져나오는 데 성공한 그는 옆집 74번지 담을 타고 넘어 대각선에 위치한 76번지 집으로 잠입해 들어갔다. 공포에 떨고 있던 집 주인은 김상옥을 들이려 하지 않았다. 승강이를 하면서 서로 기를 썼다. 소란 탓에 김상옥의 위치가 다시 경찰에게 드러나고 말았다.

76번지와 이웃집 72번지 사이에는 공간이 있었고, 그 깊숙한 곳에 재래식 변소가 설치되어 있었다. 사각이 형성되어 탄환으로부터 몸을 보호하는 데 제격이었다. 김상옥은 그곳으로 숨어들어갔다. 회유가 시도되었다. 경찰은 목숨을 살려줄 테니 항복하라고 했다. 김상옥은 대응 사격으로 답했다. "나는 자결하여 뜻을 지킬지언정 적의 포로가 되지는 않겠소." 상하이를 떠나면서 동료들에게 남긴 말이었다. 김상옥은 그 말을 굳게 지켰다. 결국 콩 볶는 듯한 소리가 울려퍼졌다. 경찰들의 일제사격이 계속됐다. 아침 7시에 시작된 총격전은 세 시간이나 경과한 뒤에야 종료됐다.

시신은 참혹했다. 그의 발은 물론이고 무릎까지 동상에 걸려 있었다. 죽은 뒤에도 총알 맞은 곳과 동상 걸린 곳에서 계속 피가 흘러 시신이 놓인 땅을 붉게 물들였다. 검시관의 관찰에 따르면, 사체의 머리와 가슴, 왼편 발가락에 총상이 있었다. 그중에서 머리와 가슴의 총상이 치명상이었다. 김상옥은 죽는 순간까지 권총을 놓지 않은 채 두 손에 꼭 쥐고 있었다. 검시관은 김상옥이 오른손 둘째손가락을 방아쇠에 건 상태로 힘껏 쥐고 있었다고 썼다.[9]

죽는 순간까지 총을 놓지 않다

750만 관객이 관람한 영화 〈밀정〉의 초반부에는 한 의열단원의 격렬한 총격전이 나온다. 인상적이다. 박진감 넘치는 액션 장면이다. 총격전은 실제를 재현한 것으로 알려져 있다. 바로 1923년 1월 김상옥의 '경성 천지를 진동시킨 총격전'이다. 하지만 영화 속 총격전은 실제와 허구가 뒤섞여 있다. 허구적 측면을 버리고 실제만으로 구성된 신뢰할 수 있는 역사상이 필요하다고 생각했다. 이 글은 그러한 필요에 부응하기 위해 작성된 것이다.

김상옥에 관한 기존 연구 성과들도 이 사건을 상세히 묘사한 바 있다. 하지만 사료상으로 뒷받침되지 않는 주관적인 설명을 포함하거나 대사를 넣거나 전투 양상을 과장하는 등의 폐단이 없지 않았다. 이 글에서는 아무런 과장 없이, 사료에 의해 뒷받침될 수 있는 객관적 사실만으로 구성된 역사상을 제시하고자 노력했다.

12

의열단 사건이 경이로운 이유

두 차례 암살·파괴 계획 주도

의열단 사건이란 1923년 3월에 발각된 폭발물 비밀반입 사건을 가리킨다. 언론에서는 으레 의열단 사건이라고 불렀지만, 당사자들은 '제2차 대암살·파괴 계획'이라고 지칭했다. 그것은 1920년 6월의 '제1차 암살·파괴 계획'(일명 밀양 폭탄 사건)에 뒤이어 의열단이 두 번째로 주도한 더욱 큰 규모의 의열투쟁 계획이었다.

계획이 발각된 때는 그해 3월 15일이었다. 이날은 김상옥 사건에 대한 총독부의 보도금지가 해제된 날이기도 했다. 김상옥 사건은 1월 17일 삼판통(후암동)과 1월 22일 효제동에서 벌어진 총격전을 아울러서 칭하는 것으로, 두 달여 동안 보도가 금지된 상태였다. 일본 경찰 간부 4명이 죽거나 중상을 입은 데다가 일본 경찰 수천 명이 동원되어 체포에 혈안이 됐던 사건이었다. 그 보도금지 조치가 이날 풀렸다. 일간 신문들은 앞다투어 호외를 발간했다. 대문짝만 한 굵은 글자로 김상옥 사건의 전말을 전하는 기사와 사진을 내놓았다.

여러 관련 기사 지면 한쪽에 이채로운 기사가 실렸다. 총독부 경무국의 또 다른 발표 내용이 〈관공서 폭파 계획 발각〉이라는 제하로 자그맣게 게재된 것이다. 국경지대와 경성 시내에서 폭발물 수십 개와 권총, 탄환, 불온유인물 등이 대량으로 압수됐고, 관련자들이 다수 체포됐다는 내용이었다. 의열단 사건에 관한 첫 보도였다.

자그만 기사였지만 사람들의 반응은 컸다. 온 경성을 떠들썩하게 했던 김상옥 사건이 일단락되자마자 또 다른 의열투쟁 사건이 발발했기 때문이었다. 의열투쟁 사건이 끊임없이 터져 나오는 현실이 사람들에게 경외감마저 가져다주었다. 일간지의 한 편집기자는 "한 가지 사건이 겨우 끝나면 또 한 가지 사건이 뒤를 이어 일어나니, 경관의 괴로움도 많으려니와, 뒤를 이어 계속하여 일으키는 사람들의 끈기도 무섭다"고 논평했다.[10] 신문기사는 경성의 민심이 소란하고 흉흉하다고 전했다.

위력이 큰 사제 폭탄 36개 등 반입

두 군데였다. 국경도시 신의주와 식민지 수도 경성, 두 도시에서 대규모 폭발물이 은닉되어 있었음이 드러났다. 신의주경찰서는 3월 14일 밤에, 경기도 경찰부는 15일 새벽에 일제히 검거 작전에 착수했다. 그 결과 예상을 훨씬 뛰어넘는 성과를 올렸다. 폭탄 36개, 폭탄장치용 시계 6개, 권총 5자루, 실탄 155발, 뇌관 6개, 〈조선혁명선언〉과 〈조선총독부 관공리에게〉라는 제목의 불온문서 900여 매를 압수했다. 또 연루 혐의자로 18

명의 조선인을 체포했다.

특히 주목을 끄는 것은 폭탄이었다. 한두 개가 아니라 무려 36개였다. 경찰은 폭탄 성능이 어느 정도에 달하는지 전문가들에게 감정을 의뢰했다. 폭발물은 용도에 따라 세 종류로 이뤄져 있으며 각각 놀랄 만한 위력을 갖고 있음이 밝혀졌다.

경찰이 붙인 명칭에 따르면, 하나는 '파괴용'이었다. 대형 통조림처럼 생겼는데 세 종류 중에서 가장 크고 무거웠다. 무게가 3.06킬로그램이었다. 일본군이 사용하던 대정 10년(1921)도 제작 '10년식 수류탄'이 530그램이었으니, 그보다 6배나 무거웠다. 사람이 팔을 휘둘러 던지기에는 부적절한 것으로 봤을 때 투척용으로 만들어진 것은 아니었다. 내부에는 충전재로 젤리그나이트Gelignite가 가득 들어 있었다. 조물조물 빚어서 형태를 만들 수 있는 가소성 폭약으로, 폭발력이 강하고 외부 충격에 대한 저항성이 뛰어난 맹렬한 폭약이었다. 내부 바닥에는 기폭용 뇌관이 장치되어 있었다. 요컨대 대형 통조림 폭탄은 은밀한 곳에 숨겨 놓았다가 도화선이나 전기 발화기구 등을 사용하여 기폭시키는 용도로 만들어진 것이었다. 철교나 건축물 폭파에 적합했다. 폭탄 장치용 시계를 도화선에 연결하여 예정된 시간에 폭발시킬 수도 있었다. 압수된 폭발물 가운데 2개가 이 유형에 속했다.

다른 하나는 '방화용'이었다. 외부에 발화용 돌출 장치가 있는 대추씨 모양의 폭탄으로서 980그램의 무게였다. 이것은 곧바로 사용해도 좋을 만큼 완성도가 높았다. 감정을 맡은 폭약 전문가는 군용 수류탄과 매우 비슷하다고 평가했다. 돌출부를 뽑아내거나 외부에 드러나 있는 나선 장치에 힘을 가하면 판자 모양의 격철이 회전하면서 내부에 있는 뇌관을 쳐서 발화시키는 장치가 내장되어 있었다. 폭발에 의해 표면의 철갑이 다수의 파편이 되어 인마 살상용으로 사용할 수 있었고, 불길이 맹렬히 일어나서 주위를 불바다로 만들 수 있었다. 폭약 전문가는 이 폭탄이 고관의 마차나 자동차를 표적으로 삼아 투척하기에 적합하다고 평가했다. 폭발 위치에서 반지름 4~5미터 이내의 사람은 확실히 살해할 수 있고, 22~23미터 이내의 사람은 살해하거나 중상을 입히기에 충분하다는 것이다.

마지막 하나는 '암살용'이었다. 갸름한 술병처럼 생겼는데, 모양만 다를 뿐 기계부 발화장치는 '방화용'과 동일했다. 무게가 850그램으로 세 종류 폭탄 가운데 가장 가벼웠다. 몸통 부분에는 폭약을 채워 넣었고, 잘록한 입구 모양의 약실 내에는 다량의 황린을 담았다. 황린이란 노란색을 띤 화학물질로서 독성이 강하며 공기 중에서 발화하는 특성을 갖고 있었다. 한번 폭발하면 강철 파편 조각과 함께 황린이 사방으로 튀어나가는 장치였다. 황린이 인체에 조금이라도 닿으면 곧바로 발화하여 뼛속까지 타들어가게끔 의도된 것이었다. 결국 인 중독을 일으켜 죽음에 이르게 하는 무서운 폭탄이었다.[11]

일본 경찰은 대경실색했다. 이처럼 살상력 높은 폭탄을 범죄자들이

의열단 사건 당시 경찰이 압수한 사제 폭탄
이 중 우측 위는 갸름한 술병 모양의 암살용 폭탄이고
아래는 대형 통조림 모양의 파괴용 폭탄이다.
《동아일보》 1923년 4월 12일 호외.

어떻게 가지고 있을 수 있었던 것일까? 폭약 전문가들의 의견에 따르면, 이 폭탄들은 열강 어느 나라의 군용 기성품이 아니었다. 사제 폭발물이었다. 경찰은 체포된 혐의자들의 입을 통해 진실을 알고자 했다. 하지만 속 시원히 진상을 알아낼 수 없었다. 그저 유대계 러시아인 폭약 전문가가 톈진 방면에서 제작한 것이 아닌가 추정할 뿐이었다.

훗날 의열단 단장 김원봉은 이 폭탄들을 어떤 경로로 얻게 됐는지 술회했다. 해방 직후 작가 박태원과 가진 수차례 인터뷰를 통해서였다. 성능 좋은 폭발물을 입수하는 것은 의열투쟁의 성공을 위한 전제조건이었다. 1921년 조선총독부 폭탄 투척 사건이 김익상의 결사적인 모험 끝에 단행됐지만 겨우 회계과 마룻바닥에 작은 구멍을 뚫고 사무실 집기를 부수는 데 그쳤음을 보라. 폭탄의 성능이 부실했기 때문이었다. 그것도 두 개를 던졌는데, 한 개는 불발이었다. 위력적인 폭탄 확보가 무엇보다도 중요했다.

자금과 기술이 필요했다. 자금 문제는 소비에트러시아 정부의 원조에 힘입어 해결할 수 있었다. 조선 혁명자금 제2회분 26만 원을 관장한 한형권의 결산보고서에 따르면, 4만 6,700원을 의열단에 지급했다고 한다.[12] 지방부 신문기자의 월급이 40원, 사무관급 관료의 월급이 50원 하던 때였다. 오늘날의 현금 구매력으로 환산하면 대략 23억 원에 해당하는 거금이었다. 이 금액은 폭발물 전문가 고용비, 폭발물 재료비, 중간 연락거점 유지비, 운송비 등으로 지출됐다.

기술 문제를 해결한 폭약 전문가는 헝가리 청년 마쟈르였다. 상하이 프랑스 조계의 서양식 주택을 임대하여 그곳에서 폭발물을 제조했다고 한다. 유감스럽게도 마쟈르라고 불렸다는 점 외에 그의 신상에 대해서는 알려진 바가 없다.

고려공산당·조선공산당 간부도 가세

의열단 사건의 숨겨진 논점 가운데 하나는 주체 문제일 것이다. 강력한
폭발물을 국내에 반입하여 암살·파괴를 실행에 옮기려는 이 의열투쟁의
주도세력이 어디이고 주도자가 누구인가라는 문제다. 아니, 사건의 주도
세력은 의열단이고 주도자는 의열단을 이끌던 김원봉이 아닌가, 그 외에
달리 주도자라 말할 수 있는 이가 있는가, 주도세력이라 일컬을 수 있는
단체가 있는가라고 반문할 수도 있겠다.

　　의열단 단독 주도론은 사건 발발 당시 일본 경찰의 관점에서 비롯된
것이다. 경찰 당국은 이 사건을 "김원봉을 단장으로 한 의열단이 러시아
공산당에게서 자금을 받아서 대관을 암살하고 관공서를 파괴함으로써
조선을 적화하고 독립운동을 일으키려고 계획한 음모"로 간주했다.[13] 경
찰과는 정반대 입장에서 작성된 기록《약산과 의열단》도 마찬가지다. 사
건은 의열단의 제2차 암살·파괴 계획이며, 시종일관 김원봉 단장의 다각
적인 노력의 결과로 이뤄진 것으로 묘사되고 있다. 이 견해에 따르면 사
건 가담자들은 의열단원이거나 개인적 협력자들로 이해되고 있다. 무산
자동맹회장 김한, 경기도 경찰부 소속 경부 황옥 등의 가담 사실이 개인
적 협력의 두드러진 사례로 꼽힌다.

황옥
의열단 사건의 한 주체인 이르쿠츠크파 고려공산당(이시당)의
국내부 위원이자 조선총독부 경무국 경부 황옥.
《동아일보》1923년 4월 12일 호외.

그러나 실제는 그렇지 않았다. 의열단 사건의 피고인 숫자는 18인이었는데, 이 중에서 몇몇 사람은 의열단과는 구별되는 독자적인 정치 단체의 구성원이었다. 황옥은 이시당(이르쿠츠크파 고려공산당) 내지부의 위원이었고, 장건상은 이시당의 최고 간부인 중앙위원이었다. 김시현과 권정필은 이시당의 국내 활동을 위해 1922년 3~5월 시기에 잠입한 당원이었다. 말하자면 의열단 사건 가담자 가운데 적어도 4인은 이시당의 간부이거나 주요 당원이었던 것이다.

김한의 협력도 개인적인 성격의 것이 아니었다. 그는 망명자 중심의 양대 고려공산당(상해파, 이르쿠츠크파) 어디에도 속하지 않는, 독자적인 조선공산당(일명 내지당, 중립당)의 간부였다. 단순히 간부의 한 사람이라고 표현하기에는 아쉬움이 느껴질 정도로 영향력 있는 핵심 간부였다. 1922년 당시 국내 사회주의운동을 이끄는 양대 지도자 가운데 한 사람으로 손꼽히고 있었다.

요컨대 1923년 의열단 사건을 의열단이 단독으로 이끌었다고 보는 것은 역사적 사실과 배치된다. 의열단과 더불어 두 공산당(이시당, 내지당)이 '제2차 암살·파괴 계획'의 공동 주도세력이었음에 유의할 필요가 있다.

김한
의열단 사건의 세 주체 가운데 하나인
조선공산당(내지당) 지도자 김한.
*출처: 국사편찬위원회

13

불발에 그친
의열단의 황포탄 의거

육군대장 다나카 기이치 암살 시도

상히이 황포탄黃浦灘에는 배를 접안할 수 있는 부두 시설이 즐비했다. 오늘날 와이탄外灘이라고 부르는 그 번화한 곳 말이다. 접안 시설을 중국어로는 마두碼頭라고 불렀다. '세관 마두'도 그중 하나였다. 화물과 여객의 입출항을 관리하는 세관이 담당하는 것이니만큼 규모가 컸다. 다채로운 유럽식 건축물들이 늘어서 있었다. 황포탄 지구의 중심이라 해도 좋을 정도로 위치도 번듯했다.

1922년 3월 28일 화요일, 세관 마두를 향해 호화로운 여객선 파인 트리 스테이트Pine Tree State호가 서서히 진입해 들어왔다. 마닐라에서 출발하여 홍콩을 거쳐 상하이로 입항하는 중이었다. 오후 3시 30분, 여객선과 육지를 연결하는 부속선이 승객들을 싣고 마두에 접안했다. 승객 중에는 여러 나라 사람들이 섞여 있었다. 세계 여행을 즐기는 미국인 여행자 그룹도 있었고, 일본인 고관과 수행원들도 있었다.

주목을 끄는 이는 일본인 육군대장 다나카 기이치 남작이었다. 1918 ~1921년에 일본 육군대신으로 재임했던 군벌의 수뇌부 가운데 한 사람이었다. 그는 3·1운동에 대한 일본군의 유혈 탄압에 책임이 있는 자였다. 또 1920년 10월부터 이듬해 5월까지 북간도에서 자행된 독립군 토벌 작전인 경신참변에도 관여한 자였다. 한국인의 해방운동을 총칼로 압살하도록 명령한 자였다. 그가 상하이를 방문한 때는 육군대신 직을 내려놓고 잠시 한가하던 시절이었다. 필리핀 총독 우드Wood의 초청을 받아 마닐라 방문을 마치고 일본으로 귀국하던 길이었다. 그는 상하이에 들러서 현지 일본인 유지들과 환담을 나눌 예정이었다. 그의 상하이 일정은 일간신문에도 소개되었다.

마두에 상륙한 다나카 남작은 출영객들과 인사를 나누었다. 그 후 세관 검사소를 지나 큰길로 막 나오려고 하던 때였다. 다갈색 중국옷을 입

다나카 기이치
군복을 입고 있는 일본 육군대장
다나카 기이치.

은 괴한이 불쑥 뛰어나오더니 권총을 꺼내서 총격을 가했다. 탕! 탕! 탕! 세 발이었다. 그뿐인가. 검은 색 양복과 갈색 코트를 갖춰 입은 또 한 사람의 남성이 있었다. 그는 다나카 남작 앞으로 폭탄을 던졌다. 폭탄이 아스팔트 위로 데굴데굴 굴렀다. 권총까지 빼들고는 남작을 향해 두 발을 쐈다.[14]

의열단원 세 사람이 공모

다나카 육군대장 저격 사건에 가담한 의열 투사들은 세 사람이었다. 아침 6시, 춘분이 지난 지 며칠 안 된 때라 어둑어둑한 일출 무렵이었다. 세 사람은 혹여 언론 보도와 달리 기선 도착 시간이 예정보다 몇 시간 앞당겨질 수도 있었기에 아침 일찍 거사 현장에 도착했다. 그때부터 오

다나카 저격 사건에 가담한 의열단 동지들
거사의 첫 번째는 권총을 사용하여 오성륜이, 두 번째는 폭탄과 권총을 사용하여
김익상이, 두 차례의 시도가 실패하면 세 번째로 이종암이 나선다는 계획을 세웠다.
《매일신보》 1922년 4월 7일; 《동아일보》 1926년 12월 11일.

후 3시 남짓까지, 일행은 무려 9시간 동안이나 기다려야 했다. 배가 언제 도착할까, 세 사람의 신경은 온통 거기에만 쏠렸다.

다갈색 중국옷을 착용한 오성륜이 첫 번째를 담당했다. 표적에 최대한 가까이 접근하여 권총을 사격하기로 약속했었다. 그는 최적의 장소를 물색했다. 한구로漢口路 입구에서 강변 쪽을 향해 9~10미터쯤 떨어진 길 한가운데에 자리를 잡았다. 세관 마두의 검사소 출입구가 훤히 보이는 곳이었다. 제2선은 김익상이 맡았다. 불행히 첫 번째 시도가 실패로 돌아간다면 그가 나설 터였다. 두 번째로 거사하기로 약속되어 있었다. 그는 한 손에는 폭탄을, 다른 한 손에는 권총을 들었다. 갈색 코트가 무기를 은폐하는 데 제격이었다. 그는 부두 한쪽에 설치되어 있는 전화박스 뒤에 자리를 잡았다. 제3선 행위자로 약속한 이가 있었다. 바로 이종암이었다. 이도저도 실패한다면 그가 나설 참이었다.

세 사람은 비밀결사 의열단의 동지였다. "천하의 정의로운 일을 맹렬히 실행"하고, "조선의 독립과 세계 만인의 평등을 위하여 신명을 바쳐 희생하기로" 약속한 사람들이었다.

총알은 빗나가고 폭탄은 안 터지고

다나카 기이치 대장은 운이 좋았다. 오성륜이 처음 쏜 총알 세 발은 표적을 맞추지 못했다. 대신 다나카 대장과 나란히 걷던 미국인 관광객 스나이더W. J. Snyder 여사가 거꾸러지고 말았다. 그녀는 최초 사격이 이뤄졌을 때 막 세관 검사소 건물을 나오는 중이었다. 오른쪽 흉부와 가슴에 세 발의 관통상을 입은 그녀는 급히 병원으로 옮겨졌지만 도착 후 10

분 만에 숨을 거두고 말았다. 그녀는 대략 마흔 살 정도인데, 남편과 함께 다섯 달 전에 세계 여행을 위해 뉴욕을 떠난 8명의 관광단의 일원이었다. 상하이에서 이틀간 체류한 뒤 베이징, 한국, 일본을 거쳐 고향인 미국 인디애나 주로 귀국할 예정이었다. 이 부부는 아들이 교통사고로 죽은 슬픔을 잊으려고 여행을 떠난 것으로 알려져, 듣는 이로 하여금 더욱 가슴을 아프게 했다.

김익상이 던진 폭탄도 불운했다. 아스팔트 위에 떨어진 폭탄은 도로를 가로질러 강둑 제방의 가장자리까지 굴러갔는데, 마침 영국 전함 카리슬Carlisle호의 승무원이 발로 차서 강물 속으로 집어넣어 버렸다. 왜 터지지 않았을까? 그 소식을 들은 상하이 한국인 망명객들은 하나같이 장탄식을 내뱉었다. 상하이에서 간행되는 《독립신문》 가십란에는 다음과 같은 한탄이 실렸다.

폭발탄아, 폭발탄아, 황포탄의 폭발탄아. 다나카 적賊을 만나거든 소리치며 터지라고, 천 번 만 번 부탁하고 정성 들여 던졌거늘, 네가 무슨 까닭으로 침묵하고 있었더냐. 좋은 기회 다 놓치고 어느 때에 터질려고.[15]

스나이더 부인
황포탄 저격 사건의 의도하지 않은
희생자 미국인 관광객 스나이더 부인.
《독립신문》 1922년 10월 12일.

운 좋게 저격을 피한 다나카 일행은 신속히 몸을 숨겼다. 그 탓에 제3선에 대기 중이던 이종암의 사격도 아무런 효과를 보지 못했다. 목표를 맞추지 못했다. 현장 검증을 맡았던 상하이 공동조계 경무청의 리브 Reeves 형사는 제3선의 존재를 알아챘다. 둘 외에 또 다른 가담자가 있을지도 모른다는 의문을 갖게 된 것이다. 현장에서 몇 발의 탄흔을 발견했는데, 이것은 김익상과 오성륜이 서 있던 위치와는 완전히 다른 각도에서 발사된 것이었다.

현장은 혼란에 빠졌다. 연거푸 터지는 총소리와 군중의 비명소리 때문에 패닉 상태가 됐다. 오성륜은 뛰었다. 몸을 돌려 전찻길 건너편 한구로 방향으로 달렸다. 평소에도 오가는 사람이 많아 혼잡한 길이었다. 권총을 쥐고 내달리는 위험해 보이는 괴한 앞을 행인들이 가로막았다. 그는 길을 가로막는 군중에게 위협사격을 가했다. 중국인 순경과 인력거꾼 2인이 총상을 입었다. 다행히 생명에는 지장이 없었다. 한 블록을 지나 사거리에서 남쪽으로 방향을 틀었다. 사천로였다. 그 길을 따라 다시 한 블록을 달렸다. 그러나 복주로와 만나는 십자로에서 현지 순경에게 그만 체포되고 말았다.

김익상도 뛰었다. 그는 전찻길을 따라 북쪽으로 내달렸다. 현장을 목격한 몇몇 사람들이 추격해왔다. 그들을 따돌리려면 지그재그 방향으로 도주하는 것이 유리했다. 그는 왼쪽으로 방향을 바꿔 구강로로 접어들었다. 한 블록을 달린 뒤에 사거리에 이르렀다. 추격자들이 뒤쫓아왔다. 위협사격을 가했다. 중국인 손수레 상인 한 사람이 총상을 입었다. 그곳에서 북쪽으로 방향을 틀었다. 사천로였다. 창고가 보였다. 문이 열려 있어서 숨어들었다. 그러나 막다른 곳이었다. 되돌아 나왔으나 군중에게 둘러싸이고 말았다. 한 서양 청년이 그를 덮쳤다. 《파이낸스 앤 코머스》 신

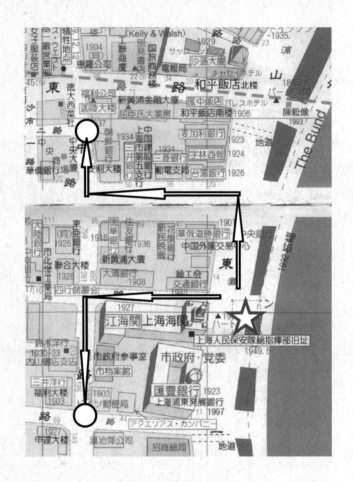

황포탄 의거 현장과 도주로
별이 황포탄 의거 현장, 화살표가 도주 경로,
동그라미가 김익상(위)과 오성륜(아래)이 체포된 장소이다.

문사의 영국인 기자 톰슨H. E. Tomson이었다. 김익상은 그에게 총상을 입혔다. 그러나 곁에서 달려드는 미국인 증권 중개인 호레이스 굴릭 Horace Gulick을 제압하는 데에는 실패하고 말았다.

투사들의 유언, 남은 가족 당부

거사 이틀 전이었다. 1922년 3월 26일 밤 10시, 상하이 프랑스 조계 백이 로白爾路 정운리停雲里 18호에 8명의 젊은이들이 둘러앉았다.[16] 세 사람을 송별하는 자리였다. 황포탄 의거의 세 주인공을 둘러싸고 다섯 청년이 합석했다. 김원봉을 비롯하여 권준, 강세우, 서상락, 송호 등이었다. 이들은 모두 비밀결사 의열단의 구성원들이었다. 그중 네 사람은 1919년 11월 이래 창립 멤버였다.

이들이 한자리에 모인 까닭은 죽기를 각오한 동지들의 마지막 목소리를 듣기 위해서였다. 죽음을 무릅쓰고 대의를 위해 헌신하기로 결단한 동

김익상과 그의 부인
김익상은 거사 이틀 전 의열단장 김원봉에게
딸이 여성 혁명가가 될 수 있도록 교도해 달라고 부탁했다.
사진은 김익상과 그의 부인.
《동아일보》 1926년 2월 17일.

지들의 소회를 듣고자 했다. 마지막 육성이 될 가능성이 컸다. 유언을 듣는 자리였다.

김익상은 남은 동지들이 서로 사랑하며 화합하라고 주문했다. 또 "우리 정신을 관철하기 위해" 생사를 넘어서 노력해 달라고 당부했다. 욕된 운명에 속박되어 구차하게 살려고 노력하지 말라고 권했다. 끝으로 한마디 덧붙였다. 특히 단장 김원봉에게 당부했다. "딸을 공부시켜 여성 혁명가가 되도록 교도하기를 부탁한다"고 말했다. 그에게는 결혼한 지 얼마 안 된 젊은 아내와 세 살짜리 어린 딸이 하나 있었다. 서울 남산 너머에 위치한 이태원리 288번지에 그의 가족이 살고 있었다. 생의 마지막을 결심하는 순간에 독립운동가의 마음속에는 어린 딸이 떠올랐다. 아버지 없이 자라게 될 딸의 장래가 눈에 밟혔던 것 같다.

오성륜도 죽음을 결단하는 소회를 밝혔다. 그는 우리의 정신을 관철할 때까지 처음 뜻을 변치 말고 앞으로 나아가자고 권유했다. 정의를 위해서라면 죽음의 길도 같이 가자고 말했다. "지하에서 다들 한자리에 모이기를 바란다"는 희망도 피력했다. 그 또한 가족의 장래를 동지들에게 부탁했다. 미혼이던 그는 나이 어린 두 동생 열일곱 살 오성룡과 여섯 살 오성봉의 장래를 걱정하면서 교육을 부탁했다. "약산(김원봉)에게 특별히 부탁하는 것은 두 아우를 우리의 뜻과 같은 사람이 되도록 인도하여 주기 바란다."[17]

이 유언들은 죽기를 각오한 투쟁에 나서는 독립운동가들의 내면을 보여준다. 결단의 순간에 그들의 마음속에서 어떤 상념이 오갔는지 엿볼 수 있다. 그들은 가족을 떠올렸다. 특히 아버지나 형의 보살핌 없이 서럽게 자라게 될 어린 자녀와 동생의 삶에 대해 생각하고 있었다. 그들의 장래에 대한 걱정이 마음속에 응어리져 있었던 것이다.

14

다나카 저격범 오성륜의 탈옥

일본 총영사관에서 문초

1922년 3월 28일 다나카 일본군대장 저격 사건이 발발했다. 이 사건을 '황포탄 의거'라고 부른다. 사건 직후 의거의 주역 중 두 사람이 체포됐다. 김익상(28)과 오성륜(23)이었다. 그런데 이들을 체포한 사람들은 일본군이나 경찰이 아니었다. 권총을 소지한 '괴한'을 그냥 둬서는 안 된다고 생각한 상하이 시민들과 교통순경이었다. 한낮에 총을 쏘면서 대로를 뛰어다니지 않았는가. 그들의 눈에는 갑작스런 총격과 위험천만한 난동으로 보였을 뿐이다. 제국주의 침략자에 맞서 싸우는 피억압 민족의 해방투쟁이리라고는 미처 생각할 여지가 없었다.

두 사람은 일본 총영사관이 아니라 상하이 공동조계 경무청에 인계됐다. 사건 장소도 그렇고, 두 사람이 체포된 곳도 공동조계 관할 구역 안에 있었기 때문이다. 영국인 경찰에 의해 취조가 이뤄졌다. 범인들의 태도

◇상히에서뗜중대장을저격한김익상(상)과오성륜(하)

김익상·오성륜
황포탄 의거의 주역 중 두 사
람 김익상(위)과 오성륜(아래)
의 모습.《동아일보》1922년
4월 7일.

는 전혀 거리낌이 없었다. 자신들이 누구이
며 왜 그런 행위를 했는지 거침없이 진술했
다. 진술을 토대로 두 명이 모두 한국인이라
는 것, 또 한국의 독립을 위해 투쟁하는 혁
명 단체 소속이라는 것이 밝혀졌다. 그들은
자신의 행위에 대해 전혀 후회하지 않았다.
김익상은 "나는 단지 아무것도 이루지 못한
것에 대해 후회할 뿐"이라고 말했다. 오성
륜도 "우리의 조국이 고통받고 있는 현실을
우리의 손으로 세계에 알리기 위해서" 다나
카 대장을 저격했노라고 토로했다.[18]

이틀 뒤, 두 사람은 상하이 일본 총영사
관 경찰서에 인계됐다. 사건 수사기록과 증
거물도 함께였다. 바로 그날부터 일본인 경
찰의 문초가 시작됐다. 범죄 동기, 범행 경
로, 공범자 관계 등에 관한 집요한 신문이
이뤄졌다.

두 사람이 갇힌 곳은 높은 담을 둘러친
총영사관 구내의 부속 감옥이었다. 총영사
관은 재상하이 일본인 지구를 관할하는 일
종의 정부와 같았다. 자체 경찰기관뿐 아니
라 검찰, 재판부, 감옥 시설까지 갖추고 있
었다. 감옥에는 주로 정식 재판에 회부되기 이전의 미결수들을 수용했
다. 예심을 마치고 공판에 넘겨진 죄수는 본국 나가사키 감옥으로 송치하

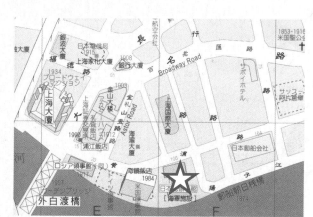

상하이 일본 총영사관 위치
상하이 일본 총영사관이 있던 위치,
현재 황포로10 6번지.
별 표시가 있는 곳이다.

상하이 일본 총영사관 건물
현재 중국 해군 군사 시설로
사용되고 있다.

는 것이 관례였다. 두 사람은 분리 수용됐다. 김익상은 1번 방, 오성륜은 5번 방에 갇혔다. 마땅히 독방에 가둬야 했지만 그럴 수 없었다. 감방 숫자는 6개에 불과한데 수감 중인 범죄자가 이미 25명이나 됐기 때문이다. 두 사람은 '잡범'들과 같은 방에 수용됐다. 각각 세 명의 다른 죄수들과 함께 지내게 됐다.[19]

감방 내 별도 철제 우리에 가둬

오성륜이 갇힌 5번 방은 감금 설비가 이중으로 이뤄져 있었다. 실내 한편에 철봉을 일정한 간격을 두고 박아 넣어서, 따로 철제 우리를 설치한 특수 감방이었다. 맹수를 수용하는 동물원의 철제 우리와 다름이 없었다. 철제 우리 출입문에는 빗장이 걸려 있었고, 거기에는 다시 자물쇠가 채워졌다. 오성륜은 5번 방 속에서도 철제 우리 안에 갇혔다. 그뿐인가. 팔목에는 수갑이, 발목에는 족쇄가 채워져 있었다. 중범죄자라 엄중하게 취급됐다.

수감 후 열흘쯤 되던 때 작은 변화가 있었다. 감방 내부에 철제 우리가 따로 설치된 구조는 간수들에게는 무척 성가신 시스템이었다. 무엇보다도 용변 문제 때문이었다. 변기는 철제 우리 밖에 있었다. 수감자가 용변을 요청할 때마다 간수들은 똑같은 동작을 반복해야 했다. 5번 방감방문을 따고 들어와서 철제 우리 문에 달린 빗장과 자물쇠를 연 후 손목의 수갑과 발목의 족쇄를 풀어줬다가 얼마쯤 용변이 끝나기를 기다려야 했다. 용변이 끝난 뒤에는 다시 역순으로 수갑과 족쇄를 채워서 철제우리 속에 집어넣고 빗장과 자물쇠를 닫아야 했다. 이렇게 열흘이 지났다. 경찰 및 검사 신문이 거의 끝나가는 중이었다. 피의자의 진술 태도가 거리낌이 없어서 범죄 행위를 감추지 않고 진술했기 때문에 혐의 사실은 모두 판명된 상태였다. 머지않아 사건은 예심으로 넘어갈 터였다. 중죄인에 대한 긴장감이 조금씩 옅어지기 시작했다. 간수들은 철제 우리 차단문에 걸린 빗장과 잠금장치를 일일이 열고 닫던 행위를 생략했다. 용변 처리를 범죄인 스스로 해결할 수 있도록 했다. 덕분에 오성륜은 손발에 수갑과 족쇄가 달려 있긴 했지만 철제 우리 안팎으로 넘나들 수 있게 됐다. 4월 7일부터였다.[20]

오성륜은 다른 수감자들과 잘 지냈다. 모두 일본인이었다. 다무라 주이치田村忠一는 사기 범죄로 징역 1년 6월형을 선고받은 전과 2범의 누범자였다. 다른 두 수감자는 고가의 밀수품을 밀매하는 암시장 상인들이었다. 고미야 시카조小宮鹿造는 권총 밀매 및 공갈죄로 징역 3개월을 받았고, 후지타 가메노스케藤田龜之助도 총기 밀매 혐의로 구류 25일을 선고받았다. 오성륜은 이 수감자들에게서 따뜻한 대우를 받았다. 왜 그랬을까? 정확한 이유는 알 수 없지만 아마도 고문으로 고통받는 이에 대한 연민의 감정 때문인 듯하다. 사형이 예정된 중죄인에 대한 동정심일 수도 있었다. 오성륜의 개인적인 성품과 태도 속에 수감자들의 호감을 이끌어내는 무언가가 있었던 것 같기도 하다.

4월 15일 경찰과 검사 신문이 끝났다. 사건은 총영사관 판사의 예심에 회부됐다. 그러고 나서 10여 일이 지났다. 김익상에 관한 예심 사무는 종료됐고, 오성륜 심리도 완결을 앞두고 있었다. 며칠 지나지 않아서 일본 나가사키로 압송이 예정된 상황이었다.

작은 칼 입수해 필사의 탈출

오성륜은 '소도小刀'를 손에 넣었다. 뒷날 경찰 조사에 따르면, '히고노카미' 브랜드가 새겨진 미니 사이즈의 접이식 주머니칼이었다고 한다. 어떻게 입수했는지는 경찰도 끝내 알아내지 못했다. 감옥 외부에서 조력자들이 암약했거나 경계 소홀을 틈타 어디선가 절취했을 것이라고 추정할 뿐이었다.

4월 27일이었다. 오성륜은 식기 뚜껑의 조그만 금속 부위를 주머니칼로 잘라내고는 창문 틈에서 뽑아낸 철사 줄 하나를 감았다. 수갑과 족쇄를 풀 열쇠로 쓰기 위해서였다. 실패를 거듭했지만 포기하지 않은 끝에 마침내 성공했다. 4월 28일, 수갑과 족쇄가 열렸다. 이날부터 오성륜은 병에 걸렸다면서 세면과 목욕 등의 감방 밖 출입을 일체 중단했다.

사기범 타무라는 오성륜과 행동을 같이하기로 했다. 동반 탈옥을 결심했다. 다른 두 수감자는 남은 형기가 얼마 남지 않아 동참하지 않았지만

히고노카미 주머니칼
오성륜이 탈옥에 사용한
'히고노카미' 주머니칼의 생김새와 크기.

심정적으로는 같은 편이었다. 탈옥 계획을 일러바치지 않았을 뿐 아니라 조력을 마다하지 않았다. 나중에 탈옥이 성공한 뒤에는 살해 위협 때문에 부득이 지켜볼 수밖에 없었노라고 진술하기로 입을 맞췄다.

5번 방은 건물 2층에 있었다. 원래 영사관 직원 숙소로 쓰던 곳을 감옥으로 개조한 시설이었다. 한쪽 벽면에 작은 창문이 하나 있었다. 도로에 면해 있는 창이었다. 창문 밖으로 거리 풍경이 엿보였다. 당연히 탈주 방지 시설이 가설되어 있었다. 철망이 쳐 있고, 4개의 철봉이 조밀하게 박혀 있었다. 하지만 철망을 뜯어내고 철봉을 한두 개 제거한다면 몸을 빼낼 수 있을 것 같았다. 오성륜과 타무라는 시간 날 때마다 철망 절단 작업에 매달렸다. 오랜 시간을 들인 끝에 가로 세로로 10센티미터씩 절단할 수 있었다.[21] 좀 더 시간을 들인다면 철망은 뜯어낼 수 있겠지만, 철봉 제거하는 일이 가능할까 의심스러웠다.

밀수품 밀매범 고미야는 목수 경험이 있었다. 차라리 감방 출입문을 공략하는 것이 좋겠다고 조언했다. 감방 출입문의 아래쪽 일부는 목제로 만들어져 있으니, 그것을 깎아내자는 제안이었다. 맞는 말이었다.

5월 1일 아침이었다. 세면 시간에 누군가가 간수 사무실에서 조그만 숫돌 하나를 몰래 훔쳐 나오는 데 성공했다. 주머니칼은 다시 날카롭게 벼려졌다. 수감자들은 출입문 널판을 교대로 베어냈다. 숙직 순사의 이목과 간수들의 순시를 피해 소리 없이 행해야 하는 일이었다. 한 사람은 망을 보고 다른 사람들이 교대로 나무를 깎아냈다. 온종일 그렇게 한 결과 마침내 가로 48센티미터, 세로 30센티미터의 직사각형 구멍이 뚫렸다. 성인 남성 한 사람이 충분히 빠져나갈 수 있을 만한 크기였다. 밤이 깊기를 기다리기로 했다. 떼어낸 자국이 드러나지 않도록 원래 상태처럼 꾸몄다.[22]

밖으로 나가자면 의복과 신발을 갖춰야 했다. 오성륜은 체포될 당시처럼 다갈색 혼방 모직으로 된 중국옷을 입고 있었다. 타무라가 문제였다. 그는 수의에 맨발 차림이었다. 그를 위해 낡은 양복을 입고 있던 후지타가 제 옷을 내놨다. 바닥에 깔고 자던 이부자리를 뜯어서 신발 비슷하게 만들었다. 또 준비할 게 있었다. 남은 사람들의 알리바이를 만들어 주는 일이었다. 나갈 사람들은 남은 두 사람의 수족을 감방 속 철봉에 묶고, 수건으로 입에 재갈을 물렸다.

새벽 1시 반이었다. 숙직 순사들의 순시가 끝난 지 30분이 지났다. 오성륜과 타무라는 행동에 착수했다. 모든 게 순조로웠다. 뒷날 《독립신문》 기사에 따르면, 두 사람은 절개한 문짝을 통해 감방을 빠져나왔고 층계를 통해 1층으로 내려가는 데 성공했다. 이어서 영사관 마당을 가로질러 담장에 접근했으며, 출입자가 드문 영사관 뒷문을 타고 넘는 데 성공했다고 한다. 그들은 깊은 밤중이었지만 영사관 건물 앞 황포로 노상에서 두 대의 인력거를 불러 탈 수 있었다. 인력거는 프랑스 조계로 향했다. 탈옥자들의 피신을 도울 수 있는 동지들이 거주하고 있는 곳이었다.[23]

오성륜 탈옥
오성륜 탈옥 소식을 전하는 《독립신문》
1922년 12월 13일 자 기사.

상하이 일본 총영사관의 탈옥 관련 보고서
오성륜의 탈옥이 가능했던 원인에 대해 설명하는 상하이 일본 총영사관의 보고서.
히고노카미 주머니칼에 관한 언급이 보인다.

오성륜은 탈옥, 김익상은 일본 압송

두 사람이 옥문을 뚫고 나간 지 30분쯤 지난 뒤 옥중에 남은 이들이 비로소 고함을 지르기 시작했다. 간수와 숙직 순사들이 달려왔다. 그제야 총영사관 측은 탈옥이 이뤄졌다는 사실을 알게 되었다. 비상이 걸렸다. 탈옥만으로도 놀랄 일인데, 그 행위자가 다나카 대장 저격범이지 않은가. 총영사관은 수배령을 내렸다. 모든 경찰력과 밀정 조직을 총가동하여 탈옥 범인들의 동선을 추적하기 시작했다. 범인들의 이동이나 잠복 장소로 활용될 가능성이 있는 정거장, 부두, 여관 등은 특별 감시 대상이 됐다. 또 상하이 여러 구역을 관장하는 다른 경찰 조직에 협조를 구했다. 공동 조계 공부국 경찰, 프랑스 조계 경찰, 중국 경찰기관에 통첩을 보내서 비상경계를 요청했다. 그러나 효과가 없었다. 오성륜이 어디로 갔는지 종적을 전혀 알 수 없었다.

자라 보고 놀란 가슴 솥뚜껑 보고 놀란다고 했다. 총영사관은 다나카 대장을 저격한 또 다른 저격범 김익상을 부랴부랴 본국으로 이송했다. 오성륜이 탈옥한 바로 이튿날인 5월 3일, 김익상은 산죠마루 여객선 편으로 나가사키 지방재판소로 압송됐다.

15

혁명가로 키우려던 김익상의 딸은
어디로 갔는가

잎담배 상자를 빼돌려 자금 마련

재판이 시작되자 상하이 황포탄 의거의 주역 김익상의 신원이 신문기사에
오르내리기 시작했다. 기사에 따르면 피고인의 나이는 28세, 직업은 '철
공'이었다. 〈경기도 고양군 용강면 공덕리 286번지〉가 그의 본적지였다.

본적지를 생가로 오인하는 견해도 더러 있다. 하지만 본적이란 호적
의 소재지를 이르는 말이다. 호주의 첫 신고에 의해 신 호적이 편제될 때
지정되는 것으로서, 호주의 출생지와 반드시 일치하는 것은 아니었다.
위 본적지는 김익상이 결혼하여 호적상의 가家를 창설할 때 기재해 넣은
신혼 살림집 주소였다.

대지 21평의 조그만 집이었다. 그나마 자기 소유도 아니었다. 집주인
은 따로 있었다. 60세쯤 되는 초로의 홍상수라는 사람이었다. 집주인의

인터뷰 기사에 따르면, 김익상은 1919년 7월경부터 자기네 곁방에 세 들어 살던 세입자였다. 매우 가난했으나 성격은 그늘진 데 없고 강했다고 한다.[24]

누추한 단칸방이지만 젊은 아내와 둘이서 지내는 호젓한 신혼살림이었다. 아내는 한 살 연하의 송씨 부인이었다. 부부는 이 집에서 아이를 하나 낳았다. '점석'이라고 이름 지은 딸이었다. 뒷날 황포탄 거사 이틀 전야에 동지들에게 남겼던, "딸을 공부시켜 여성 혁명가가 되도록 교도하기를 부탁한다"는 유언의 주인공이었다.

김익상의 직업을 '철공'이라고 한 것은 대체로 사실에 부합했다. 그는 결혼 전후한 시기에 담배 회사인 '광성廣成연초상회'의 기계공으로 취업해 있었다. 이 회사는 매출 규모 상으로 손꼽히는 담배 제조·판매 회사였다. 1920년 6월중 담배 수출·이출 통계 자료에 따르면, 광성연초상회는 경기도 내에서 서열 제4위를 점하고 있었다. 수출하는 곳은 블라디보스토크, 단둥현, 칭다오, 다롄, 창춘, 하얼빈, 펑톈, 북간도 등이었다.[25] 조선을 둘러싼 러시아 연해주, 중국 만주와 산둥반도 일대가 이 담배 회사의 주요 시장이었음을 알 수 있다.

1921년에 김익상은 광성연초상회 펑톈 지점으로 파견됐다. 식민지 통치당국이 재정 수입을 늘리기 위해 조선에 담배 전매 제도를 시행한 사정 때문이었다. 그해 4월 1일 조선담배전매령이 공포되고, 7월 1일부터 담배 전매 제도가 시행됐다. 광성연초상회 경영진은 마케팅 전담기구인 연초도매회사의 주식을 배당받는 방식으로 상황에 대처했지만, 그에 만족하지 않았다. 더욱 근본적인 활로를 개척하기 위해 전매제도가 미치지 않는 중국 만주시장으로 진출하기로 결정했다. 김익상이 펑톈 지점의 '기계감독'으로 발령받은 까닭은 바로 여기에 있었다.

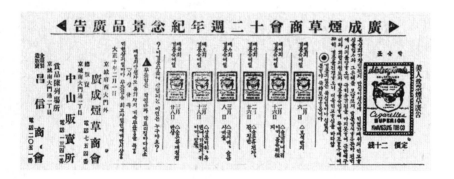

김익상 의사 본적지 터 표석
김익상의 본적지 "고양군 용강면 공덕리 286번지"를 기념하는 표석.
황포탄 의거 100주년이 되는 2022년 3월 28일, 아현주민센터 앞 공터에 건립됐다.
실제 본적지 터는 170미터 떨어진 '삼성 래미안 공덕3차아파트'
후문 안쪽에 위치해 있다.

광성연초상회 광고
광성연초상회 20주년 기념 광고 또는 악수표 담배 광고.
김익상은 결혼 전후 시기 매출 규모 상으로 손꼽히는 담배 제조·판매 회사인
광성연초상회의 기계공으로 일하고 있었다.

김익상은 가족을 데려가지 않았다. 단독으로 국경을 넘어 임지에 부임했다. 가족을 동반하지 않은 데에는 이유가 있었다. 펑톈 파견을 정치적 망명의 기회로 삼았기 때문이다. 평소에 망명의 결심을 마음속에 간직하고 있었음을 짐작할 수 있는 대목이다. 아마도 3·1운동의 체험이 그에게 영향을 준 것 같다. 3·1운동 당시 그의 행적은 알려진 것이 없지만, 불길처럼 타오른 운동의 세례를 받고 조선혁명에 헌신하기로 결심한 것으로 보인다.

김익상은 회삿돈에 손을 대기로 했다. 잎담배 여섯 상자를 빼돌려 창고회사에 갖다 두고, 그 회사로부터 받은 창고증권을 할인하여 300원을 얻었다. 신문기자 월급이 40~50원하던 시절이니 상층 봉급생활자의 6~7개월 치의 급여를 확보한 셈이었다. 그는 비행기 학교에 입학하기를 원했다. 비행기가 독립운동을 위한 선전활동이나 전투행위에 활용할 수 있는 유용한 첨단기기로 간주되던 때였다.

짐마차 마부로 형의 식솔까지 부양하던 동생은

송씨 부인 입장에서 보면 난데없는 일이었다. 가장이 집안 살림은 돌보지 않고 천하를 도모하는 일에 빠져버린 것이다. 그녀에게는 생계를 도모할 별다른 재주나 수단이 없었다. 두 살배기 어린 딸을 데리고 거친 세파를 뚫고 나아가야만 했다.

송씨 부인이 기댈 수 있는 곳은 시댁뿐이었다. 그녀는 본적지의 방을 빼서 '이태원리 288번지'에 있는 시댁과 살림을 합쳤다. 하지만 시댁 살림도 보잘것없었다. 시부모는 이미 돌아가셨고, 3형제 가운데 큰형도 이미 사망한 상태였다. 둘째 김익상이 옥중에 갇혀 있으니, 성인 남성이라고는 남편의 동생 김준상 한 사람뿐이었다. 다른 식구 5인은 여성이거나 노약자였다.

김준상의 어깨는 무거웠다. 그렇지 않아도 생계 곤란으로 고통을 겪어오던 터였다. 감옥에 갇힌 형의 남은 식구까지 건사해야만 했다. 가진 것이라고는 이태원에 있는 조그만 집 한 채가 전부였다. 그는 집을 담보로 한 일본인에게 200원을 빌렸고, 그 돈으로 말 한 마리를 구매했다. 화물 마차 운반용 말이었다. 그는 짐마차 마부가 되어 식솔을 부양했다. 일터는 주로 용산 제탄소였다고 한다. 석탄 운반하는 업무를 도급받아서 일했던 것 같다. 김준상의 성실한 노동 덕에 식솔들은 수삼 년간 삶을 이어갈 수 있었다.

그러나 1924년 여름에 변을 당했다. 무더위 속에서 과중한 짐을 끌던 말이 그만 탈이 난 것이다. 그러다가 끝내 죽음에 이르고 말았다. 불행의 시작이었다. 집안의 유일한 재산이라고 해도 좋을 자산이었다. 다시 말을 구매할 만한 돈이나 돈 될 만한 물건이 하나도 없었다. 김준상은 다른 사람의 말을 빌려서 짐마차 노동을 이어갔다. 그러나 빌린 말로는 궁핍한 삶마저 유지하기 어려웠다.

송씨 부인
김익상의 아내 송씨 부인. 김익상과 누추한 단간방에서
신혼살림을 차리고 '점석'이라는 딸을 낳았다.
김익상이 광성연초상회 펑텐 지점에 혼자 부임하면서
생계 곤란에 빠져 시댁으로 거처를 옮겼다.
《동아일보》 1926년 2월 17일.

김준상
김익상의 친동생 김준상.
사진은 1921년 조선총독부 경기도 경찰부에서 만든
일제감시대상 인물카드에 실린 모습.
＊출처: 국사편찬위원회

그는 다시 한번 빚을 내서 상황을 타개하고자 했다. 채무자는 저당권 설정을 요구했다. 그렇게 하면 다시 한번 말을 구매할 수 있게끔 대부금을 증액해 주겠노라고 약속했다. 하지만 사기였다. 이미 대출한 돈을 회수하기 위한 일본인 채무자의 사탕발림이었다. 저당권을 설정받은 뒤에도 그는 약속을 이행하지 않았다. 결국 집의 소유권마저 남의 손에 넘어가고 말았다. 집을 뺏긴 것이다. 저 하나만 바라보고 목숨을 부지해가는 여섯 식구들이 길거리에 나앉아야 할 판이었다. 김준상은 한탄에 한탄을 거듭했다.

1925년 6월 6일이었다. 며칠째 쌀과 소금이 떨어져 끼니를 잇기 어려웠다. 말다툼 끝에 아내 이씨 부인이 한강변에 위치한 친정집에 식량을 구하러 간 참이었다. 다른 식솔들도 밖에 나가서 집이 비어 있었다. 김준상은 마구간으로 사용하던 창고 건물의 들보에 노끈을 걸었다. 그날 오전 11시의 일이었다.

인터뷰 당시 설빔을 입고 있던 딸

시신은 오후 5시경에 집으로 돌아온 아내가 발견했다. 얼마간 식량을 구하여 귀가하던 이씨 부인은 비참한 광경에 그만 정신을 잃고 말았다고 한다. 남은 식구들은 장례를 치를 형편도 되지 못했다. 며칠간 시신을 집안에 뉘어놓고 염도 못한 채 울고만 있었다. 그 모양이 차마 볼 수 없을 만큼 딱했던 모양이다. 동네 사람들이 돈을 모아 상여를 산 덕분에 간신히 장례를 치를 수 있었다.[26]

유족은 5인이었다. 아내 이씨 부인, 형수 송씨 부인, 여섯 살 난 조카 점석이, 69세 큰어머니, 큰형의 소생인 조카 기복基福이. 집안의 유일한 성인 남성을 잃어버린 이 가족이 과연 무사히 생존해나갈 수 있을지 의심스러운 상황이었다. 그뿐인가. 살고 있던 집의 소유권마저 채무자의 손에 넘어간 상태였다.

김익상의 가족에 관한 언론의 관심은 1926년까지 이어졌다. 그해 설날에 즈음하여 인터뷰 기사가 신문에 실렸다. 아내 송씨 부인과 딸 점석이에 관한 기사였다. 거주지 주소가 바뀐 게 눈에 띈다. '이태원리 280번지'였다. 채무를 변제하지 못해 종전에 살던 '이태원리 288번지'에서 더 이상 살 수 없게 된 것으로 보인다. 가족은 김익상의 아내 송씨, 딸 점석이, 동서 이씨(김준상의 아내), 조카 기복이 등 모두 네 명이었다. 1년 전과 비교해볼 때 연로한 큰어머니가 눈에 띄지 않는다. 거처를 다른 곳으로 옮겼거나 그새 생사가 갈렸던 것 같다.

기자가 물었다. 생활을 어떻게 영위하느냐고. 송씨 부인은 스무 살 조카 기복이가 저울 회사에 취직하여 벌어오는 돈으로 그럭저럭 살아간다고 답했다. 화제가 감옥에 갇혀 있는 남편에게 미쳤다. 김익상은 1922년

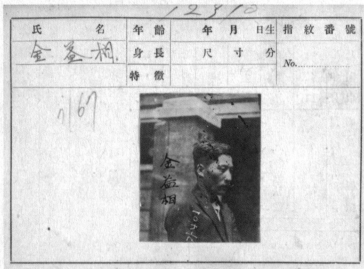

김익상
1922년 11월 6일 사형을 언도받은 후 1924년 일본 황태자 결혼식 기념
은사령에 따라 무기징역으로 감형되었다. 사진은 나가사키 지방 재판소 공판정에서의
모습(《동아일보》 1922년 7월 3일)과 1919년 조선총독부 경기도 경찰부에서 만든
일제감시대상 인물카드에 실린 모습(국사편찬위원회).

11월 6일에 나가사키 공소원에서 사형을 언도받았고, 1924년 1월에 일본 황태자 결혼식에 즈음한 은사령으로 인해 사형에서 무기징역으로 감형된 상태였다. 송씨 부인은 치마고름으로 눈물을 닦으며 말했다. "어느 때나 생각이 안 나겠습니까마는 설을 당하면 ……" 하고 말을 마치지 못했다. 뒤이어 딸을 어루만지면서 말하기를, "생전에 만나볼 것 같지 않아요. 이것이나 알뜰히 키웁니다"라고 답했다. 딸 점석이는 벌써 일곱 살이었다. 설날이라서 새 옷을 갈아입고 철 모른 채 웃으면서 엄마 곁을 지키고 있었다.

해방 후 귀국한 의열단장 김원봉은 김익상을 찾았다. 종적이 묘연했다. 대신 "김원봉 선생께서 찾으시는 김익상 씨는 나의 아저씨입니다." 조카 김기복이 나타났다. 여전히 이태원에 살고 있었다. 그는 김익상의 마지막 모습을 전했다.[27]

사형선고를 받은 김익상이 일본 황태자 결혼, 천황 즉위 등을 계기로 하여 세 차례 감형을 받았고, 결국 13년 감옥살이를 마치고 1936년에 출옥했다는 이야기, 출옥 이후에도 예비검속과 요시찰 감시 등으로 고통을 겪었다는 이야기, 1941년 8월에 노량진에서 용산경찰서 경찰과 조우하여 격투를 벌이다가 다시 수감되니 차라리 자결하겠다고 한강에 몸을 던졌다는 이야기 등을 전해주었다. 김익상의 최후는 아마도 사상전향 및 예방구금제도의 시행과 관련된 것으로 보인다. 1941년 2월에 공포된 〈조선사상범예방구금령〉에 따르면, 만기 출옥한 시국 범죄자로서 사상전향에 응하지 않는 자는 언제라도 다시 감옥에 수감되어야만 했다.[28]

해방 후 공동체 성원의 도덕적 의무

딸은 어떻게 됐는가? 유감스럽게도 김기복은 김익상의 아내와 딸의 소식에 대해서는 아무런 말도 남기지 않았다. 과연 김익상은 그의 가족과 재회를 했던 것일까? 제 한몸과 가족을 희생하여 피억압 동포의 해방을 꾀했던 한 독립운동가의 마지막 유언은 끝내 실행에 옮겨지지 못했던 것 같다. "딸을 공부시켜 여성 혁명가가 되도록 교도하기를 부탁한다." 이 유언을 이행해야 할 사람은 이제 의열단장 김원봉에게만 한정되지 않는다. 해방된 세상에 살고 있는 공동체 성원들이 마땅히 지키고 이행해야 할 도덕적 의무다.

5장

블라디보스토크 신한촌.

16

독립지사 정순만과
개척리 살인 사건

블라디보스토크 개척리에서 벌어진 살인 사건

1910년 1월 23일 늦은 저녁, 블라디보스토크 개척리에 위치한 한 가정집에서 살인 사건이 일어났다. 이른바 '일한병합'으로 대한제국이 멸망하던 바로 그해 불과 7개월 전, 추위가 절정에 달한 한겨울이었다. 국제정세에 관심이 있는 사람이라면 누구라도 대한제국의 망국이 임박했음을 짐작할 수 있던 때이자 안중근 의사가 하얼빈에서 이토 히로부미를 사살한 지 3개월밖에 지나지 않은 시점이었다. 블라디보스토크를 무대로 동분서주하던 안중근이었던 만큼, 개척리 한국 사람들에게는 아직도 그 충격과 감격이 가시지 않았다.

개척리란 한인들의 밀집 주거지 코레이스카야 슬로보드카Корейская слободка를 지칭하는 한국어 명칭이었다. 바로 코리아타운이었다. 기록에

개척리(1910년경)
1910년 즈음의 블라디보스토크
개척리 거리 풍경.

따르면, 1910년경에는 블라디보스토크 시내에 1만 400명의 한인들이 거주하고 있었다.[1] 그중에서 약 70퍼센트에 해당하는 7,500명이 개척리에 모여 있었다. 당시 블라디보스토크 인구가 약 8만 명이었음을 감안하면,[2] 개척리에 거주하는 한국 사람들은 전체 도시 인구의 약 10퍼센트에 가까운 숫자였다.

블라디보스토크 한인사회 유지 양성춘 피살

피살자는 집주인 양성춘이라는 한인이었다. 아랫배에 총을 맞은 그는 다량의 출혈 끝에 4일 만에 숨을 거뒀다. 그는 십수 년 전에 이주한 덕분에 러시아 국적까지 취득한 고참 이주민이었다. 그런 사람들을 한국말로 '원호元戶'라고 불렀다. 그는 개척리 한인들 사이에서 손꼽히는 유력자였다. 자산도 넉넉했고, 러시아어도 불편하지 않게 구사할 줄 알았다. 최근 2년 전에는 한인 거류민회 '민장'까지 지냈다. 러시아 행정 당국의 승인을 받아 공식적으로 활동하는 개척리의 한인 자치 단체 대표로 선출될 정도로 한인들 사이에서 신망과 영향력이 있는 인물이었다. 언론기관의 보도에 따르면, "마음이 공평 정직하여 동포사회에 공익을 극력 도모하던 사람"이라는 평가를 받고 있었다.[3]

그런 양성춘을 도대체 누가, 왜 살해했는가? 범인은 금방 밝혀졌다. 한국 사람이었다. 살인 혐의로 러시아 경찰에 체포된 범인은 37세의 정순만이었다. 그는 피살자와는 달리 러시아로 이주한 지 불과 3년도 채 되지 않은 신참 이주민이었다. 아니, 이주민이라기보다는 망명자였다.

범인은 항일투쟁 망명자 정순만

정순만은 어떤 사람인가? 그는 '우리나라의 유명한 애국지사'라고 일컬어질 정도로 항일투쟁 경력이 혁혁한 이였다.[4] 본래 충청도 청주의 유생 출신이었다. 청소년기에는 전국에 명성을 떨치고 있던 재야 유학자 간재艮齋 전우田愚의 문하에 들어가 유교 고전학 연구와 시문 제술에 전념했다. 뒷날 언론인으로서 필봉을 휘두르던 기본 소양은 이 시절에 갖춰진 것으로 보인다.

20대 청년기 들어 정순만은 급진적인 서구화 개혁주의자의 면모를 드러냈다. 반정부 비밀결사 유신당에 참여했다가 옥고를 치렀고, 독립협회의 후신이라는 평을 듣던 상동청년회에 참가하여 부회장으로서 활동했다. 한국 최초의 적십자사 설립에도 참여했다. 그로 인해 보수적인 대한제국 정부로부터 탄압을 받았다. 민심을 선동한다는 죄목으로 곤장 80대를 선고받은 것도 바로 이때였다.

고난 속에서도 얻은 게 있었다. 신뢰였다. 특히 유신당 사건으로 함께 투옥된 정순만, 이승만, 박용만 세 사람은 뒷날 '독립운동계의 3만'

정순만 초상화
아들 얼굴을 토대로
이재갑이 상상으로 그린
정순만 초상화.

이라 불린다. 사람들의 큰 신망을 얻은 것이다.

러일전쟁(1904~1905) 시기에 일본의 식민지 침략이 노골화되자 정순만은 그에 맞선 항일운동에서 두각을 나타내기 시작했다. 황무지 개간을 표방하며 한국 토지 침탈에 나선 일본 상업자본과 군대에 대항하여 목숨을 내걸고 감연히 맞섰고, 일본인 중개상이 주도하는 한국 노동자 멕시코 송출 반대운동을 주도했다. 1905년 을사늑약이 공포되자 그에 반대하며 서울에서 대중적인 시위운동을 이끌기도 했다.

정순만은 국외 망명길에 올랐다. 1906년 4월이었다. 식민지로 전락해가는 조국을 지켜보면서 내린 결론이었다. 국경 너머 근 100만 명의 이주민 사회가 형성되어 있는 북간도와 연해주가 독립운동의 근거지가 될 수 있다고 보았다. 한국 사람들은 두 지역을 합쳐서 '해도海島'라고 불렀다. 연해주의 '해'자와 북간도의 '도'자를 합쳐서 부르는 명칭이었다. 해도는 망명자들에게는 희망의 땅이자 약속의 땅이었다.

망명 동지들이 있었다. 그중에서도 특히 이상설李相卨은 언제나 믿고 의지하는 평생 동지였다. 같은 충청도 출신인 데다가 기질과 성향이 맞았던 두 사람은 곧 의기투합했다. 형제간이라 해도 어색하지 않을 정

상동교회
상동청년회가 자리했던
상동교회의 1900년 모습.
*출처: 독립기념관

이상설
정순만의 가장 가까운 동지 이상설.
＊출처: 독립기념관

도로 가까운 사이가 됐다. 정순만보다 세 살 더 많고 고위 관료 출신이었던 이상설이 앞서면 정순만이 뒤를 따랐다. 일본 정보문서에는 정순만이 이상설의 '심복'이라고 기록되어 있었다.[5]

'해도'에 임시정부 수립 추진

기울어가는 국운을 어떻게 회복할 수 있을까? 망명자들은 과연 실현 가능한, 구체적인 행동 계획을 갖고 있었던 것일까? 그랬다. 이상설과 정순만을 비롯한 망명자들이 갖고 있던 복안은 이른바 '해도 거점 임시정부 수립론'이었다. 일본에 의해 강제로 퇴위당한 고종 황제를 연해주로 망명케 한 후 그를 중심으로 임시정부를 수립한다는 구상이었다. 1910년에 화서학파의 저명한 유학자 유인석과 이상설이 앞장서서 '13도 의군'을 편성한 것도 이와 무관하지 않았다. 이 복안을 현실화하기 위해서는 러시아의 협력이 반드시 필요했다. 이상설이 러시아 당국과의 교섭을 중시한 것은 바로 이 때문이었다. 망명자들은 러시아의 협력을 낙관했다. 러일전쟁 패배 이후 러시아인들은 조야를 막론하고 일본에 대한 복수심이 넘쳐흘렀기 때문이다.

이상설과 정순만을 중심으로 비공식적이지만 강력한 세력이 조직화되기 시작했다. 이 세력은 특징이 있었다. 첫째, 양반과 고위 관료 출신자들이 중심이 됐다. 이상설 자신이 '종2품 가선대부 의정부 참찬'의 자격으로 활동했고, 대한제국 정부에서 관료를 지냈던 망명자들은 거의 다 이 세력에 합류했다. 둘째, 러시아 행정 당국과의 교섭력을 강화하는 데 역점을 뒀다. 특히 연해주 관내의 정치 활동 단속을 책임지고 있는 러시아 헌병대와의 협력에 능동적이었다.

이를 못마땅하게 생각하는 사람들도 있었다. 양반이나 관료적 전통과 거리가 먼 평안도와 함경도 출신자들 속에 그런 사람들이 많았다. 그들은 양반, 관료 주도의 행동 양상을 낡은 것으로 간주했다. 평민적 지향성이 강할수록 그랬다. 또 러시아 헌병대와의 협력은 스파이 활동과 다름없는 것으로 인식했다. 러시아 헌병대로부터 급료를 받고 정기적으로 한인사회의 내막을 전하는 행위를 비루하다고 여기는 사람들이 많았다.

도대체 정순만은 왜 양성춘을 살해했는가? 개인적인 원한이나 이해관계 때문이 아니었음은 분명하다. 두 사람 사이에 금전 거래가 있었다거나 사적 원한이 있었다는 정황은 어디에서도 발견되지 않는다. 가족 구성원들 사이에 불화가 있었다는 정보도 전혀 찾을 수 없다. 살인 사건의 동기는 사적인 것이 아니라 공적이고 사회적인 성격의 것이었다.

독립운동 방향성 놓고 갈등

양성춘의 피살 이유에 대해서는 상반되는 두 개의 견해가 제기됐다. 하나는 피해자 측에서 바라본 것이다. 당파적 분노와 적개심 때문에 무고한 사람을 고의로 살해했다는 의견이었다. 사건이 있던 그날 낮에 거류민회에서 중요한 회의가 있었다. 한인사회 내부의 알력을 평화적으로 조정하기 위한 회의였다. 하지만 결과는 성공적이지 않았다. 도리어 갈등이 격화되고 말았다. 참석자들은 재정 문제를 둘러싸고 두 그룹으로 나뉘어 충돌했다. 그날 저녁 정순만이 양성춘의 집을 방문한 동기는 분노 때문이었다. 자신의 견해가 무시된 데 대한 모멸감 때문이었다. 그가 권총을 소지하고 방문한 것은 처음부터 살해의 의사가 있었음을 보여주는 행위였다. 첫 마디로 "오늘 거류민회 회의에서 일방적으로 공격을 받은 일이 너무 분하다. 너를 죽이러 왔다"며 큰소리친 행위도 이를 뒷받침한다는 견해였다.

양성춘의 피살 이유에 관한 또 하나의 견해는 과실치사설이었다. 가해자 정순만이 러시아 법정에서 재판을 받는 과정에서 견지했던 입장이 바로 이것이다. 그에 따르면, 정순만이 양성춘의 집을 방문한 이유는 자신의 의견에 동의를 구하기 위해서였다. 그러나 양성춘은 정순만의 요구에 응하지 않았다. 정순만은 분노와 절망에 빠졌다. 휴대하고 있던 권총을 빼든 그는 "이렇게 탁한 세상에 생존할 바에야 지금 자살하겠다"고 울부짖었다. 깜짝 놀란 양성춘이 자살을 막기 위해 권총을 뺏으려 하면서 실랑이가 벌어졌다. 그 와중에 권총이 오발되어 불행하게도 양성춘의 아랫배를 맞추고 말았다. 이것이 정순만이 묘사한 사건의 진상이었다.[6] 이 견해에 따르면, 양성춘은 숨을 거두기 전에 가족들 앞에서 유언을 남겼다. 이 사건이 사고로 인한 것임을 설명하고 자신의 사후에 복수하지 말 것을 당부했다고 한다.

한인 거류지를 감도는 긴장감

러시아 사법기관에서 재판이 벌어졌다. 정순만을 지지하는 사람들은 변호사를 고용하여 적극적인 방어에 나섰다. 마침내 판결이 이뤄졌다. 살인 사건이 일어난 그해 11월 초였다. 피고 정순만은 3개월 금고형과 정교사원에서의 참회를 명받았다. 고의 살해가 아니라 과실 치사를 인정한 것이었다. 피고 측의 승리였다.

1911년 2월 8일, 형기를 마친 정순만이 출옥했다. 양성춘 살인 사건이 일어난 지 불과 1년 남짓한 시간이 흐른 후 가해자가 돌아왔다. 모든 형사 처벌을 마친 상태에서 한인사회의 일상생활에 복귀했다. 블라디보스토크 한인 거류지에는 미묘한 긴장감이 흘렀다.

17

개척리 살인 사건의 여파,
이상설·안창호 등돌리다

정순만 출감 후 한인사회 갈라져

정순만이 석방되자 블라디보스토크 한인사회에는 냉기류가 흘렀다. 양성춘 살인 사건의 피고인인 그는 불과 1년 만에 모든 죄과를 씻고 보란 듯이 밝은 세상에 나왔다. 그의 출옥과 관련하여 두 개의 상반된 여론이 만들어졌다. 잘됐다고 반기는 사람들이 한 편에 있었다. 과실로 인한 사고였으므로 그만하면 죄과를 충분히 치렀다고 보는 사람들이었다. 그러나 분개하는 사람들도 적지 않았다. 무고한 사람을 살해했는데도 가벼운 처벌을 받은 것은 재판이 불공정했기 때문이라는 의견이었다. 두 여론은 팽팽히 맞섰다. 차갑고 긴장된 분위기가 한인 거류지에 감돌았다.

현지 분위기를 전하는 인사의 말을 들어보자. 개척리에 오래 산 여성이었다. 사료에 '박산석의 모친'이라고 기록된 이 여성은 여성 단체 자혜

부인회 회장이자, 한인 기독교회 확장을 위해 당시 화폐로 '5루블'을 기부할 수 있을 정도의 재력도 갖춘 이였다.

> 상년 겨울에 본항 한인 남자 사회에서 한 풍진이 일어 각각 한 모퉁이를 웅거하고 일장 승부를 결함에, ……《대동공보》가 폐간됨으로, 애국 동포의 희망이 거의 단절하고 외양 사회의 기관이 거의 파괴되니, 어찌 통곡유체할 일이 아니리오.[7]

순식간에 꺼진 '애국 동포의 희망'

지난겨울에 한 풍진이 일었다는 말은 1910년 1월에 발발한 양성춘 살인 사건을 가리키는 것이었다. 그 때문에 '한인 남자 사회'가 둘로 나뉘어 각각 한 모퉁이에 웅거한 채 한바탕 승부를 겨뤘다고 한다. 블라디보스토크 한인사회의 분열이 심각했고 국권 회복의 희망이 물거품이 됐음을 잘 보여주는 표현이다. 부정적인 영향이 너무나 심했기 때문에 눈물 흘리며 통곡하는 외에 달리 어찌할 수 없었다고 한다.

'애국 동포의 희망'이 꺼져버린 데에는 또 다른 원인도 작용했다. 양성춘 살인 사건 이후 두 개의 불운한 사건이 덮쳤던 것이다. 그중 하나는 조국의 운명이었다. 1910년 8월 29일 이른바 '일한병합' 조약이 체결됨으로써, 허수아비처럼 껍데기만 남아 있던 대한제국이 결국 멸망하고 말았다. 블라디보스토크 일본 총영사관은 관내 한인들에 대한 관할권을 갖는다고 주장하기 시작했다.

또 하나의 흉사는 한인 거류지의 교외 이전이었다. 1909년 가을, 개척

신한촌 기념비
1909년 가을 개척리에 콜레라가 유행하여 100여 명이 사망하자
연해주 행정 당국은 한인 거류지를 시외 외딴곳으로 이전하기로 결정한다.
한인들은 그곳을 '신개척리' 또는 '신한촌' 이라고 불렀다.

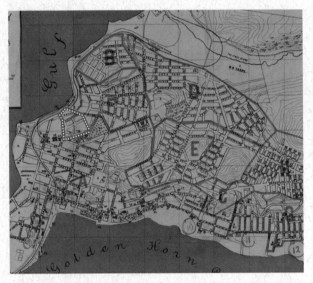

개척리와 신한촌
개척리(아래 점선)와 신한촌(위 실선)의 위치.
1918년 블라디보스토크 지도.

리에 콜레라가 유행하여 한인 남녀 100여 명이 사망하는 참사가 일어났다. 도시 거주민 8만 명 가운데 유독 개척리 한인들만 그러한 화를 입었다. 현지 조사에 나선 러시아인 지방 관료는 전염병의 원인을 불결한 주거환경에서 찾았다. 보고서에 이렇게 썼다. "한인 거류지는 극도로 좁고 더러우며 위생 상태가 중국인 거류지와 마찬가지다. 결벽성이 있는 저 한인들로 볼 때는 참으로 불가사의하다"고 적었다.[8]

1911년 3월 연해주 행정 당국은 한인 거류지를 시외 외딴곳으로 이전할 것을 결정했다. 그즈음 국경 너머 중국 길림성 지역에서 다시 전염병이 창궐하는 것에 대한 대응책이었다. 개척리는 시유지에 당국의 양해를 얻어 건립된 집단 주거지였다. 소정의 임대료를 지불한다면 합법적으로 거주할 수 있었다. 거류지 이전을 위한 대체부지가 제공됐다. 구 개척리 북쪽 고개 넘어 산비탈에 위치한, 아무르만을 바라보는 경사진 곳이었다. 지금이야 블라디보스토크 도심에서 멀지 않은 위치에 있지만, 그때만 해도 도시 외곽 경계선을 벗어난 궁벽한 곳이었다. 그곳을 한인들은 '신개척리' 또는 '신한촌'이라고 불렀다. 이주는 그해 5월부터 이듬해까지 서서히 이루어졌다.

정순만의 출옥은 블라디보스토크 한인사회의 분위기를 더욱 차갑게 만들었다. 양성춘의 죽음을 동정하는 사람들은 억울하고 원통해했다. 아무런 죄도 없이 목숨을 잃은 것도 억울한데, 관청 교섭력의 우열 때문에 재판이 제대로 이뤄지지 않은 것이 못내 분했다.

피살자의 아내 전소사가 분노를 터트렸다. 그녀는 현지 발행 한글 신문 《대동공보》에 기고문을 실어서 가해자를 비호하는 그룹이 있음을 폭로했다.[9] 고의적인 살인 행위가 분명함에도 불구하고 이를 부인하는 조직적인 움직임이 있다는 주장이었다. 공공연하게 과실치사설을 유포하는 사람들이 있었다. "무슨 협잡을 꾸미려는 짓인가? 아무런 잘못도 없다 하니, 죄 없는 사람을 또 죽이려는 책동인가?" 젊은 아내는 이렇게 힐난했다. 특정인을 지목하기까지 했다. 이민복이라는 자가 공공연하게 과실 치사설을 퍼트리고 있는데, 그 이유를 밝히라고 요구했다.

이민복도 망명자였다. 대한제국의 전직 경찰 관료의 자제로서, '일한병합'에 반대하는 성명회 선언서 작성에 참여했고, 반일 단체인 국민회와 권업회에도 참가한 반일운동가였다. 일본 헌병대의 정보 기록에는 이민복이 정순만 그룹의 일원이며 그 그룹의 리더인 이상설과 거취를 같이하고 있다고 적혀 있었다.[10]

양성춘 형이 유인, 양성춘 아내가 격살

양성춘을 동정하는 사람들은 정순만이 풀려나서 대낮에 거리를 활보하는 것을 차마 지켜볼 수 없었다. 또 다른 비극이 잉태됐다.

1911년 6월 21일이었다. 정순만이 옥고를 치르고 출감한 지 넉 달이 지난 뒤였다. 아침 8시, 이른 시간이었다. 연중 해가 가장 길 때라 날이 밝은 지 꽤 지난 시점이었다. 정순만은 장을 보기 위해 가게를 찾았다. 그런데 우연히 양덕춘을 만났다. 고인이 된 양성춘의 친형이었다. 껄끄러운 상대였다. 뜻밖에도 그가 부드럽게 다가왔다. 과거 일은 돌이킬 수 없으니 잊어야 할 터이고, 산 사람들은 한마디 얘기라도 나눠야 하지 않겠느냐며 자기 집으로 가자고 이끌었다.

양덕춘의 집안에서 세 사람이 대면했다. 고인의 아내 전소사까지 합석했던 것이다. 일본 경찰이 작성한 정보문서에 따르면, 분위기는 험악

했다. 젊은 여인은 거세게 압박했다. "무슨 이유로 너는 내 남편을 살해 했느냐, 내 앞에 무릎 꿇고 사죄하라"고 요구했다. 정순만이 선선히 응하 지 않고 머뭇거리자 여인은 어딘가에서 도끼를 꺼내 들었다. 양덕춘이 정 순만을 붙들고 있었고 여인은 정순만의 온몸을 거듭 가격했다. 머리 외에 여러 곳에 타격을 받은 정순만은 그 자리에서 즉사했다.

사건이 벌어진 뒤 양덕춘은 결심했다. 경찰 당국에 자수하겠다고 나 서는 제수를 말렸다. 희생자의 형인 자기가 책임지겠다는 뜻이었다. 그 는 관할 경찰서 제4분서에 자진 출두하여 자신이 흉행을 저질렀다고 자 백했다.[11]

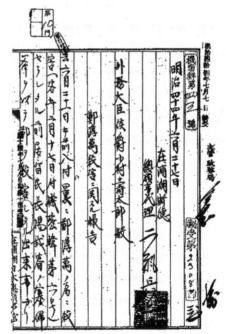

정순만 살인 사건 관련
일본 총영사관 정보문서
정순만 살인 사건의 경과를 기록한
일본 총영사관의 정보문서 표지.
*출처: 국사편찬위원회

보복 살인 소식은 삽시간에 퍼져나갔다. 충격적인 뉴스였다. 현장으로 사람들이 몰려들었다. 정순만의 가까운 동료인 이상설도 한걸음에 달려왔다. 현장에는 이미 경찰이 배치돼 있었다. 하지만 경찰은 이상설의 출입을 막지 않았다. 피살자가 자신의 동생이라고 주장했기 때문이다. 참혹한 사건 현장을 확인한 이상설은 망연자실했다. 또 분노했다. 현장의 참혹한 모습도 모습이거니와, 사태를 이 지경으로까지 몰고간 사람들이 미웠다. 때마침 사건 현장에 황공도가 다가오는 것이 보였다. 미운 마음이 치솟았다. 알은 체하는 그를 돌아보지도 않았다. 그는 바로 양성춘 지지 그룹의 유력한 일원이었던 것이다.

이상설과 안창호의 대립

정순만 피살 사건도 사적인 범죄로 간주되지 않았다. 한인사회의 내분과 관련된 음모의 소산이라고 보는 사람들이 많았다. 이제 상황이 뒤집어졌다. 정순만을 지지하는 사람들이 분노를 터트렸다. 이상설을 지도자로 하는 이 그룹은 러시아 관청의 힘을 빌렸다. 러시아 관청에 대한 교섭력에서는 이 그룹이 월등히 우세했다. 역사가 계봉우는 이와 관련하여 "기호파의 수령인 이상설이 러시아 헌병대 하바롭스크 정탐부의 촉탁으로 있으면서 자기의 파를 거기에 많이 배속시킨 것은 그의 평생 역사로 보아 결점"이라고 비판했다.[12]

정순만 사건은 민족해방운동의 기반을 허물어뜨리는 계기가 됐다. 살인 사건의 배후 조종 혐의로 한인 넷이 러시아 관청에 고발당한 것이다. 안창호, 정재관, 이강, 김성무가 그들이었다. 면면에 주목할 필요가 있다.

비밀결사 신민회를 주도하여 애국계몽운동의 주역 중 한 명이 됐던 안창호가 첫 자리에 보인다. 그는 1910년에 국외로 망명한 이래 연해주를 거점으로 하여 국권회복운동의 중장기적 전개를 도모하고 있었다. 정재관과 이강, 김성무는 해외 한인들의 광범한 네트워크를 구축하려는 국민회운동의 지도자들이었다. 정순만을 지지하는 사람들은 이 네 사람이 살인을 교사했다고 의심했던 것이다.

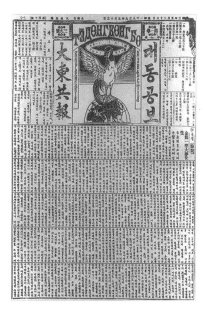

대동공보
재러시아 대한인국민회 기관지 《대동공보》 지면.
개척리의 두 살인 사건은 독립운동의 예기를 꺾고 반일역량의
통일을 도모하던 움직임을 위축시키고 분열시켰다. 1908년 창간한 국민회 기관지
《대동공보》도 1910년 9월 10일 종간되었다.
＊출처: 독립기념관

러시아 헌병대는 이들 네 사람에 대한 구인장을 발부했다. 살인 교사 혐의였다. 체포 위기에 직면한 국민회운동의 지도자들은 일단 피신하기로 결정했다. 안창호는 페테르부르크와 대서양을 건너 미국으로 향하기로 작정했고, 이강과 정재관도 연해주 밖 자바이칼 주로 피신했다.

결국 개척리의 두 살인 사건은 독립운동에 치명상을 입혔다. 운동권의 두 중진이 목숨을 잃어서만이 아니었다. 그보다 훨씬 더 심각한 악영향을 미쳤다. 바로 독립운동의 예기를 꺾어버린 점이었다. 미국과 러시아, 중국에 걸쳐 해외 한인들의 폭넓은 네트워크를 형성하려던 거창한 노력이 좌절됐다. 각지에 국민회를 결성하고, 그를 통해 반일역량의 통일을 도모하던 움직임이 분열되고 위축됐던 것이다. 국민회 기관지로 발간되던 《대동공보》도 폐간되고 말았다.

국권회복운동의 끝 모를 추락

국권회복운동의 두 영웅이 서로 등을 졌다. 헤이그 특사 사건의 주인공 이상설과 신민회의 리더 안창호는 더이상 서로 협력하기를 꺼렸다. 그들은 고작해야 '기호파', '서도파'라고 부르는 소규모 비공식 추종자 그룹의 대표일 뿐, 더이상 국권 회복의 중장기적 전망을 제시하는 큰 지도자로 간주되지 못했다. 가까운 동지였던 사람들이 이제 편을 갈라 서로 적대하기에 이르렀다. 민족해방운동은 침체기를 겪어야 했다. 개척리의 두 살인 사건은 망국 전후 국권회복운동의 끝 모를 추락을 상징하는 비극적인 사건이었다.

그러나 대립물로 전화하지 않는 사물은 없는 법이다. 비록 자신의 과오로 인해 실패와 좌절을 겪었음에도 불구하고 인간은 결코 포기하지 않았다. 억압으로부터 벗어나려는 해방의 의지를 말이다. 해가 바뀌는 1912년 정초부터 블라디보스토크 한인사회는 침체를 딛고 국권회복운동의 활발한 기지로 다시 되살아나기 시작했다.

18

===

독립운동가 찍어낸
일본 비밀경찰, 기토 가쓰미

악마 같은 존재

호, 너 악마 기토木藤여, 오호, 너 악인 기토여! 왜 너는 우리 아버지를 죽
였는가. 왜 너는 죄 없는 한인을 파멸시키는가. 어떤 경우에도 너를 용서
할 수 없다. ⋯⋯ 사랑하는 우리 아버지, 영원히 기념하리라. 나는 사랑하
는 아버지의 원수 갚는 것을 잊지 않으리라.[13]

20세 처녀 최 소피아 페트로브나의 노트에 적힌 메모였다. 아버지를 빼앗
아간 일본 관헌에 대한 분노와 적개심이 드러나 있다. 처녀의 아버지는 최
표트르 세묘노비치, 한국식 이름은 최재형으로 러시아에 거주하는 한인 동
포사회의 유지였다. 사망 당시 61세. 그는 1920년 4월 일본군의 연해주 정
변 당시에 일본군에게 학살된 4인의 한인 지도자 가운데 한 사람이었다.

블라디보스토크 일본 총영사관(1919)
기토 가쓰미 통역관의 활동 거점이던 블라디보스토크 일본 총영사관의 1919년 모습.

블라디보스토크 일본 총영사관(2018)
블라디보스토크 일본 총영사관이던 건물은 2018년 현재 러시아 연해주 지방법원 건물로
사용되고 있다.

신분을 가리는 위장 직함, 통역관

증오의 표적이 된 기토는 누구인가? 기토 가쓰미木藤克己라는 성명을 갖고 있는 그는 '일본 외무성 촉탁 조선총독부 통역관'으로 블라디보스토크 일본 총영사관에서 파견 근무하는 조선총독부 중견 관료였다. '통역관'이라는 용어 때문에 그가 마치 외교 기관에서 통역에 종사하는 외국어 전문가인 것처럼 오해할 수도 있다. 하지만 그게 아니었다. 그것은 실체를 가리기 위해 고안한 위장 신분이었다. 임무와 정체를 드러내지 않기 위해 대외적으로 내세운 직함일 뿐이었다.

기토의 본래 소속은 1910년 현재 조선총독부 경무총감부(1920년 이후 경무국) 고등경찰과 기밀계였다.[14] 고등경찰은 일제강점기에 비밀결사, 혁명운동, 반체제 사상 등 식민지 통치체제에 위협이 되는 행위를 사찰하고 탄압하던 비밀경찰이었다. 그의 소관 업무는 영락없이 고등경찰의 그것이었다. 경찰 내부 문서에 명시된 바에 따르면, 그의 임무는 "블라디보스토크 총영사관 관내에서 〈무뢰 한인〉의 동정을 조사하고 그를 단속"하는 것이었다. '무뢰 한인'이란 반일 독립운동에 헌신하는 한인 혁명가들을 멸시하는 용어였다. 독립운동가들의 동정을 조사하고 그들을 체포하는 것이 기토 가쓰미 통역관의 본분이었다.

블라디보스토크 통역관 자리는 4대 요직 가운데 하나였다. 조선총독부 경무국이 해외 한인 독립운동가들을 탄압하기 위해 운용하는 핵심 보직이 넷 있었다. 임시정부가 소재한 상하이, 한국 독립운동의 근거지로 지목받는 북간도, 만주의 중심도시 펑톈에 더해 블라디보스토크가 4대 통역관 파견지로 손꼽히고 있었다. 어느 곳이나 다 한국 독립운동의 주요 근거지였다. 조선총독부는 한국 독립운동가들이 활동할 만한 곳이면 해외 어디든 관계없이 유능한 고등경찰을 상주시켰던 것이다.

기토 가쓰미는 그중에서도 블라디보스토크 통역관을 상징하는 인물이었다. 그는 대한제국이 멸망한 1910년부터 12년간 변함없이 그 자리에서 장기 근속한 고등경찰이었다. 연해주, 특히 블라디보스토크에 근거를 둔 한국 독립운동 세력에 관한 한 일본 관료들 가운데 어느 누구보다도 실정을 소상히 파악하고 있었을 뿐 아니라 효과적으로 제어하는 방법도 알고 있는 자였다.

신흥 도시에 여관을 차린 일본 청년

처음부터 각광받는 관료는 아니었다. 오히려 그 반대였다. 그가 처음 부임한 1910년에는 직속상관인 오토리 후지타로 총영사에게서 박대를 받았다. 기토 통역관에게 두 가지 심각한 결점이 있었기 때문이다. 오토리 총영사가 작성한 내부 문서에 따르면, 무엇보다 외국어 능력이 시원찮았다. 러시아어와 한국어를 구사하긴 했지만 '견습' 수준이었다. 그저 시장에서 물건을 사고팔 수 있는 수준이었지, 책임 있는 대화를 나눌 정도는 아니었다. 외교관으로서는 허용되기 어려운 결함이었다.[15]

관료가 되기 전 기토는 여관업자였다. 일본 내지에서 고등교육도 받지 못하고 별다른 재산도 없었기 때문에 새 인생을 개척하고자 신흥 도회지인 블라디보스토크에 도항해 온 모험심 가득한 젊은이였다. 블라디보스토크의 일본인 거류구역을 무대로 하여 생업을 모색하던 그는 자그만 여관을 차렸다. 숙박업에 진출한 것이다. 그가 견습 수준의 초급 러시아어와 한국어를 익힌 것은 바로 여관을 운영하면서였다.

그가 관직에 진출할 수 있었던 계기는 전쟁이었다. 그는 1904~05년에 벌어진 러일전쟁에 종군했다. 통역 자격이었다. 어설펐지만 이게 그의 인생에서는 역전의 교두보가 됐다. 이름도 바꿨다. 과거 기토 기스케木藤喜助라는 이름을 관직에 진출하면서부터 기토 가쓰미로 개명했다. 1908년에는 통감부 통역관 수행원이 됐고, 마침내 2년 뒤에는 정식 통역관으로 임명됐다.

또 다른 결함은 그의 범죄 연루 전력이었다. 여관을 경영하던 중 그는 러시아 측 관헌으로부터 위조지폐 사건에 연루되었다는 혐의를 받았다. 여관에 장기 투숙하던 일본인들이 위조지폐를 제작한 사실이 발각됐는데, 그때 장소를 제공한 여관 주인 기토도 조사를 받았던 것이다. 오토리 총영사의 판단으로는, 러시아 관헌에게 범죄자 혐의를 받고 있는 사람을 블라디보스토크 총영사관에 배치하는 것은 적절하지 않은 일이었다. 총영사는 러시아 관헌과의 불필요한 마찰을 피하고 싶었다. 그를 블라디보스토크가 아니라 연해주 다른 도시나 농촌 지역에 배치하는 것을 심각하게 고민하기도 했다.

밑바닥부터 시작한 경찰 관료

요컨대 기토 가쓰미의 관직 진출에는 특이한 점이 있었다. 고등교육기관을 마치고 문관시험을 거쳐서 중견 관료직에 오른 다른 엘리트 관료층과는 질이 달랐다. 그는 현장에서 밑바닥부터 시작한 사람이었다. 기민한 눈치와 순발력으로 무장한, 온갖 실무에 단련된 닳고 닳은 인간형이었다. 상급자에게는 비굴할 정도로 공손한 반면 하급자에게는 가혹하기 이를 데 없는, 일본제국에서 흔히 볼 수 있는 전형적인 관료였다.

기토 가쓰미는 일단 통역관에 부임하게 되자 비밀경찰로서 자신의 능력을 유감없이 발휘하기 시작했다. 무엇보다 비밀정보 보고서의 수량이 늘었고 수준도 높아졌다. 한인 집단 거류지 신한촌을 무대로 '암약'하는 반일 독립운동가들의 동향을 파악하는 능력이 현저히 증대됐다. 무장투쟁의 지도자인 홍범도, 이범윤의 동향을 비롯하여 반일 비밀결사의 핵심 인물인 안창호, 이동휘, 김립, 이종호 등의 언행을 정기적으로 보고할 수 있었다. 러시아 국적을 가진 귀화 한인들의 동향도 주시했다. 권업회·거류민회를 비롯한 한인 자치 단체, 한민학교·삼일여학교 등과 같은 교육 기관, 《대양보》·《권업신문》 등 언론기관의 내막을 상세히 탐지했다. 거류민회 회장 양성춘, 거상이자 《대동공보》 사장을 지낸 차석보, 《해조신문》 사장 최만학, 상업자본가 최봉준 등 한인사회 주요 인물들의 거취도 예외가 아니었다.

그뿐인가. 식민지 통치에 위협을 주는 현안 문제들도 거뜬히 해결했다. 3·1운동 이듬해인 1920년 벽두에 전 조선을 떠들썩하게 했던 대담한 독립운동 사건, 즉 15만 원 사건의 '범인들'을 일망타진한 것은 거의 전적으로 기토 통역관의 공로였다. 하마터면 북로군정서 규모의 독립군 부대를 9개나 만들도록 허용할 뻔한 위험한 사건이었다. 핵심 범인 3인을 검거했을 뿐 아니라 탈취된 돈의 87퍼센트에 해당하는 13만 원을 회수하는 데 성공했다.

'불온' 언론 《대양보》를 문 닫게 만든 공로도 기토에게 있었다. 블라디보스토크에서 러시아 정부의 승인하에 합법적으로 간행되는 신문이라 일본 총영사관도 강제로 제어할 수 없었다. 망명 언론인 신채호가 주필이었다. 격렬한 항일 논조로 가득 찬 신문 지면은 일본 측에는 눈엣가시였다. 기토는 비밀리에 폐간 공작을 꾸몄다. 한밤중에 신문사 건물 내부에 하수인을 침투시켜 활자 1만 5,000개를 훔쳐 나오게 했다. 신문사 소유 활자 총수의 3분의 2에 달하는, 무게 90~94킬로그램의 방대한 양이었다. 활자의 부재는 결국 신문 발행을 불가능하게 만들고 말았다.[16]

기토는 목적을 위해서라면 유인, 살인 계획도 꺼리지 않았다. 그는 통역관 취임 이듬해인 1911년에 무장투쟁 지도자 홍범도를 체포하기 위한 음모를 꾸몄다. 군자금 모금을 미끼로 홍범도를 하얼빈으로 유인한 뒤 그곳에서 급습한다는 복안이었다. 여의치 않으면 살해도 마다하지 않는다는 계획이었다. 실행에 옮겨지진 않았지만 기토의 음모 기획 능력이 얼마나 대담한지를 잘 보여준다.

밀정계의 대부

기토 가쓰미가 탁월한 비밀경찰이 될 수 있었던 데에는 남다른 비결이 있었다. 바로 밀정 덕분이었다. 그는 밀정들을 선발하고 활용하는 데 남다른 재능을 보였다. 밀정 네트워크를 짜는 음습한 업무에 능통했던 것이다.

그가 통역관에 처음 부임할 당시 블라디보스토크 총영사관이 고용하고 있던 한인 밀정 숫자는 둘이었다. 매우 유능한 자들이었지만 그들만으로 부족하다고 판단했다. 숫자를 늘렸다. 기토 가쓰미는 갖은 노력을 기울인 끝에 불과 1년 안에 도합 5인의 한인 밀정을 고용할 수 있었다. 명단이 남아 있다. 김인순, 김연정, 김학문, 김정우, 김생려가 그들이다. 그들에게는 정기적으로 급료가 제공됐다. 매월 30루블이었다. 철도 부설 공사장에서 노역에 종사하는 노동자들이 한 달에 45루블을 받던 시절이었다.[17] 격렬한 노동으로 인해 다른 부문의 노동자들보다 노임이 후했음을 감안한다면, 밀정들이 받는 급료는 대체로 여느 노동자들의 그 것과 비슷한 수준이었음을 알 수 있다.

기토 통역관 밑에는 밀정들이 더 있었다. 사안별로 사례금을 주는 밀 정이었다. 어느 유형에 속하는지는 알기 어렵지만 허양승도 밀정 노릇을 했다. 그는 놀랍게도 독립운동 지도자 안창호가 세 들어 살던 가옥의 건 물주였다. 그는 기토와 비밀리에 만나서 안창호의 일거수일투족을 고해 바쳤다. 그뿐인가. 안창호가 만나는 인물들도 탐지했다. 안중근의 친동 생 안공근의 동정, 블라디보스토크 기독교회 목사 최관흘의 언행도 그에 서 벗어나지 않았다.

그 외 성명이 판명된 밀정으로는 김익지, 이동환, 서영선, 허호, 김경 선, 양기현, 김기양, 엄인섭 등이 있다. 이 중에서 엄인섭은 특출한 자였 다. 그는 민족혁명운동의 중진이었다. 연해주 반일 의병운동의 지도자로 서 1908년 국내 진공작전 당시 안중근과 함께 좌·우 선봉장을 맡았던 이 였다. 그는 심지어 안중근과 의형제를 맺은 사이였다. 연해주 한인들의 자치기관인 권업회에도 열심히 참여했다. 그랬던 그가 영사관의 비밀경

기토 가쓰미의 비밀정보 보고서
기토 가쓰미 통역관이 조선총독부 경무국장 앞으로 제출한
비밀정보 보고서 〈블라디보스토크 지방 조선인 소학교 유지비
보조 청원에 관한 건〉(1921년 8월 15일) 표지.
*출처: 국사편찬위원회

찰 기토와 은밀히 내통하면서 운동권의 비밀을 팔아넘기고 있었던 것이다. 겉으로는 여전히 독립운동 진영에 속해 있으면서 그런 짓을 저질렀다. 1920년 15만 원 사건으로 그의 정체가 드러나기 전까지는 독립운동계의 어느 누구도 그를 밀정이라고 의심하지 않았다. 무려 10년이 넘도록 밀정으로 암약한, 밀정계의 전설 같은 존재였다.

이들이 다가 아니었다. 기토가 작성한 비밀정보 보고서에는 이름을 기재하지 않은 익명의 밀정들도 등장한다. 기토가 이 숱한 밀정들을 쥐락펴락한 무기는 바로 돈이었다. 그는 기밀비 운용 권한을 갖고 있었다. 총영사관 내부 문서철에서는 기밀비의 지출과 증액을 요청하는 기토의 공문서들이 다수 확인된다.

연해주, 삼엄하고 위험한 곳

꼬리가 길면 밟힌다고 했던가. 기토의 존재와 역할은 점차 연해주 한인사회에 알려지게 됐다. 그는 암살 위협에 시달리기 시작했다. 특히 1921년 하반기부터 그랬다. 그동안 자행했던 악행의 희생자 측에서 보복의 움직임을 보였다. 그런 조짐과 첩보가 속속 입수됐다. 곳곳에 심어놓은 밀정들이 다각적으로 위험이 다가오고 있음을 알려왔다. 이 글의 첫머리에 인용했던 최 소피아의 메모도 그런 움직임 가운데 하나로 해석됐다. 기토는 움츠러들었다. 시내 중심가에 위치한 총영사관 건물을 나설 때부터 조심해야만 했다. 거리를 지나거나 영사관 임직원들이 함께 거처하고 있는 외교관 사택 단지를 들고 나설 때는 각별히 경계를 강화해야만 했다.

경성에 위치한 조선총독부 경무국 고위 간부들도 블라디보스토크 사정을 속속들이 알고 있었다. 그들은 그처럼 유능한 경찰 관료를 잃고 싶지 않았다. 위험이 현실화하기 전에 뭔가 조치를 취해야 했다. 그해 늦가을, 마침내 고위 간부들은 결정을 내렸다. 연해주에 다소 정보 공백이 있더라도 기토 가쓰미를 다른 곳으로 전근시키는 것이 바람직하다고 판단했다. 독립운동가들을 잡아내는 그의 천부적인 재능을 다른 지역에서 활용한다는 복안이었다.

1921년 11월 초, 기토 가쓰미는 블라디보스토크를 떠났다. 베이징 주재 일본공사관으로 전근 발령이 났다. 새 임지로 부임하는 도중에 일본 쓰루가敦賀항에 기착한 그에게 기자가 물었다. 연해주는 어떤 곳인가? 기토가 답했다. 결코 호락호락한 곳이 아니다. 그곳에 거주하는 한인 수는 약 17만 명인데, 그중에서 독립운동에 종사하는 자는 약 1만 명이라고 판단해도 좋다고 단언했다. 놀라운 비율이었다. 그러므로 어설픈 회유 정책은 불필요하며, 단호한 억압 정책을 견지해야 한다는 것이 그의 주장이었다. 기토 가쓰미에게 연해주는 그처럼 삼엄하고 위험한 곳이었다.[18]

19

첫 번째 독립 정부 계획
대한광복군 정부와 권업회

독립투쟁에 회의적인 연해주 한인사회

일본이 저토록 강대한데 도대체 어떻게 독립을 쟁취한다는 말인가? 어떻게 맞서 싸울 것인가? 과연 이길 수 있겠는가? 연해주로 몰려드는 망명자들을 보는 현지 교포들의 속마음이었다. 러시아에 이주한 지 오래된 한인 교포들, 당시 말로 원호元戶들의 정서는 망명자들과 똑같지 않았다. 조국이 독립되고 잘 살게 되면 말할 나위 없이 좋은 일이지만, 강약이 부동인데 어쩌자는 건가. 매일 삼삼오오 모여앉아 독립! 애국! 목소리 높인다고 저 강력한 일본을 몰아낼 수 있을 것 같지 않았다. 차마 내놓고 말하지 못했지만 속으로 그렇게 생각했다.

원호 출신의 인텔리 청년 김만겸도 같은 생각이었다. 당년 28세인 그는 재러 교포 2세였다. 블라디보스토크에서 초·중등학교를 졸업한 후 교

김만겸
독립전쟁론은 실현 불가능한 공상일 뿐이라고
과소평가한 재러 동포 2세 인텔리 청년.

원 자격증을 취득하여 소학교 교사로 재직한 경력이 있었다. 그는 문학청
년이었다. 러시아 문학작품은 물론이고 서유럽 여러 나라의 유명한 저술
들도 독파했다. 한인 이주민 사회에서 문학적 소양으로는 손꼽히는 이였
다. 그는 언론인이기도 했다. 블라디보스토크에서 발행되는 러시아어 신
문《달료카야 오크라이나》(변경)의 특파원으로, 식민지 수도가 된 경성에
파견되어 1년여 근무하기도 했다.

그는 사석에서 본심을 드러냈다. 망명자들의 행동 양상에 대해서였
다. '망명자들은 열심히 애국을 부르짖는 것 같지만, 실제로는 불가능한
일에 대해 흥분하고 있을 뿐이다. 의병을 일으켜서 두만강을 건너자, 일
본인을 한국에서 몰아내자, 고국을 부흥하자고 한다. 하지만 어떻게? 무
기도 없고 병사도 없고 돈도 없이 어떻게 일본군에 맞설 것인가? 신한촌
의 수천 명 한인 교포들은 매우 가난하다. 그럼에도 불구하고 그들은 생
업을 갖지 않은 '다수의 자칭 애국자 무리'를 급양하고 있다. 한인들의
곤궁함이 어찌 우연이겠는가. 나, 김만겸은 굳게 믿는다. 오늘날 우리 한
인이 취해야 할 급무는 실로 식산흥업과 교육진흥에 있을 뿐이라고.'[19]

무슨 일이 있었던 것인가. 도대체 1914년 전후 망명자들이 어떤 심산
으로 행동했기에 교포 청년 김만겸이 저토록 탄식한 것인가.

비정치적 결사체 권업회로 대동단결

문제의 핵심은 권업회에 있었다. 권업회란 연해주 한인들이 러시아 지방정부의 승인하에 설립한 공개적인 합법 사회 단체였다. 명칭에서도 드러나듯이 근로를 권면하고 실업을 장려하는 것을 목적으로 하는 비정치적인 결사였다.

이 단체에는 망명자들이 적극 가담했다. 주도했다고 표현하는 게 옳을 것이다. 그중에서도 특히 이종호를 필두로 하는 망명자 그룹이 권업회의 설립을 이끌었다. 주로 함경도 출신 인사들이 많았기 때문에 이들은 '북파'라고 불렸다. 권업회를 처음 발기한 시기에 주목할 필요가 있다. 바로 개척리의 두 차례 살인 사건으로 인해 한인사회가 적대적인 갈등을 겪던 1911년 6월이었다. 정순만의 피살에 분노한 이상설 그룹이 러시아 관청에 대한 우월한 교섭력을 이용하여 안창호 그룹을 핍박하면서 갈등이 정점에 달한 때였다. 신한촌 한인사회에는 적대감이 가득 찼고, 뭐 하나 제대로 되는 일이 없었다.

이종호 그룹은 이러한 상황을 더이상 방치해서는 안 된다고 판단했다. 그들은 러시아 한인사회의 폭넓은 단결을 꾀했다. 먼저 러시아 국적을 취득한 원호들을 끌어들이기 위해 노력했다. 최재형, 김학만 등과 같은 장년층은 물론이고, 신한촌의 청년층 30여 명의 동의를 받아냈다. 이어서 다른 망명자 세

이종호
권업회 결성의 주모자.

력의 합류도 이끌어냈다. 이상설을 필두로 하는 이른바 '경파' 세력이 그해 가을부터 가담했다. 가장 늦게 참여한 망명자 세력은 '서파'였다. 단체 결성 이듬해 봄에 이 그룹을 대표하여 정재관이 합류했다. 1912년 4월, 저 멀리 자바이칼 지방의 치타 시로 피신했던 그가 블라디보스토크로 되돌아와 권업회 집행부에 이름을 올렸다. 그 의의가 적지 않았다. '북파, 경파, 서파'라고 불리던 망명자 중심의 소규모 비공식 정치세력들이 행동을 통일하게 된 것이다. 이는 마침내 연해주 한인사회의 대동단결이 실현됐음을 의미하는 것이었다.[20]

　대동단결의 힘은 컸다. 하는 일마다 엄청난 성과를 거두었다. 블라디보스토크 시내 일자리 소개 사업, 기관지 《권업신문》 발간, 한인 학교의 설립과 후원 등이 활발하게 진행됐다. 야심찬 대규모 사업도 기획됐다. 연해주 내륙 '라블류'라는 곳에 대규모 농지를 불하받아 인구 1만 명 규모의 대농장을 창설하는 사업을 시작한 것이다. 러시아 지방정부는 러시아 국적 취득 업무를 권업회에 위탁하여 공신력을 부여했다. 거주 등록증도 권업회의 보증이 있어야만 발급할 수 있게끔 제도를 개정했다. 권업회의 위신이 나날이 높아졌다. 각지에서 지회 설립 움직임이 나타났다. 연해주의 크고 작은 도시와 농촌 지구에서 지회를 설립하고 싶다는 청원이 잇따랐다.

무장투쟁 염두에 둔 대한광복군 정부 발족

그러나 권업회의 가장 큰 역할은 눈에 보이지 않은 곳에 있었다. 바로 대한광복군 정부 발족의 모태이자 활동 근거지 역할이었다. 대한광복군 정부란 권업회에 참가한 망명자들이 반일 무장투쟁을 수행하기 위해 결성한 비밀결사였다. 단체 명칭에서도 드러나듯이 광복군을 결성하고 그것을 운용하기 위한 참모본부를 조직했던 것이다.

이 비밀 단체에 가담했던 계봉우의 회고에 따르면,[21] 단체의 발족은 신한촌에서 이뤄졌다. 러시아령·중국령 연합대표자 모임이 은밀하게 개최되어 집행부가 선출됐다. 최고 책임자의 직위는 정도령正都領이라 명명됐다. 초대 정도령에는 이상설이, 제2대 정도령에는 이동휘가 선임됐다. 또 3대 군관구가 만들어졌다. 한인 이주민 사회가 형성되어 있는 연해주(제1), 북간도(제2), 서간도(제3)가 각각 하나의 군관구로 설정됐으며, 각각 '동로, 북로, 서로'라고 호명됐다. 또 군사 간부 양성을 위해 무관학교를 설립하기로 결정했다. 소재지는 중국령 나자구羅子溝였다. 나자구는 왕청현 소재지를 출발하여 험산과 무인지경을 지나 깊은 산속 궁벽한 오지에 있었다.[22] 당장 군대를 편성한 것은 아니지만 결정적 시기가 도래하면 언제라도 대규모 무장력을 갖출 수 있는 준비기 전략이었다.

계봉우
대한광복군 정부의 존재를 증언한
역사가이자 망명자.

이동휘
저명한 독립전쟁론자이자
대한광복군 정부 제2대 정도령.

강대한 일본을 격퇴할 수 있는가? 김만겸과 같은 원호 교포들이 회의적으로 보던 문제였다. 대한광복군 정부 참가자들은 가능하다고 판단했다. 어떻게? 망명자들은 두 가지 조건이 갖춰진다면 실현 가능한 일이라고 확신했다. 하나는 독립전쟁 근거지의 존재였다. 간도와 연해주가 바로 그곳이었다. 거기는 100만 동포사회가 형성되어 있고, 일본의 국가권력이 미치지 못하는 곳이었다. 연해주에서 해를, 간도에서 도를 따 해도海島라 불린 이곳은 역경에 처한 민중의 희망이었다. 조선왕조 후기에 널리 유포되던 예언서《정감록》에 의하면, 도탄에 빠진 민중을 구원하는 영웅 정도령이 해도에서 나온다고 했다. 바로 해도 진인설이었다. 망명자들은《정감록》의 오라aura를 활용했다. 대한광복군 정부의 수반을 대통령대신에 정도령이라고 명명한 것은 바로 그 때문이었다. 해도에서 정도령이 출현한 셈이었다.

다른 하나는 일본이 국제적으로 고립되는 일이었다. 망명자들은 일본이 식민지 확장 정책을 취하고 있어서 불가피하게 다른 열강과 충돌할 수밖에 없다고 생각했다. 언젠가는 일본에 적대하는, 일본보다 더 강력한 강대국이 반드시 나타난다고 예측했다. 이 예측은 1913년에 접어들면서 점차 현실화되기 시작했다.

망명자들에게 일본을 능가하는 강대국은 바로 러시아였다. 러일전쟁 10주년이 다가오자 러시아 조야에서는 배일 분위기가 고조됐다. 러시아인들은 일본처럼 조그만 아시아의 신흥 산업국에 당한 패배를 치욕으로 여겼다. 패배의 원인을 성찰하여 좌절된 동방 확장 정책을 부활하려는 움직임이 활발하게 일었다.

동방 정책을 담당하는 러시아 관료들은 한인들의 반일운동을 지원하는 입장을 취했다. 연흑룡주 총독 곤닷찌Н.Л.Гондатти는 권업회 활동의

곤닷찌
권업회 활동을 지원한 러시아
연흑룡주 총독.

편의를 제공했을 뿐 아니라 권업회의 명예회원으로 이름 올리는 것을 승
낙했다.[23] 연해주 일원의 정치 사찰과 방첩 업무를 맡고 있는 우수리철도
헌병대장 셰르바코프Щербаков 대령도 한인에게 우호적이었다. 그는 심
지어 권업회 설립을 촉진하기 위해 한인사회에서 지도적 영향력을 갖고
있는 이종호와 이상설의 합석을 주선하기까지 했다.[24]

　1913년 말에는 구체적인 전쟁 준비 조짐마저 감지됐다. 제정러시아
군대에는 해마다 11월 1일에 만기 사병을 제대시키는 규정이 있었다. 그
런데 웬일인지 그해에는 이듬해 1월 1일로 연기시키는 조치가 내려졌다.
이례적이었다. 제대 일자는 또 연기됐다. 연말이 되자 다시 5월 1일로 미
뤄졌다. 많은 사람들이 그것을 러일전쟁의 재발 가능성으로 받아들였다.
전쟁이 일어날 것이라는 풍문이 널리 유포됐다. 갑甲 자 들어간 해에는
어김없이 전쟁이 터지지 않았는가. 갑오년(1894년 청일전쟁), 갑진년(1904
년 러일전쟁)에 병란이 있었으니 갑인년(1914)에도 난을 면치 못하리라는
풍문이었다.[25]

《권업신문》
1912년 5월부터 1914년 9월까지 발간된 권업회의 기관지.
제1차 세계대전이 발발하면서 일본이 연합국의 일원이 되자 러시아는
일본의 요구를 받아들여 러시아 영토 내의 항일독립운동을 탄압하기 시작했다.
권업회 해산과《권업신문》정간도 이 시기에 이루어졌다.

제1차 세계대전 발발로 좌절

갑인년에 전쟁이 발발한 것은 사실이다. 그러나 그 전쟁은 러시아와 일본 사이의 전쟁이 아니었다. 제1차 세계대전이었다. 정세가 급변했다. 1914년 8월 1일 독일과 개전한 러시아는 전쟁 승리를 위해 모든 수단을 동원했다. 러시아와 일본은 연합국의 일원이 됐다. 적이 아니라 같은 편이 된 것이다. 러시아는 일본의 요구를 받아들여 연해주가 반일운동의 기지가 되는 것을 차단하기 시작했다. 러시아 영토 내에서 항일독립운동을 전개할 가능성이 있는 인물이나 단체는 탄압의 대상이 됐다. 권업회가 해산됐고, 《권업신문》도 정간됐다. 이종호와 이동휘 등 36인의 망명자들은 러시아 영토에서 추방 명령을 받았다. 비밀결사 대한광복군 정부의 독립전쟁 계획은 넘을 수 없는 장벽에 부딪치고 말았다.

동학농민전쟁 지도자 전봉준이 사형을 앞두고 읊조렸다. '어쩌랴, 시운이 따르지 않으면 영웅도 어찌할 수 없는 법이다.' 망국 이후 처음 수립된 독립운동 전략은 시운의 외면 속에 실패로 끝났다. 망명자들은 제2의 러일전쟁을 예상할 수는 있었지만, 세계대전이 발발하리라고는 미처 예측할 수 없었다.

결국 다시 시작해야만 했다. 일본에 적대하는 강대국이 누군가? 독일이었다. 망명자들은 독일을 파트너로 삼는 새로운 운동의 전망을 수립하기 시작했다.

6장

배신.

20

역사에 정의는 있는가, 밀고자 오현주

독실한 기독교인, 6년여 교편 잡아

오현주吳玄洲는 서구식 근대 교육을 이수한 인텔리 여성이었다. 그가 태어난 1892년 즈음은 여자가 교육을 받기 어려운 시절이었다. 오현주가 교육을 받을 수 있었던 것은 아버지 오인묵이 기독교 신앙을 가진 덕분이었다. 아버지는 호서·호남 지방의 기독교 선교기지라는 평판이 있던 군산 구암교회의 첫 조선인 장로였다.

오현주는 열세 살 때 처음으로 구암교회의 미국인 목사 부위렴William F. Bull의 부인에게서 신식 교육을 받았다. 교회에 열성으로 다니는 조선인 신도들의 여느 딸들과 함께였다. 친언니 오현관吳玄觀도 있었다. 소녀들은 주로 성경과 산수를 배웠다. 기독교 소양과 함께 가감승제의 기본 셈법을 이때 익힐 수 있었다.

오긍선
오현주의 오빠, 오긍선 세브란스 의학전문학교 교장.
민족문제연구소가 발간한 '친일인명사전'에 등재됐다.

    오현주 자매가 신교육에 접하게 된 계기 중에는 오빠 덕도 있었을 것
이다. 오빠 오긍선吳兢善은 오현주보다 열네 살 연상이었다. 미국인 선교
사와의 인연을 계기로 서울의 배재학당을 마치고 미국 유학까지 다녀왔
다. 유학 중에 켄터키 주 루이빌 의과대학에서 의학박사 학위를 받았다.
의학박사 학위는 조선 사람으로는 서재필에 이어 두 번째였다. 오긍선은
1908년에 귀국하여 의료 선교 활동에 임했다. 그는 나중에 세브란스 의
학전문학교 교감·교장 직을 21년간이나 맡았다.

    소녀 오현주의 학업은 그 뒤로도 계속됐다. 1906년에는 집안에 초빙
된 한문 교사에게서 약 1년간 한문을 배웠다. 근대적 교육기관에 정식으
로 발을 디딘 것은 17세 되던 1908년이었다. 서울 연지동에 소재한 정신
여학교 2학년에 입학했다. 장로교 선교사들이 경영하던 이 학교는 엄격
한 기숙사 생활을 기반으로 하는 중등교육 과정의 학교였다. 오현주는
소정의 교육 과정을 마치고 1910년 6월에 졸업했다.
그때 학교 문을 나선 제4회 졸업생은 22명이었
는데, 그중에는 오현주 자매를 포함하여 김마

오현주
47세 때의 오현주(1938).

리아, 유각경, 유영준, 우봉운 등 훗날 여성운동에서 중요한 역할을 하는 인물들이 즐비했다.[1]

교육을 받은 기간이 1904년부터 1910년까지 약 6년에 달했다. 그 덕분에 오현주는 채 스무 살이 되기도 전에 교육자의 길에 들어설 수 있었다. 졸업하던 그해 가을부터 군산 멜본딘여학교에서 교편을 잡았다. 그곳에서 4년, 진주 광림여학교에서 1년 반, 서울 경신소학교에서 1년간 교사로 근무했다.[2]

오현주는 독실한 기독교인이었다. 각지를 돌아다니면서 교사로 근무하는 동안에도 교회 출입을 게을리 하지 않았다. 그의 삶과 기독교 신앙은 단단하게 연결되어 있었다. 결혼도 교회의 인연에 따랐다. YMCA 지도자이자 신간회 회장을 지낸 이상재가 중매를 섰다. 상대는 두 살 연하의 강낙원이었다. 두 사람은 1915년 11월에 결혼식을 올렸다. 오현주가 24세 되던 해였다. 남편은 유도와 검도를 전공한 체육인이었다. 결혼 이듬해에 유도 수련을 위해 일본 유도의 총본산인 고도칸講道館에 유학하고자 도쿄에 건너갈 정도로 몰입해 있었다. 그는 나중에 서울에 무도관이라는 유도 수련장을 설립했다. 1930년에는 동아일보사 창간 10주년 기념으로 시행된 각 방면 공로자 표창식에서 '체육계 공로자' 가운데 한 사람으로 선정되기도 했다.[3]

대한민국애국부인회 초대 회장

3·1운동은 오현주의 삶의 궤적을 뒤흔들어 놓았다. 1919년 3월 1일부터 시작된 만세시위운동이 전 조선을 휩감았다. 3월과 4월 두 달 동안은 혁

명적 시기였다. 수백만 군중이 일본의 식민통치에 맞서서 집단행동에 나섰다. 희생자들이 나왔다. 일본 군경의 가혹한 진압 때문에 죽거나 다치는 사람들이 속출했다. 무차별 검거로 인해 유치장과 감옥이 차고 넘쳤다.

　수감된 투사들을 도우려는 움직임이 나타났다. 경제 사정이 곤란한 수감자들은 사식도 차입 받지 못하는 현실을 목도한 여성들이 나섰다. 오현주 자매도 그랬다. 은밀히 돈을 모으고 수감자를 돕는 활동에 나섰다. 정신여학교 졸업생 네트워크가 이 활동의 구심체가 됐다. 4회 졸업생인 오현주, 오현관, 이정숙이 참가했고, 6회 졸업생 장선희, 이순길, 3～4회 후배인 이성완, 김정숙 등이 가세했다. 전현직 교사, 간호부 등 전문직 직업을 가진 신여성들이었다. 활동 범위도 확대됐다. 격문과 지하신문를 은밀히 배포하고, 자금을 모아 해외에 망명한 혁명가들에게 전달했다. 관련자 숫자가 늘고 활동 범위가 확대되자 책임과 역할 분담을 명확히 할 필요가 생겼다. 그리하여 '혈성단애국부인회'라는 명칭의 여성 비밀결사가 탄생했다. 나이가 많은 오현관이 회장을 맡고, 재무, 통신원, 지방 파견원 등의 직책을 두었다.

　1919년 6월에 조직이 확장됐다. 애국부인회라는 이름을 가진 두 개의 비밀결사가 통합됐기 때문이다. 다른 하나는 '대조선독립애국부인회'라는 이름을 가진, 상하이 망명자들과 긴밀한 연계를 가진 단체였다. 새로운 통합 단체는 '대한민국애국부인회'라는 명칭을 갖기로 했다. 회장은 오현주가 맡고, 언니 오현관은 고문이라는 직책을 가졌다. 단체의 덩치가 커지면서 지부 조직까지 결성됐다.

　그해 6월은 3·1운동의 한 전환점이었다. 6월 28일, 제1차 세계대전 이후 국제질서 재편을 논의하던 파리강화회의가 타결을 보았다. 독일과 연합국 사이에 평화협정이 체결된 것이다. 조선의 국제적 지위의 변동에 관해서는 아무런 논의도 없었다. 조선의 독립 가능성이 옅어졌음이 명백해졌다. 4월 중순 이후 만세시위운동이 잦아들었다. 일본 군경의 가혹한 탄압에 눌린 탓이기도 했지만, 독립의 희망이 스러졌기 때문이었다. 밤하늘 혜성이 긴 꼬리를 남기듯 간헐적인 시위가 이어졌지만, 다시 혁명적 정세가 되돌아올 것 같아 보이지 않았다. 애국부인회 활동도 점차 위축됐다. 특히 오현주 회장의 활동력이 두드러지게 감소했다. 조직에 위기가 찾아왔다.

새로운 원동력이 나타났다. 오현주의 정신여학교 졸업 동기인 김마리아가 형무소에서 출감한 것이다. 김마리아는 쉼 없이 활동했다. 만세시위운동의 퇴조에 실망한 구성원들을 독려하며 조직 강화에 나섰다. 10월 19일이었다. 16인의 여성이 은밀히 모여서 애국부인회를 재결성했다. 김마리아를 회장으로 하는 새 집행부가 들어섰다. 전임 회장인 오현주는 망명자들과의 대외 연락을 맡는 교제부장 직위에 이름을 남겨 두었다.

신변 안전보장 받고 비밀 활동 정보 넘겨

남편 강낙원이 돌아왔다. 3·1운동 발발 전에 해외로 나갔다가 9개월 만에 귀국한 것이었다. 상하이, 만주, 연해주를 둘러보고 돌아왔다. 그가 무슨 목적으로 해외에 다녀왔는지는 정확히 알려져 있지 않다. 그의 말대로 독립운동에 참가하기 위해 그랬는지 아니면 다른 동기가 있었는지는 아직 알 수 없다.

강낙원은 장래 전망을 비관적으로 토로했다. 독립이 될 가망이 없으니 즉각 비밀결사에서 발을 빼야 한다고 말했다. 그것만으로는 부족했다. 추후에라도 경찰에 비밀결사의 회장직을 수행한 것이 발각된다면 중형을 면치 못할 것이니 형을 면제받을 수 있는 특별한 조치가 필요하다고 강조했다.

남편은 한 남성을 집에 들여서 며칠간 유숙케 했다. 남편의 유도 사범이자 체육계 선배 유근수라는 이였다. 진퇴양난의 이 어려운 문제를 해결해줄 수 있는 권한을 가진 사람이라고 했다.

유도 사범이자 체육계 선배라는 남편의 얘기는 사실이었다. 유근수는 1902년에 육군무관학교를 졸업하고 육군 참위(소위)로 임관한 대한제국의 군인 출신이었다.[4] 1907년에 군대가 해산된 뒤에는 애국계몽운동에도 참여했다. 대한학회 회원록에 그의 이름이 실려 있으며, 학교 설립 의연금 모금에도 동참했다. 체육 교육의 중요성을 강조하는 논설을 신문에 기고하기도 했다. 체육은 국가의 부강과 개인의 행복을 실현할 수 있는 근원이므로 그것을 급무로 생각하고 확장시키자는 내용이었다.[5] 1909~1912년에는 서울 YMCA 회관에서 유도·검도부를 운영하기도 했다. 유근수와 강낙원은 유도·검도계의 가까운 선후배였다. 유근수가 경영하다가 포기한 YMCA 유도·검도부를 인계하여 1921~1923년 시기에 직접 경영했다.

진퇴양난의 어려운 문제를 해결해줄 수 있는 권한을 가지고 있다는 얘기는 사실이 아니었다. 유근수는 "이런 어려운 시대에 하나도 상치 않고 다 살릴 도리가 있으니 아무 염려 마시고 안심하라"고 큰소리를 쳤다. 하지만 그럴 권한이 그에게 있을 리가 없었다. 오현주의 배신을 유도하려는 거짓말이었다. 그는 언제부터인지 개인의 영달을 꾀하는 길로 나아갔다. 일본 경찰 조직에 들어간 것이다. 1919년 당시 그는 대구경찰서 소속 형사였다.

오현주는 결국 남편과 형사의 제의를 받아들였다. 그는 자기 부부와 언니 오현관의 안전을 보장받는 조건으로 애국부인회의 비밀 문건을 양도하기로 합의했다. 다만 최고위급 수준의 보장이 필요했다. 유근수는 수완이 좋았다. 어떻게 공작했는지, 아카이케 아쓰시 경무국장 면담을 성사시켰다.

유근수는 자동차를 대기시켰다. 자동차는 남산 밑 왜성대 깊은 곳에 위치한 경무국장 관사로 미끄러져 들어갔다. 경무국장은 도쿄제대 법대를 졸업하고 고등문관 시험에 합격한 일본의 전형적인 고급 관료였다. 그는 세 사람을 불러들인 자리에서 오현주에게 물었다. "당신이 이후부터 애국부인회의 정신을 버리고 방침을 달리하여 명칭도 개칭하여 사회에 다른 사업을 하겠는가?" 오현주는 그렇게 하겠노라고 답했다. 짧은 회견이었지만 동료들의 비밀 활동에 관한 정보를 넘기는 대가로 자신의 안전을 확실히 보장받을 수 있었다.[6]

밀고 대가로 요즘 돈 3억 원 받아

1919년 11월 28일이었다. 애국부인회 구성원들에 대한 일제 검거가 개시됐다. 회장 김마리아를 필두로 전국에 걸쳐 70명의 애국부인회 회원들이 체포됐다. 정신여학교 교사를 비롯해서 그에 관계된 여성들이 11명으로 16퍼센트를 점했다. 검거된 사람의 53퍼센트는 세브란스병원이나 동대문부인병원 등의 관계자로 대부분 간호부들이었다.[7] 그뿐만이 아니었다. 애국부인회와 깊은 관련이 있던 비밀결사 청년외교단 구성원들도 10여 명 체포되고 말았다.

수사를 담당한 경찰관서는 유근수가 소속되어 있던 경상북도 경찰부였다. 체포된 사람들은 모두 대구경찰서로 압송됐다. 그들은 입에 담기 어려울 정도로 가혹한 고문을 받았다. 피의자들은 고문 후유증으로 중병에 시달렸다. 김마리아 회장이 특히 위중했다. 그는 코와 귀의 화농 증상이 심했고, 머리를 심하게 가격당하여 제정신이 아니었다. 심지어 불에 달군 인두로 여성 생식기에 '화침질'을 놓는 야만적인 고문을 겪어야 했다.

가장 나이가 많던 결사부장이자 부산지부장인 백신영은 어떤 고통을 겪었는지 심각한 위장 손상을 입었다. 아무것도 먹을 수 없어서 뼈에 가죽만 남은 것처럼 삐쩍 말랐다. 거의 빈사 상태였다. 서울지부장 이정숙은 발에 동상을 입었다. 진물이 흐르고 통증이 심해 걸음을 제대로 걸을 수 없었다.

애국부인회 사건의 피고인들은 조선총독부 재판정에서 유죄판결을 받았다. 김마리아 회장과 황애시덕 총무는 3년 징역형을, 이의경 서기, 이정숙 적십자부장, 장선희 재무부장, 김영순 서기는 징역 2년형을, 유인경 대구지부장, 이혜경 원산지부장, 신의경 경기도지부장, 백신영 부산지부장은

대한민국애국부인회
대구감옥소 출옥 후 대한애국부인회 간부들(1922).
왼쪽 위부터 백신영, 김마리아, 유인경, 장선희, 황애덕, 이정숙, 신의경, 이혜경, 김영순.
*출처: 연동교회 120년사.

각각 1년 6개월의 징역형을 선고받았다.

오현주 부부도 다른 사람들과 마찬가지로 대구경찰서로 연행됐다. 하지만 큰 차이가 있었다. 오현주는 단 하룻밤만 유치장에서 보낸 뒤 석방됐다. 남편 강낙원도 조사를 받았지만 1주일 뒤에 풀려났다. 처벌받지 않고 풀려난 것은 오현주의 언니 오현관도 마찬가지였다. 아카이케 경무국장의 약속이 차질 없이 잘 이행됐던 것이다. 그뿐만이 아니었다. 경찰 수사가 진행되는 동안 혹여 진술이 필요할지 몰라 대구에 5개월간 체류해야 했는데 숙식에 아무런 어려움도 겪지 않았다. 대구경찰서 형사 유근수의 가옥에서 융숭한 대접을 제공받았다.

돈도 받았다. 3,000원의 기밀비를 수령했다는 소문이 쫙 돌았다. 신문기자 월급이 40~50원, 일용노동자의 하루 일당이 1원쯤 하던 시절이었다. 오늘날 화폐 구매력으로 환산하면 3억 원에 해당하는 돈이었다. 오현주 부부는 1922년 가을에 이사를 갔다. 연지동 43번지 작은 가옥을 처분하고, 원서동 196번지 크고 넓은 집을 새로 사서 옮겼다. 옛집의 판매대금은 1,200원이었고, 새 집의 구매 대금은 4,200원이었다. 새 집이 만족스러웠는지 부부는 수십 년간 그 집에 눌러 살았다.

반민특위 처벌도 피하고 천수 누려

오현주 부부는 아무 일도 없었던 것처럼 일상으로 되돌아갔다. 남편은 휘문고보와 연희전문학교에서 체육교사로 재임하면서 '중류'의 생활수준을 뒷받침했고, 아내는 아들딸 낳고 집안을 잘 건사했다. 기독교 신앙도 게을리 하지 않았다. 서울 안국동에 소재하는 안동교회에 적을 두고서 성

안동교회 임원들과 오현주
안동교회 임원들과 함께 찍은 기념사진(1942).
앞줄 왼쪽에서 다섯 번째가 오현주.

이의식의 도장
불기소 처분을 결정한 검찰관
이의식의 도장(1949).

실한 신앙생활을 계속했다. 그 교회 집사, 권사에 차례로 선임됐다. 중등부 여학생반을 지도하고 교회 창립 50주년 기념위원회 재정부원으로서 소임을 다했다. 대리석 현판을 자비로 제작하여 기증하기도 했다.[8]

해방 후에도 순탄했다. 남편은 한민당 창당 발기인에 참여하더니 남한 단독정부 수립을 지지하는 정치 진영에 깊숙이 가담했다. 1948년에는 전국 규모의 극우 단일 청년 단체인 대한청년단 핵심인물로 떠올랐다.

그들에게도 딱 한 번 위기가 있었다. 해방 후 반민족행위특별조사위원회가 발족됐을 때였다. 1949년 3월 16일에 오현주 부부는 "밀정 행위로 독립운동을 방해"한 혐의로 체포됐다. 그러나 길지 않았다. 오현주는 그해 5월 4일, "남편의 요구에 따랐을 뿐이며, 고의가 아니라"는 이유로 불기소 처분을 받았다. 1개월 20일간의 짧은 구금과 조사를 거친 뒤에 석방됐다. 남편은 약간 더 고생했을 뿐이었다. 강낙원은 반민족행위처벌법에 따라 기소됐지만, 머지않아 보석 조치로 석방됐다. 그해 8월 11일에는 공소시효가 만료됨으로써 모든 반민족행위자들이 베개를 높이 베고 편히 잠들 수 있게 됐다.

오현주는 1989년에 병사했다. 향년 아흔여덟 살의 천수를 누렸다.

21

임시정부 파괴공작에 나선 김달하

교유 범위 넓은 의주 출신 유학자

김달하金達河 사건은 1925년 3월 30일 중국의 수도 베이징의 북쪽 안정문 인근의 한 주택가에서 일어난 살인 사건을 가리킨다. 반일 조선인 사회의 유력자로 알려진 57세 초로의 남자가 일본 밀정 혐의를 받고 한때 동지였던 사람들에게 살해당한 사건이다. 도대체 김달하가 어떤 사람이기에 그러한 화를 입게 된 것일까.

김창숙이 처음 김달하를 알게 된 것은 베이징에 정착한 1921~22년경이었다. 유교 지식인 137명이 서명한 독립청원서를 파리강화회의에 제출하기 위해 해외로 망명한 김창숙이었다. 그는 중국의 어떤 도시보다도 베이징을 선호했다. 조선 국내로 몰래 연락을 주고받는 데 베이징이 편리했기 때문이다. 상하이와 광저우를 무대로 동분서주하던 망명 초창기

2~3년을 보낸 뒤에는 베이징에 자리를 잡았다.

김창숙은 김달하를 첫 만남에서부터 마음에 들어했다. 김달하가 한문학과 유학에 관한 지식이 풍부하고 신망도 두터웠기 때문이다. 평안북도 의주에서 낳고 자란 김달하는 관서 지방 출신의 이승훈이나 안창호와 같은 독립운동 지도자들과 사이가 좋았다. 유학 고전과 역사를 토론하다 보면 그 해박한 지식이 돋보였다. 말이 통하고 뜻이 맞아서 마음에 흡족했다. 김달하의 나이는 이미 50대 중반이고 김창숙은 그보다 10년 연하였지만, 두 사람이 교분을 나누는 데에는 별다른 문제가 되지 않았다.

김달하가 유학에 깊은 소양을 갖춘 데에는 이유가 있었다. 어려서부터 집안에서 한학을 익혔을 뿐 아니라, 15세 되던 1883년에 의주의 저명한 유학자 백회순白晦純 문하로 들어가서 유학 고전과 한문학을 수학했던 것이다. 이러한 전통 학문 경력은 관직 진출의 기반이 됐다. 27세 되던 해에 평안도 관찰사의 추천으로 성균관에 입학할 수 있었고, 29세 되던 1897년부터 관직에 나아갔다. 첫 벼슬은 의령원懿寧院 참봉직이었다. 의령원이란 사도세자와 세자빈 혜빈 홍씨의 적장자인 의소세손懿昭世孫의 무덤을 가리키는 호칭이었다. 왕실의 유택을 관리하는 직책이었다. 31세 되던 1899년부터는 영향력 있는 관직에 취임했다. 내부 주사로 약 6개월

김달하
김달하의 42세 때 모습.

재직한 데 이어, 1900년에 대한제국 시절의 유일한 관립 중등학교인 한성중학교 교관에 취임했다. '교관'이란 중등학교 교사를 가리키는 당시의 명칭인데, 6년간 재임했다. 1907년부터 1910년까지는 중추원 부찬의를 지냈다. 실권은 없지만 품계가 정3품에 달하는 고위 관직이었다.[9]

일본 관헌이 작성한 정보문서에 따르면, 그가 벼슬길에 나아갈 수 있었던 배경에는 권세가의 후원이 있었다. 민씨 집권 그룹의 일원인 민병석이 그의 상전이었다. 민병석은 1889년부터 평안도 관찰사로 5년이나 재임했는데, 이 기간 동안 김달하는 그의 참서관 자격으로 수행했으며, 여러 가지 부정한 행위를 통해 큰 재산을 모았다고 한다.[10]

순탄한 관직 생활 중 애국계몽운동 참여

김달하가 떳떳하지 못한 방법으로 부를 일궜음에도 관서 지방 사람들의 신망을 얻은 것은 또 다른 경력이 있었기 때문이다. 바로 애국계몽운동에 참여한 덕분이었다. 그는 1906년 10월 서우학회 설립을 주도한 12명의 발기인 가운데 한 사람이었다. 창립회의 개최 장소가 김달하의 저택이었다는 사실에서 짐작할 수 있듯이 초창기부터 서우학회에 깊숙이 관여했음이 분명하다.[11] 서우학회는 평안남북도와 황해도 출신의 관료·신지식층 집단이 설립한 애국계몽운동 단체로, 을사늑약 이후 이른바 일본의 보호국 체제하에서 합법·공개적으로 활동했다. 학교 설립과 잡지 발행 등과 같은 비정치적 영역의 활동만 허용됐지만, 관서 지방을 무대로 애국주의 열기를 고조하는 데 큰 역할을 했다. 김달하는 서우학회 임원진의 일원이었다. 재정을 총괄하는 직책인 '회계원'으로 선임됐고, 일반 회무의

의사결정 과정에도 활발히 참여했다. 단체 설립 이듬해에는 모든 업무를 지휘하는 '총무원'이자 부회장에 선출됐다. 서열 2위라 해도 지나치지 않을 정도였다. 그뿐만이 아니다. 기관지 발행에도 주도적이었다. 《서우》라는 월간 잡지를 냈는데, 전체 15개 호 가운데 6회분의 글을 집필했다. 기자라고 해도 좋을 만큼 빈번하게 투고했다.

1906~1907년 두 해 동안 서우학회에서 발휘한 김달하의 눈부신 활동상은 1908~1909년간의 서북학회에도 계승됐다. 서북학회는 관서 지방을 관할하는 서우학회와 관북 지방을 무대로 하는 한북흥학회 두 단체를 통합한 것으로 가장 영향력 있는 애국계몽운동 단체라 해도 지나치지 않았다. 여기서도 김달하는 '총무' 직을 수행했다. 그에 더해 기관지 편집원 등의 직위도 갖고 있었다.

김창숙 등에 은밀히 귀국 회유

김달하가 관서 사람들의 신망을 얻은 이유를 알 만하다. 이승훈이나 안창호와 같은 독립운동 지도자들과 잘 알고 지냈던 것도 수긍이 간다. 김창숙이 그와 허물없이 지낸 것도 자연스럽다. 김달하는 베이징의 조선인 망명자 사회에서 반일 유력자로 여겨지고 있었다. 예컨대 1921년 3월 1일 저녁에 14명의 베이징 조선인이 3·1운동 기념연회를 은밀히 가졌는데, 그 속에 김달하가 포함되어 있었다. 신채호, 김좌진, 서왈보, 한진산 등과 같은 이름 높은 반일 인사들이 참석한 자리였다.[12] 일본공사관 경찰이 비밀리에 작성한 '베이징 거주 요시찰 조선인 리스트' 28명의 명단 속에도 김달하의 이름이 들어 있었다.

그런데 김창숙은 언제부턴가 김달하에 관한 추문이 돌고 있음을 알게 됐다. 일본 경찰 간부와 은밀히 만나고 있다는 소문이었다. 일본의 밀정인 것 같다는 의심이었다. 하지만 일축했다. 김창숙은 그를 믿었다. 김달하의 교제 범위가 넓다 보니 남들에게 오해를 살 수도 있겠거니 생각했다. 김달하가 베이징으로 망명한 때는 1913년이었다. 10년이 훌쩍 지나 있었다. 게다가 서울에 있던 가족들까지 모두 불러들여서 10여 명의 대가족 살림을 꾸리고 있었다. 그동안 중국 정부기관에 취직도 했다. 북양군벌정권의 거두 돤치루이의 부관으로 일한 적도 있었다. 교제 범위가 신진 망명자에 비해 넓을 수밖에 없었다.

베이징 조선인 망명자들
1924년 베이징의 조선인 망명자들.
앞줄 왼쪽부터 이회영, 미상, 김창숙. 뒷줄 오른쪽 김달하.

하지만 김창숙은 자신이 틀렸음을 인정해야만 했다. 1925년 초였다. 김달하의 초청으로 둘만의 은밀한 대화 자리가 만들어졌다. 김달하는 독립운동이 성공할 가망이 없다는 얘기를 길게 늘어놓더니 폭탄 발언을 했다. 조선으로 귀국하라는 권유였다. 당신같이 학덕 높은 유학자는 경학원에 들어가서 유교를 진흥하는 일에 종사하는 게 바람직하다는 것이었다. 경학원의 제2인자 자리인 부제학으로 취임하는 것이 가능하다고 덧붙였다. 조선총독부에 교섭하여 이미 승낙까지 받아놓았다는 말도 했다. 독립운동을 청산하고 식민지 통치체제에 투항하라는 권고였다. 김창숙은 격노했다. 말리는 손을 뿌리치며 자리를 박차고 일어났다.

김창숙은 동지들을 만날 때마다 자신이 겪은 일을 폭로하면서 김달하의 정체를 증언했다. 그가 독립운동가 회유 공작에 임하고 있으며 일본을 위해 일하는 밀정임에 틀림없다고 단언했다. 독립운동을 와해하려는 범죄자이므로 마땅히 응징해야 한다고 주장했다.

비밀결사 다물단원 두 사람이 '처형'

1925년 3월 30일 김달하가 자택에서 피살됐다. 당시 정황을 전하는 여러 문서 가운데 특히 두 가지 기록이 주목된다. 하나는 사건 두 달 만에 게재된 《동아일보》의 상세한 보도 기사이고, 다른 하나는 해방 후 간행된 《약산과 의열단》의 기록이다.[13] 둘은 같은 점도 있지만 세부적으로는 차이가 많다. 양자의 공통된 부분을 기반으로 사건의 골격을 재구성해보자.

밀정 처형을 집행한 이는 반일 비밀결사 구성원인 이인홍과 이기환이었다. 어떤 비밀결사인가. 자료에 따라 의열단이라고도 하고 다물단이라고도 한다. 김창숙이나 이은숙(이회영의 부인) 등 당시 베이징에 체류하던 사람들이 한결같이 '다물단'이라고 지목하는 점을 유의할 필요가 있다. 다물단은 베이징을 주요 활동 공간으로 삼아 아나키스트 청년들이 주축이 되어 결성한 의열투쟁 단체였다.

처형 장소는 베이징 북쪽 안정문 차련호동 서구내로 북문패 23호 김달하의 자택이었다. 10여 명의 식구가 거주하는 규모가 큰 집이었다. 두 집행자는 권총으로 가족 구성원들을 위협하여 결박한 후 김달하를 외딴 공간으로 끌고 갔다고 한다. 처형 방법은 교살이었다. 총소리가 집 밖으로 울려 퍼질 것을 염려했던 것으로 보인다. 시신의 목에서 한 오라기 새끼줄이 감겨 있음이 발견됐다.

망명자임에도 불구하고 가족 수가 많은 점이 눈에 띈다. 김달하는 1909년에 이화학당에 재학 중인 19세 김애란과 결혼했다. 당시 42세이던 신랑과 나이가 23년이나 차이 나는, 몹시 치우친 혼사였다. 김달하는 두 번 상처한 상태였으며 아들 5형제를 두고 있는 홀아비였다. 이 결혼을 성사시키려고 김달하는 가난한 처가를 위해 집을 한 채 구매해 주었다고 한다. 아무튼 김달하·김애란 부부는 결혼 후 5년 만에 중국 베이징으로 이민을 갔으며, 그곳에 성공적으로 정착하게 되자 처가 식구들을 불러들였다. 그리하여 1921년 가을에 장인, 장모, 처남 식구들이 대거 베이징으로 이주했던 것이다. 사건이 일어날 당시 그 집에는 김달하·김애란 부부가 낳은 두 딸 외에 전처 소생의 다섯 아들과 처가 식구들까지 도합 12명이 거주하고 있었다고 한다. 훗날 미국 유학을 다녀와서 이화여대 총장을 지내는 김활란은 바로 김애란의 여동생이었다.

김달하와 김애란
1909년경 김달하와 김애란의 약혼사진.
가운데 소녀는 신부의 여동생 김활란(11세).

일본군에 공작자금 요청 편지 발견

김달하의 처형이 과연 적절했는지 의문을 제기하는 연구자도 있다. 김달하가 일본 밀정이라는 증거가 김창숙의 발언 이외에는 더 없지 않은가. 애국계몽운동의 지도자이자 베이징 조선인 망명자 사회의 유력자인 그에게 훼절한 만한 동기와 이유가 무엇인지 뚜렷하지 않다. 만에 하나라도 억울한 죽음일 가능성은 없는가. 김달하 사건을 조사하다 보면 뇌리 한 구석에 이런 의문이 남는다.

최근 김달하가 독립운동가의 변절에 많은 공을 들였음을 보여주는 또 하나의 증거가 발견됐다. 독립운동가로 알려진 김복金復이 조선 주둔 일본군사령관 우쓰노미야 다로에게 보낸 편지가 발굴된 것이다. 편지에는 "상해임시정부는 200명이었으나 대부분 귀국하고, 현재 남은 사람은 60명입니다. 이 중 극렬분자는 40명에 이릅니다. 이들을 회유하기 위해선 20~30만 엔이 필요합니다. …… 김달하와 함께 각지의 독립운동가들을

김복의 편지
김복(김규홍)이 조선 주둔 일본군사령관
우쓰노미야 다로에게 보낸 편지.
상해임시정부 요인들을 회유하는 데 필요한
자금을 요청하는 내용이 적혀 있다.

베이징에 모아서 조선으로 돌아가려는 계책을 갖고 있습니다. 활동비로 김달하에게는 3만 엔, 저에게도 2만 엔을 주시길 바랍니다"라고 적혀 있었다.[14]

이 편지에는 김달하가 망명 독립운동가들의 훼절과 조선 귀환을 위해 애쓰고 있었다는 점, 그 대가로 거액의 돈을 청구했다는 점이 뚜렷이 기록되어 있다. 뇌리 한 구석에 남아 있던, 억울한 죽음일지도 모른다는 의구심이 말끔히 가시는 기분이다.

22

3·1운동 학생대표 김대우의 변절

평남 출신의 경성공전 대표

김대우金大羽는 1919년 3월 6일 이른 아침에 일본 경찰에 체포됐다. 종로 5가에 위치한 하숙집에서였다. 반일 학생시위를 주도한 혐의였다. 3·1운동이 발발한 지 닷새가 지난 날, 조선 천지에서 독립운동의 열기가 서서히 고조되어가던 바로 그때였다. 자신이 지핀 혁명의 불길이 타오르고 있었지만 그는 투옥되고 말았다.[15]

김대우는 경성공업전문학교(이하 경성공전) 광산과 2학년에 재학 중이었다. 경성공전은 1916년에 설립된 식민지 조선의 최상급 고등교육기관으로서, 경성전수학교·경성의학전문학교와 더불어 3대 관립 전문학교로 꼽히고 있었다. 식민지에서는 최고 학부였지만, 일본 본국에 비하면 초보적인 고등교육기관일 뿐이었다. 수업연한은 3년이었다. 조선의 공업 실정에 조응한 실무 기술자와 중하급 기술직 관료를 양성하는 것이 목적이었다. 염직과, 응용화학과, 요업과, 토목과, 건축과, 광산과 등 총 6개 학과가 있었는데, 전교생을 합쳐봐야 100명 남짓이었다. 그중에서 조선인 학생 숫자는 절반쯤이었다. 나머지는 조선 거주 일본인의 자제들이었다.

김대우는 3·1운동 학생단 지도부의 일원이었다. 3·1운동이 일어난 그해 1월 하순에 중국음식점 대관원 모임을 통해 발족한 이 비공식 조직에 그가 처음부터 가담했는지 여부는 분명하지 않다. 그의 이름이 등장하는 것은 2월 20일 승동예배당에서 열린 '제1회 학생단 간부회의' 때부터였다. 김대우는 경성공전의 대표자 자격으로 참석했다.[16] 이 모임은 경성 시내에 소재하는 6개 전문학교 학생대표들로 이뤄져 있었다. 학생단 지도부는 '민족대표 33인'과 함께 3·1운동을 기획한 양대 비밀결사 가운데 하나였다. 학생대표들은 비밀 회동을 거듭했다. 2월 25일, 2월 26일, 2월 28일에 회합을 갖고 시위운동에 필요한 제반 준비 사항을 협의했다.

비밀결사는 신뢰감이 없으면 만들어질 수 없는 법이다. 탄압이 예견되는 반일 독립운동 단체일 경우에는 더욱 그랬다. 학생단 지도부 구성원들에게는 신뢰감이 조성되어 있었다. 그러한 감정은 오랜 시일에 걸쳐 상대방의 사람됨을 함께 겪는 과정에서 형성된 것이었다. 서북학생친목회, 교남학생친목회, 학교별 YMCA 등 종교 단체와 출신 지역별 향우회가 매개체 역할을 했다. 모두 1910년대 무단통치하에서도 합법적이고 공개적으로 존속할 수 있던 단체들이었다.

그중에서 서북학생친목회가 주목할 만하다. 김대우가 학생단 지도부의 일원으로 합류할 수 있던 조직이었기 때문이다. 서북학생친목회는 함경남북도, 평안남북도, 황해도 서북 5개도 출신 경성 유학생들의 친목회였다. 김대우는 평안남도 강동군에서 태어나 1913년에 중등학교 진학을 위해 상경하기 전까지 그곳에서 자랐던 터라 이 단체에 가담했다. 그는 경성고등보통학교를 거쳐 경성공업전문학교에서 수학하기까지 6년간 경성에서 객지 생활을 해야만 했다. 그 기간 동안 자신과 비슷한 말씨와 생활관습을 가진 친목회 학생들에게서 편의와 위안을 얻었을 것으로 보인다. 서북학생친목회에는 진취적이고 활동적인 학생들이 즐비했다. 학생단 최초 회합인 대관원 모임 참석자 10명 가운데 서북 출신이 8명이나 되었다. 그중에는 한위건(함남 홍원), 강기덕(함남 덕원), 김원벽(황해 안악) 등 학생단을 이끈 3인 지도자를 비롯하여, 모교인 경성공전의 1년 선배 주종의(함남 함흥)도 포함되어 있었다.

김대우는 용모가 단정하고 키가 컸다. 180센티미터에 가까워 풍채가 당당했다고 한다. 잘생겼을 뿐 아니라 말도 잘했다. 관찰자의 의견에 따르면, "회의 같은 데서 말할 때이든가 또는 집회의 의사 진행 같은 것을 할 때 보면, 명민한 두뇌와 그 달변에 감탄하지 않을 수 없을" 정도였다.[17] 논리가 정연하고 설득력이 있었다. 이런 재능과 활달한 성격은 그가 경성공전 대표가 되는 데 영향을 미쳤다.

김대우
일본 규슈제국대학 재학 당시의 김대우.

"지금은 독립 희망하지 않는다" 진술 번복

김대우는 경찰에게 체포된 후에도 자긍심을 잃지 않았다. 야마자와 사이치로 검사와 주고받은 3월 13일 자 신문 기록을 보면, 김대우가 어떠한 진술 전략을 구사했는지를 엿볼 수 있다. 그는 혐의사실을 시인했다. 시위에 참여한 사실과 경성공전 대표라는 점을 인정했다. 도쿄 유학생들의 독립운동에 공감하여 경성에서도 '소요'를 일으키기로 사전에 협의했다고 했다. 설사 유죄판결을 받을지언정 조선 독립을 요구한 행위는 정당하다는 생각을 계속 견지하고 있었음을 알 수 있다. 다만 가담 시점과 인지 범위는 가능한 한 축소하고자 노력했다. 자신의 혐의 내용을 가볍게 할 수 있는데다가 동료들의 행위에 관한 발언 범위를 최소화할 수 있기 때문이었다.[18]

그런데 놀라운 변화가 일어났다. 호리 나오키 총독부 예심판사의 4월 9일 자 신문조서에서는 진술 기조가 뒤바뀌었다. 모든 혐의 사실을 부인했다. 경성공전 학생 대표자였다는 사실도 인정하지 않았고, 사전에 동료 학생들과 시위를 모의하지도 않았으며, 경성공전 학생들을 시위 현장에 동원한 적도 없다고 했다. 3월 1일 파고다공원에서 시작된 시위에 우발적으로 참여했다는 것 외에는 검사 신문조서의 내용을 온통 뒤집었다. 조선 독립을 희망하느냐는 예심판사의 질의에 대해서는 "독립이 될 가망이 없으므로 지금은 독립을 희망하고 있지 않다"고 답했다.

궁금하다. 도대체 김대우에게 무슨 일이 있었던 것일까. 그의 급격한 심경 변화는 왜 일어났으며, 진술 기조의 변화는 무엇을 뜻하는가.

김대우의 진술 태도는 동료 학생들과 달랐다. 학생단 지도부의 동료였던 연희전문 학생대표 김원벽은 조선이 일본으로부터 독립하는 것이

정당하다고 진술했고, 자신의 출신학교 후배인 경성고등보통학교 대표 박쾌인은 "장래 독립할 시기가 오면 또 운동할 작정이다"라고까지 용기 있게 발언했다. 그 밖의 다른 학생들도 계속 독립운동을 하겠다고까지는 차마 말하지 않았지만, 조선 독립을 희망한다고 진술한 점에서는 대체로 동일했다. 그에 비춰보면 김대우의 진술 번복은 대단히 이채로운 일이었다. 검사 신문이 있던 3월 13일과 예심판사 신문이 있던 4월 9일 사이에 그의 심경에 변화를 불러온 사안이 있었던 것으로 보인다.

친일파이자 대지주인 부친이 각계 로비

진술 번복의 의미는 자신이 지니고 있던 신념을 버리고 그에 배치되는 이념을 받아들였다는 것이었다. 뒷날 1930년대 후반에 유행한 사회 현상에 빗대어 말하자면 일종의 사상 전향이었다. 무엇 때문이었을까? 아마도 수감 중 겪은 고통 때문이었을 것이다. 단순 시위 가담자조차도 날마다 밤새 계속되는 구타와 고문에 실신하곤 했다. 그도 예외가 아니었을 것이다. 다른 수감자들처럼 좁고 불결한 시설에 갇혀 옆 사람과 살을 맞대고 다리도 뻗지 못해 쪼그린 채로 날밤을 지새우는 고통을 겪어야 했다. 방법만 있다면 이 고통을 끝내고 싶었을 것이다. 그뿐인가. 미래에 대한 불안감도 그를 압박했을 것이다. 식민지 조선에서 보기 드물게 공학 분야 전문교육을 받고 있던 그에게는 안락한 직업과 세속적 출세가 보장되어 있었다. 그 가능성을 송두리째 박탈당할 위기에 처해 있었다. 3·1운동 이전의 안락한 일상으로 되돌아가고 싶었다. 심경 변화를 가져온 결정적인 계기는 가족이었다. 훗날 전향 정책이 본격화한 1933년 즈음 경성형무소 수감자 사상 전향 동기를 조사한 결과에 따르면, '부모나 기타 친족에 대한 정서적 반성'이 38퍼센트를 점했다고 한다.[19] 1919년 김대우의 경우도 그랬다. 그의 아버지 김상준金商俊이 사상 전향의 촉매가 됐다.

아버지 김상준은 강동군에서 손꼽히는 큰 부자였다. 소유 농지 규모가 150정보를 헤아리는 천석꾼이었다. 천석꾼이란 1,000석의 소작료를 걷는 대지주를 가리키는 말인데, 보통 100~130정보의 토지를 소유한 지주였다.[20] 아버지 김상준에게서 땅을 빌려 경작하는 소작인만 80여 명이나 됐다.

단순히 부유한 정도가 아니었다. 식민지 통치기구에도 다방면으로 연결된 관변 유력자였다. 일본의 한국병합 직후 1911년에 군 참사參事 제도가 처음 도입됐을 때, 김상준은 강동군 초대 참사로 임명됐다. '참사'란 관내에 거주하는 '학식과 명망이 있는 자'로서 도장관(도지사)이 임명하는 명예직 지방관이었다. 군수의 자문에 응하며 수당을 지급받는 존재였다.[21] 참사 제도는 지방 통치의 기반을 강화하기 위해 조선인 유력자 상층부를 포섭하려는 의도에서 만들어진 제도였다. 각 군별로 2명씩의 조선인 참사를 임명했는데 지역의 유력자들이 대부분이었고 이윤용과 같은 귀족도 있었다. 1920년대에는 도평의회 제도로 계승됐다.

김상준은 일본인 관료들의 신임을 저버리지 않았다. 그는 3·1운동이 발발하자 기민하게 역량을 발휘했다. 군내 각지를 찾아다니며 민심 안정에 전력을 기울였다고 한다. 그는 자부했다. "이번의 지방 소요에 있어서는 본인은 몸소 향당을 설복하여 민중의 향방을 밝혀 경거망동의 억제에 전력을 경주했노라"고. 그 결과 강동군에는 시위운동이 발발하지 않았노라고 주장했다. "사방 인근에서는 다 소요자가 발생하였음에도 불구하고 홀로 본 군에서만 사건이 발생하지 않았다"는 것이다. 이는 과장된 주장이었다. 실제로는 3월 5일 강동군 만달면 승호리에서, 3월 7일에는 고읍면에서, 같은 날 원탄면 송오리에서 시위가 발발했었다.[22] 다만 주위 여러 지역에 비해 시위 규모도 작고, 시위 횟수도 적었던 것은 사실이었다.

김상준의 관변 네트워크는 거기에 머물지 않았다. 총독부가 출자한 각종 공공기관에도 임원으로 진출했다. 강동공립보통학교 학무위원, 강동군 지주회 부회장, 강동군 금융조합 조합장, 강동군 잠사업조합 부조합장 등이 그가 겸하고 있던 직책이었다. 그래서 김상준은 "군 행정상 없어서는 안 될 명예직을 가진 사람"으로 꼽혔고, "세력과 명성이 군내에서 그를 넘어서는 사람이 없다"는 평판을 얻고 있었다.

바로 그 아버지가 아들의 사상 전향에 나섰다. 김대우는 5형제 가운데 맏이로서, 자신이 누리고 있는 재산과 지위를 상속하게 될 아들이었다. 아들의 경솔한 행동 탓에 자신의 성공 기반이 송두리째 무너질지도 모르는 위기에 처했다. 그는 각 방면으로 줄을 대고 식민지 통치기구의 각급 관료들에게 접근했다.

그의 대응은 주효했다. 가장 먼저 강동군수가 움직였다. 3월 17일 유진혁 군수는 강동군 관내 치안을 담당하고 있는 책임자 헌병분견소장에게 '특별한 배려'를 요청하는 공문을 작성했다. 김대우가 체포된 지 11일 만의 일이었다. 강동군 헌병분견소장도 김상준의 기대에 부응해주었다. 강동군수의 공문을 받자마자 마치 기다렸다는 듯 김대우의 신병을 구금하고 있는 경성 종로경찰서 앞으로 공문을 띄웠다. "가급적으로 선처 계시옵기 바란다"는 내용이었다. 그뿐인가. 구금된 학생의 아버지를 파견할 테니 회답을 주기 바란다는 청탁도 덧붙였다. 아들의 석방을 위해 김상준이 직접 경성으로 향했던 것이다.

김상준의 로비는 지방관료뿐만 아니라 경성의 중앙관료들에게도 통

青年男子閲歴ノ大要

戸主　金高俊

明治十四年九月十五日本籍地ニ生ル同二十一年ヨリ
同三十二年迄專心私塾ニ於テ漢學ヲ修ム同年四
月ヨリ父祖ノ業タル農ヲ營ム父祖以來地方ノ大地主ト
シテ至大ノ勢力ヲ有シタリシカ本人自ラ業ヲ主管スルニ至
リショリ勤儉貯蓄及障保相助ノ美風助長ニ努メ自ラ
其ノ範ヲ四隣ニ示ス富主業ヲ經々ヤ其ノ所有地ハ漸
ヲ逐フテ増加シ今ヤ百五十町歩ヲ算スルニ至リ小作人ハ
十余名ニ達セリ故ヲ以テ近年小作人ノ保護及農事
ノ改良ニ意ヲ須ヒ両者ノ間恰モ一家ノ如ヤ觀ヲ呈シ

김상준의 탄원서
김대우의 아버지 김상준이 상신한 탄원서.

했다. 종로경찰서장은 3월 27일 경성지방법원 '검사정'(오늘날의 검사장) 앞으로 보내는 공문을 발송했다. 김상준이 강동군에서 통치체제 안정을 위해 얼마나 노력했는지, 그의 일족이 지방사회에서 얼마나 명문인지, 체포된 김대우가 얼마나 품행이 바르고 공부 잘하는 모범생이었는지를 밝히는 별지 문서를 첨부한 공문이었다. 별지 중에는 강동보통학교의 일본인 교장 다카시마 요시오의 확인서도 포함되어 있었다. 김대우는 학력이 우수하고 방학 중 귀향하면 반드시 자신을 방문하여 공손하게 담화를 나누던 예의 바르고 종순온량한 학생임을 증명한다는 내용이었다.

전향의 달콤한 열매, 도지사까지 영달

피고인 김대우의 진술 태도 변화가 무엇을 뜻하는지 분명해졌다. 그것은 아버지 김상준의 로비 활동에 호응하는 행위였다. 독립운동에 참여하던 자아를 버리고 관변 유력자인 아버지의 삶과 사고방식을 수용한다는 의미였다. 앞으로는 조선 독립이나 만세시위 등과 같은 행위는 하지 않을 것이며, 권력관계에 순응하여 오직 사적인 이익의 증진을 위해 노력하겠다는 맹세나 다름없었다.

김대우의 변신은 효과가 있었다. 1919년 11월 16일 3·1운동에 참가한 학생들에 대한 판결이 이뤄졌다. 대부분 징역 7개월~1년에 해당하는 유죄판결을 받은 것과 달리 김대우는 징역 7개월에 집행유예 3년형을 받았다. 그는 즉시 석방됐다. 집행유예는 김대우의 변절에 대한 보상이었다.

경성공전 우등졸업장 수상 학생들
경성공업전문학교 졸업식에서
우등졸업장을 받은 학생들(1921년 3월).
맨 오른쪽이 김대우.

그 후 김대우는 탄탄대로를 걸었다. 경성공전에 복학하여 1921년 3월
에 졸업했다. 졸업식 때에는 우등생으로 선정되어 표창장까지 받았다.
일본으로 유학하여 규슈제국대학 지질학과를 졸업했다. 총독부 관료사
회에 진출한 그는 군수, 도 과장, 총독부 본청 과장, 도 부장 직을 거쳐,
마침내 도지사(경북, 전북) 자리에까지 올랐다.

반민족행위자 김대우의 탄생은 바로 3·1운동이 한창 진행 중이던 4월
9일 예심판사와의 신문 도중에 이뤄졌다. 조선 독립을 더이상 희망하지
않는다는 고백 속에서, 현존 권력관계에 순응하여 공동체의 안위와는 관
계없이 일신의 이익만을 도모하겠다는 결심 속에서 태어났다.

23

젊은 여성 동지를 팔아넘긴 독고전

조선 사회주의운동 제1세대 멤버

모스크바의 구 코민테른기록관에서 발굴된 어느 문서에 한 인물에 관한
정보가 기재되어 있다. 일제하 사회주의운동의 전설이라 해도 과하지 않
은 인물 김단야가 1937년에 자필로 작성한 기밀문서에 말이다. 누군가에
관해 발언하고 있다. 식민지시대 반일운동 역사에 관심을 가졌다면 한 번
쯤 들어봤음직한 인물을 언급하고 있다.

> 이 자는 1921년 당원으로 1925년에 당 중앙검사위원, 국경연락원으로
> 있던 자로서 4년 징역을 살고 나온 자이다. 그는 진실한 공산주의자로
> 일반의 신임을 받는 자이다. 1931년부터 상해에서 발행한 우리 기관지
> 연락원으로 있었는데 ......[23]

'이 자'란 누구일까. 일찍부터 사회주의운동에 참가한 열렬한 투사였던 것 같다. '진실한 공산주의자로 일반의 신임을 받는 사람'이라는 평가다. 경력을 자세히 들여다보니 과연 그럴 만도 하다. 3·1운동 직후에 사회주의를 수용했고, 비밀결사의 중요 직책을 담당하고 있었다. 1925년에 주목해보자. 당의 중앙간부였고, 국경연락원의 임무를 맡고 있었다고 한다. 1925년이란 바로 그해 4월 17일 경성에서 비밀리에 결성된 조선공산당을 가리키는 표현임에 틀림없다. 그 단체의 국경 연락 임무를 담당했다는 이유로 옥고를 치른 사람들을 찾아보면 '이 자'가 누구인지 단서를 잡을 수 있다.

1925년 12월 제1차 조선공산당 검거 사건이 터졌을 때 국경지대에서 체포된 비밀결사 참가자는 셋이었다. 《조선일보》 신의주 지국장이자 현지 사상 단체인 신인회의 집행위원 독고전(38), 신의주의 공개 청년 단체인 국경청년동맹 간부 김경서(24), 국경 너머 중국 단둥安東에 거주하는 조동근(30)이 그들이다. 이 중에서 4년간 징역살이를 한 사람이 있을 것이다. 따져보자. 셋 다 검거 초창기인 1925년 12월 초에 체포됐는데, 그 중에서 김경서와 조동근은 1927년 4월 초에 면소 조치로 출감했다. 두 사람의 수감 시기는 1년 5개월가량이었다. 독고전은 어땠나? 그가 출옥한 때는 1929년 8월이었다. 수감 기간이 3년 9개월이었던 것이다.

그렇다. 앞의 인용문에서 말하는 '이 자'는 바로 독고전獨孤佺이었다. '독고'는 성이고 '전'이 이름이었다. 그는 비밀결사 조선공산당의 국경 연락을 총괄하는 책임자였고, 조동근은 그의 지휘 아래 압록강 너머 단둥 현에 체류하는 현지 담당자였다.[24] '1921년 당원'이라는 구절에 눈길이 간다. 바로 그때부터 사회주의운동에 뛰어들었다는 뜻이다. 식민지 조선에서 사회주의가 태동하던 초창기였다. '당'에 가입했다는데 과연 어떤 단체를 말하는 것일까? 고려공산당이었다. 1921년 5월 러시아 이르쿠츠크에서 코민테른 극동비서부와 호흡을 같이하면서 설립된, 초창기 한국 사회주의운동을 양분하던 이르쿠츠크파 공산당, 바로 그것이었다. 뒷날 조선공산당 책임비서가 되는 김재봉이나 대한민국 제2대, 제5대 국회의원을 지냈고 이승만 암살 미수 사건으로 옥고를 치른 김시현 등이 이때 독고전과 더불어 고려공산당에 입당한 동료들이었다.

말하자면 독고전은 조선 사회주의운동 초창기를 개척한 제1세대 멤버였다. 그의 운동 경력은 매우 화려하다. 1922년 1~2월에 모스크바에서 열린 극동민족대회에 조선대표단의 일원으로 참여했고, 그해 10월 자바이칼 주 베르흐네우진스크에서 열린 고려공산당 통합대회에도 이르쿠츠크파 대표로 참석했다. 그뿐이랴. 사회주의운동의 중심이 국내로 이동한 뒤에도 그의 활동은 계속됐다. 1925년 4월 경성에서 열린 조선공산당 창립대회에 출석한 19인의 대의원 가운데 한 사람이었다. 모스크바, 시베리아, 경성, 신의주를 종횡무진 누비고 있었던 것이다. 연구자 이준식의 평가에 따르면, "최초의 전위당 창립의 주역이 되기에 부족함이 없는 인물"이었다.[25]

독고전
1928년 조선공산당 사건으로
서대문 감옥에 수감 중 촬영한 사진.
＊출처: 국사편찬위원회

긴 옥고를 치른 뒤에도 그의 정체성은 변함이 없었다. 출옥하고 1년 6개월쯤 후에 다시 비밀결사에 참여하면서 운동 일선에 복귀했다. 앞의 인용문에 따르면 "1931년부터 상해에서 발행한 우리 기관지 연락원"으로 일하게 된 것이다. 상하이에서 발간한 기관지란 《콤무니스트》를 가리킨다. 《콤무니스트》는 1928년 12월 조선공산당 지부 자격을 취소한 코민테른이 조선공산당 재건운동을 직접 지도하기 위해 설립한 '코민테른 조선위원회'의 기관지였다. 이른바 '국제선'이라고 부르던, 1930년대 조선 사회주의운동의 주류라고 칭해도 좋을 대표적인 공산주의 그룹이었다.[26] 이 그룹은 1932년 여름까지 국내에 20개 미만의 야체이카(세포 단체)와 90여 명의 비밀 조직원을 거느리고 있었다.

독고전이 국제선 공산 그룹의 국경 연락을 주관한 때는 1931년 5월부터였다. 그의 활약은 눈부셨다. 압록강 하구의 삼엄한 국경 경비망을 뚫고 사람과 물자를 은밀하게 이동시켰다. 《콤무니스트》 창간호와 제2·3호 합병호, 제4호가 이 루트를 통해 국내 각 야체이카에게 전달됐고, 김형선, 김명시 등을 비롯한 국내 공작 책임자들이 오고갔다. '이 거점의 노련한 비합법 연계자'라는 평을 들을 만큼 그의 활동상은 빈틈이 없었다.

국경 연락 주관하다 배신

앞서 소개한 기밀문서를 다시 들여다보자. 독고전에 관한 소개에 뒤이어 다음과 같은 내용이 쓰여 있다. 충격적인 내용이다.

1932년에 그자가 우리 동무를 잡아준 사실(그와 서울 연락원 사이에 쓰는 비밀접선 암호를 형사에게 주어서 서울서 비밀접선 현장에서 동무가 잡혔다)을 들어, 밀정이란 것을 내가 우리 기관지 《콤무니스트Коммунист》에다가 폭로했다.

문장이 복문인 데다가 괄호 속에 보충 설명까지 추가하다 보니 문맥이 복잡하다. 하나하나 풀어보자. 1932년에 독고전이 '우리 동무'를 경찰에게 붙잡히게 했다. 비밀접선 암호를 형사에게 건네주었고 이 때문에 비밀접선 현장에서 '동무'가 체포됐다. 김단야는 그가 밀정이라는 사실을 알게 됐으며, 그 사실을 기관지 《콤무니스트》에 폭로했다는 내용이다.

독고전이 동지들을 배신했다는 정보다. 그가 비밀접선에 관한 정보를 일본 형사에게 넘겨준 탓에 약속 장소에 나갔던 동지가 체포되고 말았다고 한다. 이때 체포된 '동무'는 누구인가. 김명시金命時였다. 모스크바의 동방노력자공산대학을 졸업하고 식민지 조선의 독립과 자유를 위한 투쟁에 뛰어든 25세 여성, 기나긴 옥고를 겪은 뒤에도 굴하지 않고 해외에 망명하여 항일 무장투쟁에 가담한 거인이었다.

김명시가 국경 연락 책임자 독고전의 배신으로 인해 일본 경찰에게 체포된 사실은 그녀의 동지이자 친오빠인 김형선의 활동 보고서에 기재되어 있다. 보고서에 따르면 독고전은 비밀접선 암호를 경찰에게 알려주는 방법으로 동료들을 팔아넘겼다고 한다. 두 번이나 그랬다. 한번은 서울에서 김형선을 노렸고, 다른 한번은 압록강 건너편 단둥에서 김명시를 노렸다는 것이다. 김형선은 간신히 위기를 벗어났으나 김명시는 그만 그의 마수에 걸려들고 말았다.[27]

1931~1932년에 김명시는 국제선 공산 그룹의 국내 파견원으로서 인천을 거점 삼아 지하운동에 종사하고 있었다. 그런데 1932년 메이데이(5

김명시
1932년 일본 경찰에게 체포됐을 때 신문에 보도된 사진.
《동아일보》1933년 6월 1일.

김명시 신상조사서
김명시의 모스크바 동방노력자공산대학생 신상조사서.
러시아식 이름은 스베틸로바Светилова이고, 1907년 2월 15일생이며,
일본어를 자유롭게 읽고 쓰고 말할 수 있고, 경남 마산 189에서 출생했으며,
아버지는 소상인이라고 적혀 있다.

월 1일) 기념투쟁 당시에 살포한 격문이 문제가 됐다. 국제선 공산 그룹의 국내 거점이 경찰에 탐지되고 말았다. 인쇄 거점도 털리고, 동지들이 속 속 검거당하는 와중이었다. 김명시는 국외 탈출을 결심했다. 신의주의 국경 연락거점을 경유해서 상하이로 망명할 작정이었던 것이다.

뒷날 김명시가 남긴 회고담이 있다. "나는 인천으로 와서 동무들과 《콤무니스트》,《태평양노조》 등 비밀 기관지를 발행하다가, 5월 1일 노동절에 동지들이 체포당하는 판에 도보로 신의주까지 도망갔었는데, 동지 중에 배신자가 생겨서 체포됐다"고 말했다. 김명시는 이때 7년 징역형을 선고받았다. 스물다섯 살부터 서른두 살까지 옥중에서 지내야 했다. 젊은 여성의 꽃다운 시절이었다. 회한에 찬 그녀의 표현을 들어보자. "나의 젊음이란 완전히 옥중에서 보낸 셈이죠."

김단야의 폭로 후 행적은 암흑 속에

독고전의 배신은 동지들의 삶을 구렁텅이로 밀어 넣었을 뿐 아니라 국제선 공산 그룹의 활동에 치명적인 타격을 가했다. 비밀조직의 구성원들이 대거 체포됐고, 국경을 통해 이뤄지던 국내외 연락이 불가능해졌다. 코민테른이 직접 지도하던 당 재건운동은 침체에 빠지고 말았다. 독립운동이건 사회운동이건 할 것 없이 인간의 이념적·조직적 운동은 내부자의 배신과 변절로 인해 쇠락하는 경우가 많다. 내부 사정을 잘 알고 있는 동지가 적의 편으로 넘어갔을 때 운동이 송두리째 몰락하는 위기에 처하지 않을 수 있겠는가.

독고전은 도대체 왜 배신했을까. 밀정 행위를 통해 무엇을 얻고자 했을까. 일신의 안위 때문이었을까, 아니면 큰돈을 벌고 싶다는 욕구 때문이었을까. 이에 대해서는 알려진 바가 없다. 독고전의 그 후 행적도 암흑 속에 있다. 해방 이후까지 살았는지, 범죄 행위에 상응하는 업보를 받았는지 아직 알 수 없다.

김단야는 분노했다. 일제의 밀정으로 전락한 독고전의 배신행위를 용서할 수 없었다. 기관지 《콤무니스트》 지면을 통해 그가 혁명의 대의를 저버리고 동지를 경찰에게 팔아넘기고 있음을 동지들에게 널리 폭로했다. 《콤무니스트》는 창간호부터 제7호까지 발간됐다. 그중 제2호와 제3호는 합병호로 나왔기 때문에 실제로는 여섯 번 간행됐다. 이 중에서 코민테른기록관에 보존되어 있는 것은 네 개 호이다. 제5호와 제7호가 없다. 현존하는 텍스트 속에서는 김단야가 말한, 독고전의 배신행위를 폭로하는 기사는 발견되지 않는다. 아마 결락된 두 개 호 가운데 어느 하나에 담겼을 것으로 보인다.

24

밀정이 된 독립운동가 김성근

상하이 애인리 폭발 사고

1920년 4월 29일 상하이 프랑스 조계에서 폭발 사고가 일어났다. 오후 3시 30분경 조선인 밀집 주거지인 애인리愛仁里 24호에서 폭탄이 터졌다.[28] 한두 발이 아니었다. 다수의 폭탄 더미가 터진 듯 엄청난 폭발음이 울려 퍼졌다. 사건이 일어난 집은 물론이고 이웃 가옥들의 담장까지도 무너졌다. 다행히 사망자는 나오지 않았지만 사고 현장에 거주하던 일가족이 모두 부상을 입었다. 그뿐이랴. 폭발 사고는 한 번에 그치지 않았다. 현장에 출동한 프랑스영사관 경찰부 소속 경관들이 잔해를 뒤지며 수색하는 중에 다시 한번 폭발이 일어났다. 경찰 세 명이 부상을 당했고, 그중 한 사람은 다리를 절단해야만 했다.

사고가 일어난 곳은 조선인 김성근金聲根의 가옥이라는 사실이 밝혀졌다. 아내 이선실과 함께 사는 집이었다. 경찰은 집 주인의 소재를 찾았으나 이미 도주한 뒤였다. 사건 현장에서는 잔류 폭탄 약간과 권총 한 자루가 발견됐다. 경찰은 현장 주변에서 사건에 관련된 것으로 의심되는 혐의자를 8명이나 체포했다. 그중에는 김성근의 아내, 중국인 하녀 1인, 조선인 노파 1인, 조선인 남성 3인이 포함되어 있었다. 애인리 일대에는 경찰의 삼엄한 경계망이 펼쳐졌고, 현장 인근의 모든 통행로는 차단됐다. 프랑스경찰부에 고용된 베트남인 순경들이 다수 경계 근무를 섰다.[29]

도대체 무슨 일이 일어난 것인가. 누군가 정치적 목적으로 폭탄을 투척한 것인가 아니면 사적인 원한을 풀고자 앙갚음에 나선 것인가. 이도저도 아니라면 불의의 사고가 났던 것인가. 그랬다. 맨 후자였다. 구국모험단이라는 비밀결사의 단장 김성근이 동료 임득산林得山과 함께 폭탄을 제조하다가 잘못하여 폭발을 일으켰던 것이다. 집안에는 그간 제조했던 폭탄이 비축되어 있었는데 그것들마저 함께 폭발하고 말았다.

김성근 밀정 기사
'상해밀정사건'이라는 제하에
김성근의 밀정 사실을 보도한 신문기사.
《동아일보》1925년 9월 27일.

'급진 독립운동' 뛰어든 27세 유학생

김성근은 함경남도 함흥 출신의 27세 청년이었다. 원래 난징 금릉대학에 재학하던 유학생이었는데, 1919년에 3·1운동이 발발하여 혁명적 기운이 고조되자 그에 공감하여 상하이로 뛰쳐나온 참이었다. 그해 7월부터 이듬해 3월까지 대한민국임시의정원 의원으로 활동했다. 함경도 의원으로 선출됐고, 상임위원회 체계로는 군무위원회에 배속됐다. 임득산은 3·1운동 시기에 나타난 좀 더 전형적인 유형의 망명 청년이었다. 평안북도 출신의 25세 청년으로서 창성군 3·1시위에 가담한 후 상하이와 국내를 오가면서 비밀 연락과 독립자금 모금에 참여한 혁명가였다.

1919~1920년 상하이에는 이러한 조선인 청년들이 넘쳤다. 1919년 3월 이전에 상하이 거주 조선인의 숫자는 백수십 명 수준이었는데, 3·1운동 발발 후 프랑스 조계로 망명자들이 몰려들면서 1919년 말에는 천 수백 명으로 늘었다. 이 청년들은 제각기 활동 경험과 연고, 이념에 따라서 크고 작은 비밀결사에 가담했다.

구국모험단도 그중 하나였다. 이 단체는 명칭에서 드러나듯이 '모험 수단'을 표방하는 급진적인 독립운동 단체였다. 모험이란 무기나 폭탄 등

김성근
50세 전후의 김성근.
*출처: 국가보훈처

을 사용하여 폭력적인 방법으로 정치적 목적을 달성하려는 행동 양식을 가리키는 말이었다. 구국모험단의 규약이 남아 있다. 거기에는 "본 단체의 단원들은 한국을 위해 자신의 목숨을 바친다", "폭탄으로 구국의 위임을 부담한다" 등과 같은 죽음을 무릅쓴 결연한 각오가 표명되어 있다.[30]

뜨거운 의욕과 차가운 현실의 괴리

구국모험단이 발족한 시점은 파리강화회의가 폐막하던 1919년 6월 12일이었다. 수백만 군중의 참여를 이끌어냈던 만세시위운동과 국제회의 대표 파견론이 아무런 소득 없이 저물고 있었다. 망명 청년들 사이에 테러를 수단으로 삼는 격렬한 운동론이 호소력을 갖게 된 이유를 짐작할 만하다. 경찰의 추산에 의하면 단원 숫자는 약 40명이었다. 발족 당시에는 여운형이 단장으로 선출됐지만 머지않아 사임했다고 한다. 후임으로 단장에 취임한 이가 김성근이었다. 둘 사이에 난징 금릉대학 유학생이라는 공통성이 있었음이 주목된다.

구국모험단의 주요 활동은 의열투쟁을 위한 무기를 제작하는 것이었다. 조선 청년들에게 폭탄 제조법을 교육하고 실제로 폭탄을 제작하여 비축하는 것에 활동의 주안점을 두었다. 단체 발족과 동시에 3개월 과정의 폭탄제조법 강습소를 열었다. 강사로는 영국인 1인과 중국 남방 광둥성 사람 1인을 초빙했다. 단원들의 호응도가 높았다. 제1회 강습은 1919년 6월부터 8월까지 3개월간, 제2회는 그해 7월부터 9월까지 3개월간 계속됐다. 수강생 숫자는 제1회 때에는 20명, 제2회 때에는 7명이었다.[31] 김성근은 제2회 수강생 가운데 한 사람이었다.

김성근 기고문
김성근이 1922년 3월 1일
상하이판《독립신문》에 기고한 〈결심을 실행〉.
*출처: 대한민국역사박물관

3·1운동 3주년이 되던 1922년 3월 1일에 김성근은 상하이판《독립신문》에 기고문을 실었다. 〈결심을 실행〉이라는 글이었다.

나는 부끄러움으로 제4회의 삼일절을 맞이합니다. 과거 오늘에 결심한 사업을 실현치 못함에 대하여 나는 어디까지든지 통절하게 생각합니다. 우리에게 새 생명과 새 복음을 준 오늘을 기쁨과 부끄럼으로 맞는 나는 최초의 대 결심과 대 용단을 한번 더 굳게 하여, 또한 맹렬하게 흥기하고 용감히 분투하여, 금년 안으로는 기어코 한반도를 진동하고 불천지를 만들어, 적으로 하여금 백기로써 항복하게 하려 합니다.

여전히 모험행위를 투쟁 수단으로 삼고 있음이 드러난다. "금년 안으로는 기어코 한반도를 진동하고 불천지를 만들어 적으로 하여금 백기로써 항복"케 하고 말겠다는 표현을 보라. 그가 생각하는 독립운동은 시종일관 의열투쟁론이었음을 알 수 있다. 이 글을 읽으면 전반적으로 과장되어 있다는 느낌을 받는다. 뿐만 아니라 실현 불가능성이 점점 고조되고 있음을 본다. '금년 안으로 기어코' 뭔가를 하겠다, 한반도를 진동하고 불천지를 만들겠다, 급기야는 일본이 항복하게 만들겠다고 한다.

1년도 채 지나지 않아 진위가 드러날 수밖에 없는 말이었다. 허장성세가 느껴진다. 내면의 의욕은 활활 타오르는데 객관적 현실은 반대 방향으로만 나아갔다. 이러한 불일치가 지속된다면 개인의 정체성에 어떤 영향을 미칠까.

독립운동계 중진이 무사히 석방된 까닭은

어느 때부터인가 김성근은 상하이 조선인들로부터 일본의 밀정일지도 모른다는 의심을 받게 된다. 그렇게 된 계기가 있었다. 일본영사관 경찰부에 체포된 것이다. 구국모험단의 단장으로서 폭탄 제조 전문가이자 독립운동계의 중진인 만큼 무사하기 어려웠다. 본국으로 압송되어 중형을 받기 십상이었다. 그런데 어떤 까닭인지 무사히 석방됐다. 그러고는 아무 일도 없었던 듯 상하이 시내를 활보하고 다녔다. 사람들은 미덥지 못하다고 수군거렸다.

김성근은 자신이 밀정으로 의심받고 있음을 알고 있었다. 그는 기회있을 때마다 변명했다. 자기를 잘 알지 못하는 사람들이라서 그렇게 오해한다는 것이었다. 일본영사관에 잡혀갔다가 무사히 나올 수 있었던 건 유력한 중국인들과의 친분 덕분이라고 변호했다. 중국인 유력자들이 나서서 일본 총영사에게 선처를 호소했다는 말이었다.

위기가 닥쳤다. 1925년 8월경이었다. 자기 집에 세 들어 사는 신혼부부의 신부가 임시정부를 찾아가서 김성근이 밀정이라고 고발했다. 그녀는 자신이 보고 들은 바를 낱낱이 진술하면서 구체적인 확증을 제시했다고 한다. 그녀가 고발을 결심한 까닭은 사적인 데 있었다. 김성근의 부인

이선실이 자기 남편과 간통하고 있는데, 김성근이 그런 정황을 알고 있었음에도 제지하기 위한 어떤 노력도 하지 않았다는 이유였다. 김성근이 아내의 간통을 묵과한 것은 자신의 밀정 정체를 폭로당할까 두려웠기 때문이라고 한다.

임시정부 경무국의 업무는 독립국의 경찰과 달랐다. 경무국의 소임은 "왜적의 정탐 활동을 방지하고 독립운동가의 투항 여부를 정찰하여, 왜의 마수가 어느 방면으로 침입하는가를 살피는"[32] 데 있었다. 말하자면 정보기관이자 밀정 대책기구였다. 임시정부 경무국장으로 5년간 재임했던 김구의 말에 따르면, 범죄자 대책은 '훈계' 아니면 '사형' 두 가지 방법밖에 없었다. 사안이 경미하다면 전자의 방식으로 처리했겠지만, 김성근과 같은 경우는 후자에 해당했음에 틀림없다. 그렇지 않아도 김성근의 행동을 의심하고 주목했던 임시정부 경무국이었다. 경무국 구성원들은 활동을 개시했다. 그러나 이러한 정황을 눈치 챈 김성근은 종적을 감췄다.

당사자의 말을 들어보자. 김성근은 말하기를, 어떤 친구가 어서 피하라고 밀통해 주었다고 한다. 임시정부 경무국 내부에 그를 동정하는 친구가 존재했음을 알 수 있다. 어디로 숨을 것인가? 제때 피신하는 데 성공한 김성근은 서슴없이 상하이 주재 일본총영사관으로 찾아갔다. 대한민국임시정부의 압박으로 생명의 위협을 느끼고 있으니 신변을 보호해 달라고 요청하기 위해서였다. 영사관은 기꺼이 그를 받아들였다. 그에게 은신처와 조선 귀국의 편의를 제공했다. 김성근은 재산까지 살뜰히 챙길 수 있었다. 돈이 될 만한 가산과 집기를 모두 파는 데 성공했다. 영사관의 알선으로 조선으로 출항하는 배에 탑승한 때는 1925년 9월 12일이었다.[33]

경성에 도착한 뒤에도 김성근은 독립운동에 참가했다는 이유로 처벌을 받지 않았다. 이따금 조선총독부에 출입한다는 근황이 언론에 보도되곤 했다. 언론 보도에 따르면, 그는 총독부 경무국 관계자와 함께 해외 독립운동 대응책에 관해 협의하고 있었다.[34]

문책은커녕 서훈 받고 독립유공자로

김성근은 해방 이후까지 살았다. 기록에 따르면 그의 사망 연월일은 1950년 2월 5일이다. 향년 59세였다. 사망에 이르기까지 일본영사관 경찰부의 밀정 노릇을 한 것에 대해 책임을 묻는 일은 한 번도 없었던 듯하다. 그러기는커녕 사후에 독립유공자 서훈을 받았다. 1963년 3월 1일 독립유공자상훈심의회의에서 건국공로훈장 단장短章을 수여받았다. 오늘날의 건국훈장 독립장에 해당하는 높은 훈격이었다.

김성근은 지금도 독립유공자로 등재되어 있다. 《독립유공자 공훈록》(국가보훈처)에 이름이 올라 있으며, 최근에 발간된 《독립운동인명사전》(독립기념관)에도 실려 있다. 《민족문화대백과사전》(한국학중앙연구원)에도 그의 이름이 나온다. "일제강점기 구국모험단을 조직하여 단장으로 활동한 독립운동가"로 기림을 받고 있다.

7장

비밀 결사.

25

조직 살리려 안간힘 쓴
책임비서 김재봉

당 내부 정리를 두고 고심

김재봉이 서른다섯 살 때였던 1925년 12월 7일 자로 작성한 비밀편지가
있다. 비밀결사 조선공산당의 책임비서라는 막중한 임무를 띠고 있던 시
기였다. 〈당 내부에 대한 정리 문제〉라는 제목이 달린 24쪽 분량의 육필
문서였다.[1] 제목이 말해주듯 비밀결사의 긴급 현안이 담긴, 조선공산당
의 내부 사정을 상세히 전하는 극비문서였다. 수신처가 적혀 있지는 않지
만, 누구에게 보냈는지를 추정하기는 그다지 어렵지 않다. 코민테른 동
양부 앞으로 보낸 것이었다.

잉크를 찍어서 펜으로 썼다. 어쩌면 만년필 글씨일 수도 있겠다. 국한
문 혼용체의 달필이다. 잘 교육받은 사람들만이 구사할 수 있는 유려한
글씨체였다. 향리인 경북 안동에서 한문을 수학하고 보통학교와 중등 과
정의 중동학교를 마치고 고등교육기관인 경성공업전습소를 졸업한 사람

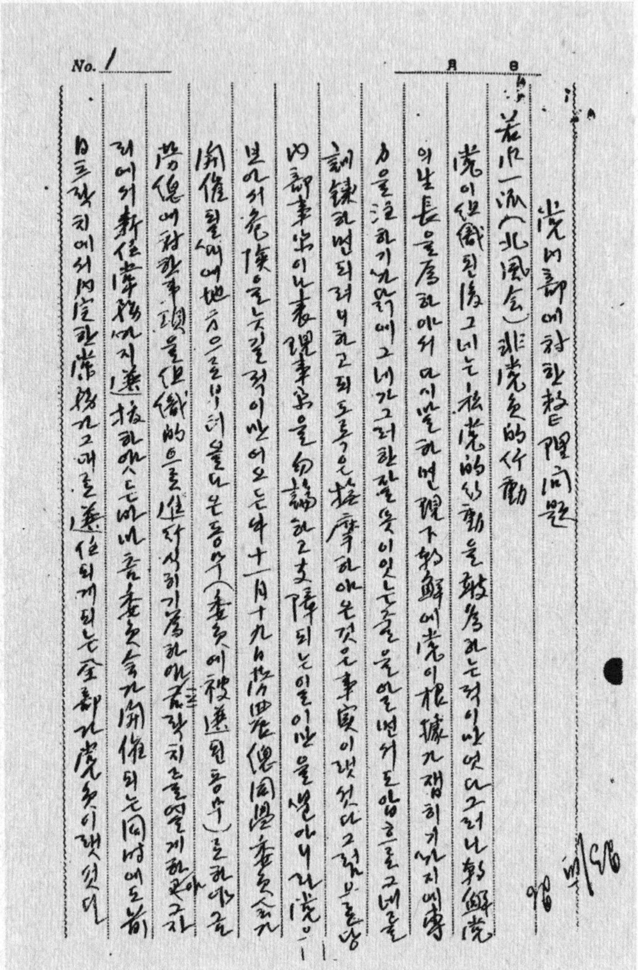

김재봉의 비밀편지

김재봉의 1925년 12월 7일 자 비밀편지 첫 페이지.

ⓒ 임경석

다녔다. 근대교육 시스템이 채 갖춰져 있지 않던 1910년대였음을 감안하면 그는 당시 식민지 조선에서 이수할 수 있는 최상급의 교육을 받은 셈이었다.

구 코민테른 문서관에서 발굴된 이 문서는 사료 가치가 매우 높다. 1925년 창립 이후 조선공산당의 내막을 들여다볼 수 있기 때문이다. 같은 시기 자매 단체인 고려공산청년회의 내부 기록이 꽤 많이 남아 있는 것에 비하면, 당 문서는 그다지 남아 있는 게 없다. 이 문서는 그러한 사료의 갈증을 해소해준다. 비밀결사의 최고 책임자가 작성한 문서이니만큼 다른 어떤 자료에서도 볼 수 없는 내밀한 최상급의 비밀 정보가 담겨 있다. 그뿐인가. 공산당 최고 지도자의 긴장된 내면과 심리상태까지 보여준다. 흥미롭지 않을 수 없다.

동지들 도피자금 요청하는 비밀편지

위험이 다가오고 있었다. 일본 경찰이 비밀결사의 존재를 탐지했기 때문이었다. 발단은 국경도시 신의주에서 일어난 집단 폭행 사건이었다. 폭행 피의자로 지목된 청년들의 집을 수색하던 신의주 경찰이 뜻밖에도 비밀결사 고려공산청년회의 비밀문건 뭉치를 발견했다. 해외 통신을 담당하던 비밀 연락 기구가 우연한 사건 때문에 적발되고 말았던 것이다. 제1차 조선공산당 검거 사건이 터졌다.

첫 검거는 1주일 전인 1925년 11월 29일 밤에 이뤄졌다. 고려공산청년회 책임비서 박헌영과 부인 주세죽이 자택에서 체포됐다. 이튿날에는 새벽 7시에 주종건, 유진희, 임원근, 권오설이 검거됐다. 다행히 그날 오

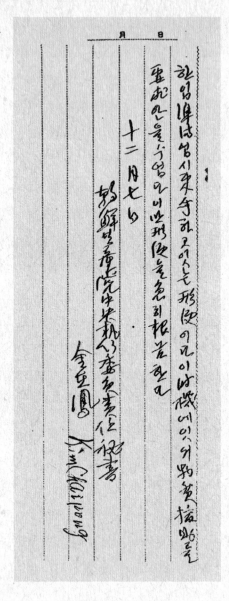

김재봉의 친필 서명

조선공산당 책임비서 김재봉의 친필 서명.

ⓒ 임경석

후에 주종건과 권오설이 일시적으로 석방됐다. 두 사람은 즉각 잠적했다. 이튿날 12월 1일에는 합법 공개 단체인 조선노동총동맹, 한양청년연맹, 신흥청년동맹 사무실이 압수 수색을 당했다. 검거는 지방도시로 확대됐다. 경기도 강화에서 박길양이, 경상남도 마산에서 김상주가 체포됐다. 12월 3일에는 조리환이 체포됐다. 체포망은 공산당 핵심부까지 치고 들어왔다. 책임비서 김재봉과 중앙집행위원 김찬의 거처에 가택수색이 들어왔다.[2]

김재봉은 긴장했다. 다행히 가택수색 현장에서 벗어날 수 있었지만, 경찰의 체포망에 포함되어 있는 게 틀림없었다. 비밀편지에 쓴 것처럼 "모든 것이 위기일발에 걸"린 상황이었다. 불과 1주일 만에 10여 명이 검거된 것으로 파악됐다. 그중에는 당 중앙간부(유진희)도 있었지만, 아직까지는 공산청년회 구성원들에게 위험이 집중되고 있었다. 검거망이 어느 방향으로 어느 정도까지 확대될지 알 수 없었다.

즉시 잠적했다. 일상생활을 중단하고 평소의 활동 공간에서 벗어나야만 했다. 사태 진전을 날카롭게 주시해야만 했다. 해외로 망명하는 것이 가장 바람직하겠지만, 아직은 아니었다. 처리해야 할 일이 많았다. 현안 업무가 쌓여 있었고, 유사시를 대비해 당무를 이어갈 후계 간부진도 구성해야 했다. 잠적하거나 망명하려면 자금이 필요했다. 먹고 자는 것은 물론이고 원활한 장소 이동을 위해서는 돈이 들었다. 아무런 준비도 못한 채 무작정 잠적한 형편이 어려운 동지들에게는 긴급히 자금을 제공해야 했다.

김재봉이 경찰에게 쫓기는 위험 속에서도 비밀편지를 쓴 이유는 바로 여기에 있었다. 돈 때문이었다. 그는 편지 속에서 자금 지원을 요청했다. '물질 원조'를 요구하지 않을 수 없다고 썼다.

당 규율 위반 반대파에 초강경 제명 조처

잠적 중에도 할 일은 해야 했다. 처리해야 할 가장 긴급한 당무 가운데 하나는 당내 분파 관련 사안이었다. '김약수 그룹'이 말썽이었다. 김약수 그룹이란 공개 사상 단체 북풍회의 이면에 존재하는 비밀 공산주의 단체를 가리킨다. 이 단체는 북풍파라고도 불렸다.

1925년 4월 17일 조선공산당이 창립되기 전에도 조선 사회주의운동은 활발히 전개됐다. 그 주역은 국내외에 걸쳐서 존재하는 공산주의 그룹들이었다. 해외에는 상해파, 이시파, 국민의회파가 있었고, 국내에는 화요파, 서울파, 북풍파, 상해파가 포진해 있었다. 각 공산주의 그룹은 일정한 조직적·정치적 공통성에 입각해서 형성된 비밀결사로 자체의 중앙 기관과 세포 단체를 갖고 있었다. 독자적인 규율, 독자의 정치사상과 정책을 갖춘 하나의 조직체이자 정치세력이었다.

단순화하면 조선공산당은 두 개의 공산 그룹 연합체였다. 김재봉이 속해 있는 화요파와 김약수를 위시한 북풍파가 연합한 조직이 바로 조선공산당이었다. 그러나 화학적 결합이 아니었다. 두 그룹은 따로 놀았다. 공산당이 창립된 뒤에도 그랬다. 혼연일체의 동지적 연대감이 아니라 경쟁심과 호승심이 두 그룹 구성원들의 마음 속에 자리 잡혀 있었다.

북풍파 공산 그룹은 자파의 이익을 증진하는 데 관심을 기울였다. 예컨대 합법 공개 단체인 조선노농총동맹의 임원진 구성에서 자파의 구성원인 서정희가 반드시 상임 총무직을 가져야 한다고 주장했다. 또 공산당 중앙집행위원회 내에서 자파 인원이 화요파보다 한 사람 적다면서 이를 수정하기 위해 임시 당대회를 개최할 것을 요구했다. 김재봉이 보기에는 도저히 수용할 수 없는 요구였다. 그것은 전위 혁명당이어야 할 공산당을 마치 연립내각과 같은 느슨한 연대기구로 만들자는 주장과 다를 바 없었다.

당 규율을 해치는 행위도 용서할 수 없었다. 북풍파는 비당원이 다수 섞여 있는 공개 대중 단체의 집회에서 당내 기밀사항을 입 밖에 내는 일을 서슴지 않았다. 그뿐인가. 당내 논의에 앞서 자파에 속한 사람들끼리만 미리 사전 논의를 갖곤 했다. 당보다 자파의 이익을 앞세우는 규율 위반 행위였다.

김재봉은 북풍파와의 결별을 각오했다. 당에 가입한 북풍파 인사는 3개 야체이카(세포 단체)에 속한 15인뿐이었다. 그들을 제명하기로 결정했다. 놀라운 일이었다. 조선공산당의 조직 기반이 와해될지도 모르는 강경한 조처였다.

코민테른 지부 승인 뒤 자신감 반영

이처럼 강경한 카드를 꺼낸 것은 자신감이 있었기 때문이다. 무엇보다 코민테른의 1925년 9월 결정서가 조선공산당에게 힘을 실어주었다. 그해 4월 17일에 설립된 조선공산당을 코민테른의 지부로서 사실상 승인한다는 결정이었다.[3] 모스크바에 파견한 대표자 조봉암이 코민테른 동양부 소속 보이틴스키의 협력을 받아서 이뤄낸 외교적 성과였다.

9월 결정서를 접수한 후 조선공산당은 자신감이 넘쳐흘렀다. 경성 주재 소련영사관에서 작성한 정보 보고서에는 조선인 사회주의자들 사이에 "불신은 사라지고, 노동자적인 분위기가 발현되고 있습니다. 우리 동무들은 유쾌해졌고, 어떤 분쟁도 두려워하지 않으며, 쓸데없는 일에 시

간을 허비하지 않습니다"라고 기록되어 있었다.[4]

또 하나는 공산당의 조직 역량에 대한 자긍심이었다. 김재봉은 전국에 조선공산당의 야체이카가 33개 있고, 당원이 133명이며, 49명의 후보당원이 있다고 집계했다.[5] 김재봉은 자신했다. 당원 대다수가 노동자 단체, 청년 단체, 사상 단체와 신문사·잡지사 등 언론기관에 소속되어 있었다. 마음만 먹는다면 전국 각지의 600여 개 사회 단체를 동원할 수 있다고 봤다.

당만 있는 게 아니었다. 자매 단체인 고려공산청년회도 있었다. 이들의 숫자는 더 많았다. 1926년 2월 현재 공청의 야체이카는 63개였고, 공청회원은 284명, 후보회원은 229명이었다.[6]

김재봉을 필두로 한 조선공산당 중앙집행부의 결심은 단호했다. 이 사안으로 인해 혹여 코민테른으로부터 불리한 조치가 내려진다 하더라도 감내하기로 했다. 만약 코민테른이 15인 제명을 문제 삼아서 코민테른 지부 승인을 취소하거나 연기하더라도 어쩔 수 없다고 생각했다. 김재봉은 책임감을 가지고 이왕 결성된 조직을 잘 발전시켜서 조선 혁명을 향해 성심껏 전진할 뿐이라고 썼다.

체포 전 조직한 후계자는 강달영

이 비밀편지를 쓰고 12일이 지난 뒤 김재봉에게 불행이 닥쳤다. 1925년 12월 19일 밤이었다. 경성 돈의동에 잠복 가옥을 정하고 당무에 여념이 없던 김재봉은 어딘가에 전화를 걸기 위해 종로에 나왔다가 그만 종로경찰서 형사들에게 체포되고 말았다. 누구에게 무슨 전화를 하려고 위험을

수감 중인 김재봉
1928년 1월 21일 서대문형무소에서 촬영.
＊출처: 국사편찬위원회

무릅썼던 것일까?

그래도 천만다행인 게 있었다. 체포되기 며칠 전에 후계 집행부를 조직하는 데 성공했던 것이다. 김재봉은 체포와 망명 탓에 결원이 된 중앙집행위원을 보선했다. 후계 책임비서로는 경남 진주의 열렬한 혁명가이자 사회주의자인 강달영을 선정했다. 의외의 인물이었다. 하지만 그게 강점이었다. 경찰의 주목을 비교적 적게 받는 점, 당 내외 반대파 공산그룹의 반감이 적은 점, 의지가 강하고 업무 능력이 탁월한 점 등을 고려했다. 책임비서 김재봉은 붙잡혔지만, 후계자 강달영의 진두지휘하에 비밀결사의 혁명사업은 중단 없이 계속될 수 있었다.

26

조선공산당 제2대 책임비서
강달영의 하루

업무인계 위한 '암호일기' 남겨

강달영(40)은 수요일이 돼서야 느지막이 신문사에 출근했다. 1926년 3월
17일 오전 10시, 출근으로는 좀 늦은 시간이었다. 수표정 43번지, 오늘날
청계2가 교차로에서 3가 방향으로 남측 천변에 위치한 조선일보사 건물
에 들어섰다. 그는 조선일보사 영업국의 촉탁으로 재직 중이었다. 촉탁
이란 정식 사원이 아니라 일정 기간 동안 임시로 직무를 담당하는 직책이
었다.

지난 월요일과 화요일, 연이틀이나 결근한 뒤였다. 촉탁이라 하더라
도 근무 규율과 내용은 정식 사원과 별다른 차이가 없었다. 거듭된 결근
은 이채로운 일이었다. 왜 무단으로 결근했습니까? 혹여 누가 묻는다면,
적당히 둘러대야 했을 것이다. 감기몸살에 걸렸다거나 긴급한 가정사가
있었노라고 변명했으리라. 실은 말 못 할 사정이 있었다. 그는 비밀결사

조선공산당의 책임비서였다. 경찰에 체포된 전임자 김재봉의 뒤를 이어 1925년 12월 하순부터 직무를 수행하고 있었다. 너무 바빠서 지난 이틀 동안 도저히 직장에 출근할 수 없었다.

신문사 영업국 촉탁 직책은 경성 생활을 가능하게 해주는 합법 신분이었다. 경찰의 의심을 사지 않고 경성 시내를 활보하거나 지방을 오가는데 더할 나위 없이 안성맞춤의 직업이었다. 불과 4개월 전만 해도 경상남도 진주에서《조선일보》지국장 일을 하던 그가 어떻게 이런 직장을 얻었을까. 아마도 신문사 간부사원으로 재직 중이던 공산당원 홍덕유가 힘을 쓴 덕분이지 않았을까 싶다. 그는 조선일보사 지방부장이었다. 각 지방에 설립된 지국과 연락을 주고받으며 기사와 자금의 출납, 신문지 배급 등의 업무를 관리하는 책임자였다. 지방도시에 거주하던 신임 책임비서의 경성 체류 명분을 만드는 것은 그에게는 별로 어렵지 않았을 것이다.

도대체 무슨 일 때문에 출근도 못 할 지경이었을까? 일반적으로 비밀 결사의 수뇌가 무슨 일에 종사했는지를 구체적으로 파악하기는 매우 어렵다. 아니, 불가능에 가깝다고 해야 할 것이다. 하지만 강달영 책임비서의 경우는 달랐다. 그는 국제당(코민테른) 연락과 후임자 업무 인계를 위해

강달영
평상시의 강달영.

기록을 남겼다. 암호로 쓰인 〈비서부 일기〉가 그것이다.[7] 1926년 3월 12일부터 5월 14일까지 약 두 달 동안의 책임비서 활동상을 적었다. 강달영은 독자적인 암호 시스템을 고안했다. 자기 혼자만 해독할 수 있는 비밀 알고리즘이었다. 자신만 입 다물면 어느 누구도 해독할 수 없는 기록이었다. 불행한 사태를 당해 발각된다면 목숨을 걸고 지킬 결심이었다.

소련 총영사관 통해 국제공산당과 연락

책임비서가 몰입했던 업무 가운데 하나는 국제당과의 교신을 유지하는 일이었다. 식민지 수도 경성 한복판에서 모스크바의 국제당과 연락을 주고받는 일이 어떻게 가능했을까? 쉽사리 수행하기 어려운 난제였다. 신의주를 통해 국경을 넘어서 해외로 보냈을까. 아니면 함경북도 너머 블라디보스토크로 밀사를 보냈을까. 둘 다 아니었다. 강달영에게는 그보다 훨씬 더 손쉬운 통로가 있었다. 바로 경성에 주재하고 있던 소련 총영사관이었다. 재경성 소련 총영사관은 전년도인 1925년 2월 25일에 비준된 소련·일본 기본조약에 의거하여 합법적으로 설립된 외교기관으로 그해 9월에 개관했다. 경성 하늘에 적기를 휘날리고 있는 이 기관의 위험성에 대해 일본 경찰은 각별한 주의를 기울였다. 총영사관 주변에 삼엄한 감시망을 펼쳐 놓았다. 그 때문인지 감시를 두려워하여 그곳에 공공연히 출입하는 사람은 예상보다 훨씬 적었다고 경찰 기록에 적혀 있다.[8]

그러나 조선공산당은 감시망을 뚫는 데 성공했다. 경성 주재 총영사관의 정보 담당자 '월리'가 모스크바의 외무성 및 국제공산당 앞으로 보낸 첫 번째 정보 보고서는 1925년 9월 19일 자로 작성됐는데, 거기에는 조선공산당 중앙과 접선한 결과가 기재되어 있다.[9] 김재봉 책임비서 시절에 이미 총영사관 측과 비밀 접촉 루트를 열었던 것이다. 강달영은 아마도 전임자에게서 그 접촉 시스템을 인계받았을 것이다. 책임비서가 직접 움직이지는 않았다. 접촉 실무자는 박민영이었다. 박 니키포르 알렉산드로비치라는 러시아식 이름을 가진 그는 모스크바의 동방노력자공산대학을 졸업한, 러시아어를 능숙하게 구사하는 신진 활동가였다.

느지막이 신문사에 출근한 바로 그날, 책임비서는 박민영을 만났다. 근 1주일째 그와 접촉하기 위해 노력한 뒤였다. 접촉이 쉽지 않았던 까닭은 박민영이 국내에 잠입한 지 얼마 안 되어 비밀 활동을 위한 거점이 안정되지 않았기 때문인 듯하다. 책임비서는 14종류의 문서를 건넸다. 지난 며칠 동안 출근도 하지 않은 채 작성한 극비문서였다. 국제당의 조선 담당관들만 읽어야 할 문서였다. 당의 현황과 간부진의 변동에 관한 것, 상하이·만주·연해주 등 해외에 설치한 당 기관의 활동에 관한 것, 합법 공개 영역의 사상 단체와 대중운동 정책에 관한 것들이 포함되어 있었다. 〈예산안〉과 〈예산안 설명서〉도 있었다. 어느 문서에나 맨 끝에는 날짜를 적고 서명을 남겼다. 1926년 3월 17일 자였다. 출근하던 날 신새벽까지 이 일에 매달렸음을 짐작할 수 있다.

화요회 '프락치야' 회의 소집

그날 오후 강달영은 화요회 프락치야 회의를 긴급 소집했다. 화요회란 합법 공개 영역의 사상 단체 명칭이고, 프락치야란 그 내부에 설치한 당원 조직을 가리키는 말이었다. 당 규약에 따르면, 합법 공개 단체에 3인 이상의 당원이 있을 때 그 내부에 프락치야라는 명칭의 비밀 단체를 조직하며, 임무는 당의 정책과 영향력을 대중 속에 실현하는 것이었다. 화요회 프락치야 회의를 서둘러 소집해야 할 이유가 있었다. 바로 4개의 합법 단체(화요회, 북풍회, 조선노동당, 무산자동맹)를 통합하여 하나의 단체로 개편하는 과제를 실행에 옮기기 위해서였다. 3월 5일 자 당 중앙집행위원회 석상에서 결정한 사안이었다.[10]

화요회는 가장 영향력이 큰 합법 단체로, 그 속에는 두 개의 야체이카가 설치되어 있었다. 야체이카란 당의 '기본회'였다. 산업 현장을 중심으로 한 장소에 3인 이상의 당원이 존재할 때 조직하는 것이었다. 구성원 수는 3명 이상 7명 이하를 한도로 했고, 한도 이상의 당원이 있을 때에는 제2, 제3의 기본회를 조직하게 했다.

화요회 프락치야 회의에는 내부에 있는 두 야체이카 구성원들이 참가할 예정이었다. 그러나 워낙 긴급히 소집된 탓인지 성원이 충분히 모이지 않았다. 여섯 명밖에 출석하지 않아서 개회할 수 없었다. 참가자들은 프락치야 회의를 다음 날로 연기하고, 차후에 이런 일이 되풀이되지 않도록 이 회의를 유력분자의 집합으로 간단히 축소한다는 건의안을 상급 기구에 상신하기로 결정했다.

강달영이 화요회 프락치야 회의에 직접 참석했던 것은 아니다. 그는 이 사안을 그날 저녁에 개최한 당중앙 비서부 모임에서 비서부 차석인 이준태에게서 보고받았다. 비서부는 당중앙 직속의 핵심부서로서 자신이 직접 이끌고 있었다. 이 회의가 하루의 마지막 일정이었다.

집행부를 체계화하고 효과적으로 가동하는 일은 강달영의 핵심 관심사였다. 책임비서직을 승계한 지 얼마 안 되는 시점이었기 때문에 그로서는 가장 시급하고 절박한 과제였다. 당의 최고 집행기구인 중앙집행위원회를 굳건히 세우는 것이 우선이었다. 중앙집행위원 정원은 7인이었다. 강달영은 그들을 결속하여 그해 2월부터 3월 초까지 7회에 걸쳐 중앙집행위원회 회의를 개최했다. 제3~5회 회의는 2월 26일부터 3일간 날마다 쉼 없이 계속 열렸다.

중앙집행위원회 내부에 상설집행기구를 가동하는 것도 중요했다. 강달영은 비서부·조직부·선전부 3개 부서를 두고 비서부는 자신이 직접 이끌었다. 이날 비서부 회의에서는 화요회 프락치야의 건의를 임시로 받아들이되 최종 결정은 중앙 조직부에서 하도록 위임했다. 이어서 민족통일전선 결성 문제에 대해서도 협의했다. 충분히 논의했지만 결정은 미루었다. 이 문제는 당대회에서 결정할 사안이기 때문이었다. 1년에 1회씩 개최하기로 약속된 당대회 개최를 준비하는 것도 강달영 중앙이 해결해야 할 현안이었다. 당대회는 5월 중순경에 경복궁에서 떠들썩하게 개최될 조선박람회를 이용할 예정이었다. 당대회 준비위원회를 조직하고, 대회 의안을 짜며, 대의원을 선출하는 등의 일정이 앞에 놓여 있었다.

어느새 밤이 깊었다. 당중앙 비서부 회의는 밤 12시에 폐회됐다. 강달영의 길었던 하루는 이렇게 저물어갔다.

체포된 후 자살 시도, 결국 정신이상

강달영의 어느 날 동선을 이처럼 구체적으로 확인할 수 있는 근거는 〈비서부 일기〉 덕분이다. 뒷날 불행하게도 일본 경찰에게 체포됐을 때 그는 굳게 입을 다물었다. 암호 기록을 자신만 해독할 수 있었기 때문이다. 심문경관 요시노 도조 경부보는 "뼈가 돌이 되어도 입을 다물고 말하지 아

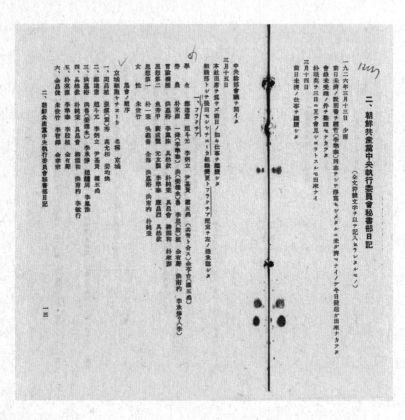

〈비서부 일기〉
일본 관헌이 해독한 〈비서부 일기〉 1926년 3월 17일 자 기록.

니 하겠다"는 결심이 그의 몸에서 풍겼다고 회고했다. 결국 강달영은 결심을 실행에 옮겼다. 감시의 눈을 피해 머리통을 힘껏 철제 책상에 부딪쳤다. 잠시도 틈을 주지 않는 주도면밀한 감시 때문에 미수에 그치고 말았지만, 그는 자살 기도를 몇 차례나 되풀이했다. 그러나 일본 경찰의 암호 해독 기술이 알고리즘을 뚫었을 때, 목숨을 걸고 비밀을 지키겠다는 그의 결심은 무너져 내렸다. 그는 온전한 정신을 유지할 수 없었다. 미쳐 버렸다. 정신이상자가 되고 말았다. 옥중에 있을 때도 그랬고, 출옥 후에도 그 증상은 회복되지 않았다. 그렇게 쓸쓸히 지내다가 1940년 7월 12일, 향년 54세를 일기로 생을 마감했다. 진주 3·1운동의 유공자, 조선 노동운동의 지도자, 평생을 헌신했으나 성공하지 못한 혁명가, 그의 명복을 빈다.

강달영 옥중 모습
조선공산당 2차 집행부 책임비서였던 강달영은 1926년 7월 체포된 후 몇 차례 자살을 기도하는 등 비밀을 지키기 위해 애썼으나 〈비서부 일기〉가 해독되어 결심을 지키지 못하게 되자 정신이상자가 되고 말았다.

강달영 출옥 후 모습
만기 출옥한 강달영.
《조선일보》 1933년 9월 19일.

27

비밀결사를 다시 일으킨
수배자, 권오설

체포 당일 석방되자 잠적을 택하다

권오설(29)이 체포됐다. 1925년 11월 30일 이른 아침이었다. 종묘 외대문 밖 훈정동에 위치한 박헌영 부부의 살림집을 찾아갔다가, 공교롭게도 현장에서 가택수색 중이던 종로경찰서 형사대와 마주쳤다. 형사는 셋이었다. 합법 공개 단체인 조선노농총동맹의 중앙 상무위원으로 2년째 일하고 있던 터라 낯이 익었다. "곧 돌아오겠다"면서 현장을 벗어나고자 했으나 소용없었다. 그만 그 자리에서 붙잡히고 말았다.[11]

비밀결사 고려공산청년회(이하 공청) 중앙집행위원 권오설은 그제야 알게 되었다. 공청 책임비서 박헌영이 전날 밤 8시 30분에 긴급 체포됐다는 사실을. 심각한 상황이었다. 1주일 전에 국경도시 신의주에서 해외 연락기관 책임자들이 검거됐으나, 단순 폭행 사건에 연루된 것으로만 알고 있었다. 비밀결사의 존재가 노출된 것은 아니라고 판단했다. 그래도 만

일의 상황을 대비하여 바로 전날 밤 8시에 중요 서류 전부를 책임비서의 처소에서 다른 곳으로 옮겼다. 옮긴 시각은 밤 8시이고, 박헌영 부부가 체포된 시각은 그로부터 30분이 지난 때였다. 위기일발이었다. 미리 선제적으로 보안조치를 강화해둔 게 여간 다행이 아니었다.

고등경찰계에서 유능하기로 으뜸을 다투는 요시노 도조 형사가 직접 취조에 나섰다. 초점은 두 가지였다. 이른 아침에 무슨 일로 박헌영의 집을 찾아갔느냐? 네 동생 권오직은 지금 어디에 있느냐? 형사는 빙글빙글 웃는 낯으로 덧붙였다. '그렇지 않아도 너를 불러들이려고 했는데 마침 잘 걸렸다.'

모스크바 동방노력자공산대학 유학생으로 파견된 동생의 거취를 묻는 걸 보니, 비밀결사 조직원 명단이 노출된 것 같지는 않았다. 다행이었다. 동방노력자공산대학 명단의 일부는 드러난 듯했다. 권오설은 요령껏

권오설 옥중 사진
1928년 2월 17일 서대문형무소 수감 중 촬영한 권오설의 초췌한 옥중 사진.
*출처: 국사편찬위원회

대답했다. 자신이 간부로 재임하고 있는 합법 단체 노농총동맹 업무를 전면에 내세워서 진술했다. 동생이야 조선에 머물러 있지 않으니, 그의 소재에 관해서는 뭐라고 답해도 좋았다.

웬일인지 그날 밤 권오설은 석방됐다. 같은 날 연행됐던 다른 두 사람과 함께였다. 구체적인 혐의가 드러나지 않은 까닭이었으리라. 경찰들도 전혀 예기치 않은 상태에서 그를 연행한 때문인지 수사의 초점을 잡기 어려웠던 모양이다. 공개 단체의 중요 간부이므로 신분이 확실하고 도주의 우려가 적다고 봤는지도 모르겠다. 어쨌든 권오설은 종로경찰서에서 풀려났다.

어떻게 해야 하나? 권오설은 깊이 생각했다. 무사히 넘어갈 것 같지 않았다. "아무리 생각해도 그놈들의 하는 행세가 붙잡은 자들을 영 내보내지 않을 눈치"였다. 자신의 "뒤를 감시하는 듯한 느낌"도 들었다. 미행이 따라붙은 게 틀림없었다. 답은 자명했다. 자신의 안위는 물론이고 비밀결사 동지들을 보호하기 위해서는 신속히 잠적해야 했다.

잠적이란 경찰의 수배망을 피하기 위해 일상의 활동 공간을 벗어나 낯선 환경 속에서 지내는 행동양식을 말한다. 가정, 직장, 사회 활동과 절연하는 것을 의미했다. 혈연, 학연, 지연의 연고가 있는 사람과 연락하거나 물품을 주고받는 것은 금물이었다. 어떠한 사람과도 접촉하지 않는 절대적 잠적과 비밀 활동의 지속을 위해 필요한 최소한의 접촉을 유지하는 상대적 잠적이 있었다. 권오설은 후자를 택했다. 고려공산청년회의 운명이 자신의 어깨에 달렸기 때문이었다. 당시 공청 집행부는 7인으로 구성되어 있었지만, 그중 3인(박헌영, 임원근, 신철수)은 이미 체포된 상태였다. 다른 2인(김단야, 홍증식)은 때마침 지방 출장 중이었는데, 검거 사건이 발발했음을 통지받고 긴급히 피신했다. 서울에 남아 있는 중앙집행위원은 자신과 김동명 두 사람뿐이었다.[12] 투쟁 일선을 지켜야 할 소임이 자신에게 있었다.

종로경찰서, 권오설 수배망 넓혀

그의 예측은 적중했다. 이틀 뒤인 12월 2일 종로경찰서 형사대는 다시 권오설 체포에 나섰다. 이날 형사들은 노농총 회관을 전격적으로 수색했다. 견지동 88번지에 위치한 노농총 회관은 상임위원 권오설이 줄곧 거처하던 숙소이기도 했다. 경찰은 그의 사진을 2매 휴대했다. 회관에 머물거나 출입하는 사람들을 붙잡아 일일이 대조하기 위해서였다. 형사들의 추적은 집요했다. 그의 친척 아우이자 고향 후배인 청년운동계의 신진 활동가 권태동이 희생양이 됐다. 경찰은 신흥청년동맹과 한양청년연맹의 간부인 그가 권오설의 거처를 알고 있으리라고 지레 짐작했다. 그를 붙잡아다가 가혹하게 고문했다.

검거가 확산됐다. 경성 시내는 물론이고 전 조선에 삼엄한 경계망을 펼쳤다. '전시 상태'와 같았다. 경남 마산에서 김상주가 검거되고, 경기도 강화에서 박길양이 체포됐다. 평북 신의주에서는 조리환이 붙잡혔다. 급기야 12월 3일에는 잠적 중이던 공산당 중앙간부 김재봉과 김찬의 비밀 숙소마저 노출됐다. 12월 11일에는 피신 중이던 공청 중앙집행위원 홍증식이 체포됐고, 평양에서 최윤옥이 검거됐다.

검거 사건은 한 달간 계속됐다. 이듬해 1월 말의 집계에 따르면, 경찰에 체포된 비밀결사 구성원은 도합 22명이었다.[13] 이 중에서 공청 회원은 12명, 공산당원은 9명이었다. 1명은 비당원이었다. 당시 공청 정회원이

제1차 조선공산당 검거 사건 보고서
권오설과 김동명이 작성한, 이면지에 급하게 휘갈겨 쓴
1925년 12월 3일 자 제1차 조선공산당 검거 사건 보고서 첫 페이지.
당시의 급박한 상황을 잘 보여준다.

212명이었으니 6퍼센트에 해당하는 사람들이 수감된 셈이었다. 체포된 사람들의 수는 많지 않았지만 그들이 공청에서 차지하고 있던 비중은 컸다. 공청 중앙집행위원이 4명(박헌영, 홍증식, 신철수, 임원근), 중앙검열위원(최윤옥, 조리환)이 2명이었다. 공산당도 형편이 비슷했다. 수감된 공산당원 9명은 전체 당원 178명의 5퍼센트에 지나지 않았다. 하지만 그 속에는 4명의 중앙집행위원(김재봉, 유진희, 주종건, 김약수)과 1명의 중앙검열위원(윤덕병)이 포함되어 있었다. 더욱 심각한 것은 당과 공청의 최고 지도자인 책임비서가 둘 다 체포됐다는 점이었다. 두 비밀결사의 중앙기관이 와해될 위기에 처했음이 뚜렷했다. 그뿐인가. 코민테른과의 연계를 담당하던 국경연락부서도 붕괴됐다. 신의주에 거점을 두고 있던 국경 연락 책임자들이 수감되고 만 것이다.

당과 공청 핵심들 줄줄이 잡혀가

권오설은 담대한 성격을 가진 청년이었다. 그는 검거 사건에도 조금도 위축되지 않았다. 혁명운동에 처음 참여할 때부터 이미 이러한 일이 있을 것을 각오했다고 표명하는 결기를 보여주었다. 그는 검거 사건을 냉철히 분석했다. 비밀결사에 곤란을 주는 측면이 있음은 틀림없지만, 그와 동시에 전 조선의 운동선의 초점이 조선공산당과 고려공청에 집중되는 이익도 있다고 해석했다. 그는 흥망성쇠가 검거 사건에 대한 대응에 달렸다고 보았다. 이 난국을 잘 극복하기만 하면 조선 혁명운동의 뿌리는 더욱 확고하게 자리 잡을 수 있지만, 우물쭈물하다 보면 혁명운동은 적어도 3~4년 동안 정체할 것이라고 보았다.[14]

권오설은 위기에 처한 비밀결사를 다시 일으키는 지도력을 발휘했다. 수배자 처지에 있으면서도 그랬다. 첫째, 공청 집행부를 재건했다. 남아 있는 두 사람의 중앙집행위원을 중심으로 후계 집행부를 구성했다. 7명으로 구성되는 중앙집행위원 후보 그룹을 4중으로 조직했다. 제1선이 무너지면 제2선 조직이 대행하고, 제2선이 체포되면 제3선이, 제3선이 무너지면 제4선 조직이 대신하는 방식이었다. 도합 28명의 청년 사회주의자들이 이 명단에 올랐다. 그중에는 조두원, 정달헌, 김형선, 장순명, 이걸소, 고광수, 이승엽 등과 같이 훗날 사회주의운동의 중진으로 성장하는 인물들이 포함되어 있었다.[15]

1선 무너지면 2선이, 2선 무너지면 3선이

둘째, 동요하는 각지의 세포 단체를 안정시켰다. 전에 없던 대규모 검거 사건을 확인한 '지방 동지들'은 두려움에 사로잡혀 있었다. 권오설은 이 국면을 수습해야 한다고 판단했다. 이를 위해 머지않아 시작되는 겨울방학을 활용하여 '학생 동지'를 지방 운동에 투입한다는 방침을 세웠다. 도 단위 간부 조직이 성립되어 있지 않은 곳에는 공세적으로 도위원회 선출도 서두르기로 했다. 지방 운동의 활성화를 전담케 하기 위해서였다. 그결과 12월 27일 자로 경기도위원회와 경북도위원회가 설립됐다. 각각 5인으로 이뤄진 간부진이 구성됐다. 원칙대로라면 도지방대회를 소집하여 선출해야 했지만, 검거 사건이 진행 중인 비상시기였기 때문에 부득이 중앙집행위원회가 임명하는 방식을 택했다.[16]

셋째, '표면운동'의 현상유지 정책을 시행했다. 표면운동이란 합법적

테두리 안에서 공개적으로 존재하는 사회 단체의 활동상을 가리키는 용어였다. 비밀결사 구성원들은 대중과의 접촉면을 확장하기 위해 표면운동을 활용했다. 공청도 그랬다. 그러나 검거 사건으로 인해 다수의 공청 회원들이 체포되거나 잠적했기 때문에 표면운동이 위축되는 양상을 보였다. 권오설은 그래서는 안 된다고 보았다. 위축과 좌절을 막기 위해서는 종전보다 더 기세를 올릴 필요가 있다고 생각했다. 이를 위해 12월 중에 한양청년연맹으로 하여금 연구반 정례회를 개최하게 하고, 재경성 노동 단체로 하여금 경인지역 노동운동자간친회를 소집케 하며, 학생과학연구회 주최로 강연회를 개최하게 하는 등의 방침을 세웠다.

검거 확산에도 코민테른과 연락선 복구

권오설은 파괴된 해외 연락선도 복원했다. 국경에 설치했던 연락 시스템은 붕괴됐지만, 그는 다른 대안을 생각해냈다. 바로 경성 주재 소련 총영사관이었다. 1925년 1월 일본과 소련 양국 사이에 국교 정상화를 위해 체결된 일소기본조약에 의거하여, 그해 9월 경성에 소련 총영사관이 설치됐었다. 일본 고등경찰은 총영사관의 안팎을 주의 깊게 감시했다. 그 결과 "소련 총영사관 측은 일본 관헌의 주목을 피하고자 조선인 사회주의자들의 출입을 표면상 환영하지 않는다"는 소견을 얻었다.[17] 그러나 일본 경찰의 감시 소견은 틀렸다. 실제와 달랐다. 권오설은 검거 사건이 발발한 지 불과 4일 만에 코민테른과의 연락 루트를 뚫는 데 성공했다. 총영사관 내에서 '밀러'라는 가명을 사용하는 외교관 신분의 정보요원이 파트너였다.

경성 주재 소련 총영사관
고려공청 중앙집행위원 권오설이 비밀리에 연락을 주고받던 경성 주재 소련 총영사관 건물.
한국전쟁 때 파괴되어 현재는 종탑만 남아 있다.

경성 주재 소련 총영사관 적기 계양식(1925년 9월 24일)
당시 신문에 "푸른 하늘에 물들인 러시아 국기, 우렁찬 혁명곡에 뱃심 좋게 번득인다"고 대서특필됐다.

동료의 논평에 의하면 권오설의 생김새는 광대뼈가 두드러지게 솟아난 투사 타입이었다. 말투는 열정과 정성이 가득 찬 힘 있는 어조였다고 한다.[18] 권오설 덕분에 비밀결사 고려공청은 12명 구성원이 투옥되는 피해를 입었지만, 별다른 위축 없이 신속하게 역량을 복구하는 데 성공했다.

28

'혁명의 별'을 새긴 강철 관에 잠든 채그리고리

고려인 3세 공산당 거물, 신의주서 잡혀

국경을 넘는 것은 쉬운 일이 아니었다. 압록강을 건너 중국 단둥에서 신의주로 입국하는 길은 뭔가 실정법에 저촉되는 일을 하는 사람들에게는 위험했다. 비밀 활동을 하는 혁명가에게는 더욱 그랬다. 신의주에는 조밀한 감시망이 겹겹이 깔려 있었다. 신의주경찰서는 '중범자'가 많기로 전국에서 첫손가락에 꼽히는 관서였다. 1928년 한 해에 검거한 '범죄' 총수는 3,109건이고 그중 중범에 해당하는 것은 711건이었다. 정치사상범 사건은 131건에 달했다.[19] 한 달 평균 10건이 넘었다. 국경을 넘으려던 독립군과 사회주의자들이 얼마나 자주 그들에게 발각됐는지를 보여준다.

1928년 1월 11일 채그리고리는 조선 입국을 시도했다. 서른일곱 살의 러시아 태생 조선인, 즉 고려인이었다. 그의 본명은 그리고리 니콜라예

채그리고리
채그리고리의 서른 살 때 모습.

비치 채Григорий Николаевич Цай였고, 조선식 성명은 채성룡蔡成龍이었다. 국내에 무사히 안착하면 박준호라는 가명을 사용할 예정이었다. 2주 전에 중국 베이징을 떠나 여러 준비를 마치고 입국을 결행하는 순간이었다. 함께 입국하기로 약속한 동료들이 있었다. 세 사람이었다. 이들은 위험을 분산하기 위해 따로따로 움직이기로 했다.

국경을 통과하는 열차가 정거장에 도착하면 경찰관, 헌병, 세무관리 세 종류 관헌들이 객차마다 올라탔다. 소설가 심훈은 그 모습을 "국경을 지키는 정사복 경관, 육혈포를 걸어 맨 헌병이며, 세관의 관리들은 커다란 벌레를 뜯어먹으려고 달려드는 주린 개미 떼처럼 플랫폼에 지쳐 늘어진 객차의 마디마디로 다투어 기어올랐다"고 묘사했다.[20] 승객들은 모든 소지품을 내놓고 검사를 받아야 했다. 시렁에 올려놓았던 짐짝과 가방을 검사받기 쉽게끔 내려놓고 속을 열어 보여야 했다.

1, 2등칸과 3등칸의 대우가 달랐다. 관헌들은 1, 2등칸에서는 공손히 모자를 벗고, "대단히 수고로우시겠습니다마는 가지신 물건을 잠시 보여주십시오"라고 요청했다. 그러고는 수박 겉핥기로 가방 뚜껑만 열어 내용물을 보는 척하곤 했다. 하지만 3등칸에서는 달랐다. 태도가 갑자기 고압적으로 변했다. 짐짝과 가방을 발길로 굴려가며 엎어놓고 제쳐놓고 하

기 일쑤였다. 승객이 조금만 의심스럽다 싶으면 그의 짐은 바로 끌어내려 졌다. 시멘트 바닥에 내용물을 하나하나 꺼내서 벌려놓고 속옷까지 낱낱이 들추어 보았다. 다짜고짜 주먹세례를 받고서 어쩔 줄 몰라 하는 바지저고리 남정네도 있고, 소지품을 빼앗길까봐 부들부들 떠는 수건 쓴 여인네도 있었다.

다행히 채그리고리는 단동역과 신의주역을 무사히 통과했다. 기차는 경성을 향해 남쪽으로 달렸다. 졸이던 가슴을 막 진정하던 차였으리라. 하지만 그는 신의주 다음 정거장에서 경찰에 체포되고 말았다. 신의주경 찰서 소속 경찰대였다. 아마 남시역이거나 차련관역이었을 것이다. 조선 사람인데도 조선말이 서툴다거나, 입국 목적을 자연스럽게 답하지 못했거나 하는 등의 의심받을 만한 빌미가 있었던 듯하다. 그렇게 그는 국경의 경계망을 통과하는 데 실패하고 말았다.

조선 사회주의운동의 좌경화 시도

취조가 시작됐다. 누구인가, 무슨 목적으로 조선으로 들어오려 하는가, 연루자가 있는가, 있다면 누구인가. 집요한 신문이 계속됐다. 사상범 의혹이 있는지라 조사 과정은 혹독했다. 전국 각지에서 연루자로 의심되는 이들이 연행되어 엄중한 취조를 받았다. 보기를 들면 경성 숭삼동(명륜동 3가)에 사는 남정석은 "이 사건에 연락관계가 있다 하여 지난 1월 16일 엄중한 가택수색을 당하고 신의주서로 잡혀 갔는데, 22일에 무사히 방면되어 귀경하였다"고 한다.[21] 하지만 경찰의 의도와 달리 사건을 확대하는 데에는 한계가 있었다. 아무런 물증이 없었기 때문이다. 그는 구금 20일 만에 치안유지법 위반 혐의로 신의주지방법원 검사국으로 송치됐다. 단독범이었다.

치안 당국 상층부는 못 미더워했다. 사건을 경성지방법원 검사국으로 이첩하라고 지시했다. 1인 단독 사건으로 간주하기에는 피의자의 신원이 너무 이채롭고 또 거물급이었기 때문이다. 채그리고리는 이르쿠츠크에서 사회주의운동의 씨앗이 발아할 때부터 참여했던 중견이었다. 모스크바에서 공산대학을 졸업했고, 러시아공산당 연해주당 고려부 비서, 연해주당 정치학교 교수를 역임한 거물이었다. 그뿐인가. 문필 능력이 탁월하여 이론가라는 지목을 받는 인물이었다. 총독부는 정예 관리를 투입하여 다시 한번 밑뿌리부터 재조사할 필요성을 느꼈다.

그해 2월 4일 채그리고리는 포승줄에 묶인 채 경성으로 호송됐다. 밤 8시 40분 경성역에 도착했을 때였다. 역두에 다수의 동료들이 경찰의 경계망을 피해 몰려들었다. 잠시나마 그의 얼굴을 보려는 의도였다. 웅성거리는 출영객들의 소란이 호송 중인 피고인에게 위안과 격려를 줄 수 있을 것이라는 기대감도 있었으리라.

서대문형무소에 수감된 채그리고리는 예심을 받아야 했다. 예심이란 피고인의 공판 회부 여부를 심리하기 위해 도입한 일제시대 형사소송법상의 절차 중 하나로서 주로 사상범에게 적용된 악명 높은 제도였다. 이 제도하에서는 피고인의 인신을 무기한 구류할 수 있었다. 채그리고리는 언제 끝날 줄 모르는 조사를 받아야 했다. 조사는 2월 초부터 5월 말까지 약 4개월 동안 계속됐다.

결국 〈예심종결서〉가 1928년 5월 28일 자로 채택됐다. 총독부 예심판사는 공판에 회부해야 할 피고인의 '범죄 행위'로 세 가지를 꼽았다. 첫째, 1926년 5월에 블라디보스토크 신한촌에서 신철辛鐵, 정운해鄭雲海와

경성으로 호송된 사상범들

1928년 2월 4일 포승줄에 묶인 채 경성으로 이송 중인 사상범들. 왼쪽 X표 인물이 채그리고리다.
《동아일보》1928년 2월 6일.

모임을 갖고 조선의 적화를 위해 국내에 비밀리에 잠입해 들어와 선전에 노력하기로 협의한 점, 둘째, 그해 10월부터 베이징에 체류하면서 조선 내지의 사회주의자 마명馬鳴과 서신을 왕복하며 조선 내부의 정세를 탐지한 점, 셋째, 비밀리에 국내에 잠입하다가 체포된 점 등이었다.[22]

채그리고리의 진술 전략이 일정한 효과를 보았음을 알 수 있다. 그는 일관되게 비밀결사에 가담한 혐의를 부인했다. 몇몇 동료 이름이 거론되었지만 단체 구성원이 아니라 개인적인 관계로 간주되고 있음이 주목된다. 또 다른 진술 전략은 합법운동론이었다. 국내에 잠입하던 도중에 체포됐으므로 입국 목적에 관해 얘기하지 않을 수 없었다. 그는 사회주의 신념을 갖고 있는 것은 사실이지만, 국내에 들어와서는 합법 사상 단체에 참가하여 경찰 당국이 허용하는 범위 내에서 운동하려 했다고 주장했다. 재외국 조선인의 입장도 적극 내세웠다. 자신은 러시아 동포 3세로서 조선에 대한 향수가 있다고 말했다. 고국임에도 아직까지 한 번도 방문하지 못했으므로 이번 기회에 그리운 산천에 대한 호기심을 해소하고자 했다는 주장이었다.

채그리고리는 이러한 논리를 경찰, 검찰, 예심 취조 과정에서 일관되게 견지했다. 그뿐 아니라 공판 법정에서도 동일한 진술 전략을 택했다. 결국 채그리고리는 단독범으로 기소되어 징역 2년 형을 선고받았다. 비록 징역형을 면치는 못했지만, 소중한 것들을 지킬 수 있었다. 비밀결사의 존재와 그에 속한 동료들의 안전을 보호할 수 있었다. 또 자신에게 선고될 수 있었던 중형의 위험으로부터도 벗어났다.

채그리고리는 비주류 사회주의운동의 지도자였다. 1926년 3월 결정서에서 조선공산당의 코민테른 지부 승인이 이뤄진 후, 당 외부에 남아 있던 두 개의 공산 그룹이 독자노선을 표방하면서 통합을 결의했다. 북풍파와 노동당(일명 국민의회파) 공산 그룹이 그것이다. 이들은 중앙위원회 소재지를 중국 베이징에 두었다. 채그리고리는 이 당외 통합 그룹의 중앙위원회 멤버였다. 아마도 책임비서였던 듯하다.

그는 조선 사회주의운동의 좌경화를 선도했다. 1927년 초겨울에 북·노 통합 그룹의 중앙간부들은 몇몇 중요한 결정을 내렸다. 국내외 운동 정세를 주의 깊게 관찰한 결과였다. 국제적으로는 중국 국공합작의 파탄, 코민테른 중국정책의 좌선회, 중국공산당 내 급진적인 취추바이瞿秋白 노선의 정립 등에 주목했다. 국내 운동 정세도 심상치 않았다. 비밀결사 조선공산당이 분열하여 이른바 서상파와 엠엘파가 분립하게 된 것이다. 북·노 통합 그룹은 조선 사회주의운동을 바로잡을 시기가 왔다고 판단하고 베이징의 중앙위원회 소재지를 국내로 옮기기로 했다. 채그리고리를 비롯하여 정운해, 신철, 마명 등이 국내로 입국하고자 한 까닭은 여기에 있었다. 정치적으로도 신정책을 발표하여 노선 전환을 도모했다. 1928년 1월 21일 경성청년회 명의로 〈모든 수정파들의 기회주의적 연합전선을 공박함〉이라는 장문의 성명서를 발표한 것은 그 때문이었다. 이에 호응하여 경북 상주청년동맹, 함남 영흥청년동맹, 경기도 안성청년회 등을 비롯한 전국 도처에서 급진적인 노선 전환을 꾀하는 움직임이 나타났다.

신간회 본부가 장례식 준비

1930년 4월 19일 채그리고리가 사망했다. 경성역 맞은편에 위치한 세브란스병원 제5호 입원실에서 치료를 받던 중이었는데, 끝내 병마를 이기지 못했다. 사인은 폐병이었다. 출옥한 지 불과 20여 일밖에 지나지 않은 때였다. 돌아보면 3월 29일 형기를 마치고 감옥 문을 나서던 때부터 그는 심하게 앓고 있었다. 자유를 잃은 지 2년 2개월 남짓 만에 건강도 잃고 말았던 것이다. 도대체 유치장과 감옥에서 어떤 처우를 받았기에 유명을 달리할 만큼 심각한 건강 손상이 있었을까?

숨을 거두기 하루 전이었다. 채그리고리는 임종이 다가오고 있음을 느꼈던 것 같다. 주위 사람들에게 마음속에 담아둔 얘기를 꺼냈다. 두 가지였다. 그중 하나는 자신이 죽으면 유해를 의학 연구 재료로 사용해도 좋다는 뜻이었다. 사후라 할지라도 신체를 훼손하는 일은 불효가 된다고 생각하던 시절이었다. 시신 기증 캠페인이 사회적으로 널리 수용된 게 수십 년 뒤의 일임을 감안하면, 공공선을 위해 자신을 헌신하는 선각자다운 풍모가 여실히 드러난다. 또 하나는 동지들을 만나고 싶으니 다음 날 오실 수 있는 분들은 모두 모여 달라는 부탁이었다. 국경에서 체포되지만 않았다면 의기투합하여 혁명사업을 함께 도모했을 동지들의 면면이 그리웠던 것이다.

그의 두 번째 바람은 실현되지 못했다. 밤새 병세가 급속히 악화된 탓이었다. 병실이 마치 감옥과 같다는 느낌이 든다, 포근한 조선식 온돌방에 눕고 싶다. 이것이 그가 남긴 마지막 말이었다.

러시아 연해주에는 아내와 함께 7남매의 자녀들이 있었다. 맏딸은 스무 살 성년이었고 막내아들은 아직 일곱 살이라 했다. 하지만 고국에는 한 사람의 친척도 없었다. 채그리고리의 죽음을 애석하게 여기던 사람들이 장례식을 준비했다. 사회주의자와 민족주의자들이 결합하여 만든 신간회 본부가 장의위원회를 맡기로 했다. 4월 22일 그의 영결식이 있는 날 폭우가 쏟아졌다. 퍼붓는 비를 무릅쓰고 300명이 운집한 가운데 영결식이 진행됐다. 그러나 일본 경찰이 채그리고리의 장례식이 무사히 치러지

'혁명의 별'을 새긴 강철 관
세브란스병원에 항구적으로 보존할 목적으로 제작한 철제 관.
비밀결사 동료 7인이 둘러싸고 있다.

는 것을 용납하지 않았다. 그의 약력을 소개하는 도중에 임석 경관이 발언이 불온하다면서 집회 중지를 명령했다.

그의 유해는 세브란스의학전문학교 해부학 실습에 사용됐다. 의전 학생들의 학습용 교재로서 그의 인체 표본이 오래 활용됐다고 한다. 고인의 뜻이 제대로 실현된 것이다. 사후 1주년이 됐을 때 그의 동지들이 세브란스병원에서 이채로운 추도회를 개최했다. 강철로 관을 만들어 그의 유해를 안치하기로 한 것이다. 병원 내에 항구적으로 보존하기 위해서였다. 몇 백 년이라도 보존될 것을 생각하니 매우 기쁘다고, 제작에 참여한 동료 신철은 토로했다. 사진이 남아 있다. 등신대의 철제 관이 세워져 있고 7인의 청년이 둘러싸고 기념 촬영을 했다. 채그리고리와 비밀결사를 함께했던 동료들로 보인다. 철제 관 머리맡에는 혁명을 상징하는 별이 양각되어 있었다.[23]

29

공과 엇갈리는 제4대 책임비서 안광천

당대회에서 선출된 강력한 책임비서

안광천安光泉은 비밀결사의 최고 지도자였다. 식민지 시대의 가장 강력한 항일 비밀결사 조선공산당의 책임비서였다. 1926년 12월부터 이듬해 10월까지 그 자리에 있었다. 재임 기간이 10개월인 점이 눈에 띈다. 짧아 보일 수도 있겠지만 실제로는 아니었다. 고등경찰과 밀정의 삼엄한 감시망 속에서 비밀리에 활동하는, 위험하기 짝이 없는 지하 단체의 수뇌로서는 결코 짧지 않은 기간이었다. 선임자들의 재임 기간에 비하면 오히려 긴 편이었다. 초대 책임비서 김재봉은 8개월, 제2대 책임비서 강달영은 5개월, 제3대 책임비서 김철수는 5개월간 재임했다.

제4대 책임비서 안광천의 당내 입지는 강력하고 안정되어 있었다. 당권 승계 과정이 적법했기 때문이었다. 그는 당내 최고 의결기구에서 선출됐다. 1926년 12월 6일 경성에서 비밀리에 열린 조선공산당 제2차 당대

회에서 그의 책임비서 취임이 결정됐던 것이다. 창당대회에서 선출된 제
1대 김재봉 책임비서에 뒤이어 두 번째였다. 제2대, 제3대는 경우가 달랐
다. 그들은 일제의 탄압으로 인해 책임비서 자리가 비게 된 급박한 상황
에서 보선補選을 통해 취임했었다. 보선이란 당규약에 명시된 중앙위원
회의 권한으로서, 중앙위원 가운데 결원이 생겼을 때 당대회 결정을 거치
지 않고 자체 결의를 통해 후임자를 충원하는 제도였다. 강달영과 김철수
는 선임자가 경찰에 체포된 후 잔존 중앙위원들의 합의에 의거하여 책임
비서에 오른 사람들이었다. 그에 비하면 안광천의 취임 과정은 훨씬 더
적법했다.

조선공산당 역대 책임비서
조선공산당의 역대 책임비서 초대 김재봉, 제2대 강달영, 제3대 김철수,
그리고 제4대 안광천의 펜글씨 필적. 고등교육을 이수한 지식인답게 세련된 필치를 보인다.
안광천의 인물 사진은 아직까지 발견되지 않았다.

'통합' 조선어신문사 편집국장감으로 꼽혀

안광천은 문필이 뛰어난 사람이었다. 항일 비밀결사의 요직에 오르기 전부터 언론 지면에 그의 이름이 빈번히 오르내렸다. 일본에 유학 중일 때는 물론이고 국내에 귀국한 후에도 신문과 잡지 지면에는 곧잘 그의 글이 실리곤 했다. 그는 이름 높은 논객이었다. 기고 활동을 통해 사회운동의 진로와 정책과 관련된 다채로운 담론을 생산해냈다. 그의 글은 높은 평가를 받았다. 조선어 종합잡지 《동광》의 흥미로운 앙케트 기사를 보자. 잡지사는 경성에서 간행되던 4대 조선어 신문사(동아일보, 조선일보, 중앙일보, 매일신보)의 언론인 44명에게 물었다. 여러 신문을 통폐합하여 단일한 거대 신문사를 세운다고 가정하면, 과연 어떤 인물이 그 신문사를 이끌어가는 적임자가 될 것인가? 놀랍게도 안광천이 편집국장 직위에 올랐다. 다수의 언론인이 안광천을 거대 통합 신문사의 지면 배치와 논조를 좌우하는 넘버 3위의 요직에 적합한 인물로 꼽았던 것이다.[24] 정연한 이론 능력과 뛰어난 문장이 그를 공산당 책임비서 물망에 오르게 한 요인이 됐음을 알 수 있는 대목이다.

또 하나의 요인이 있었다. 안광천은 신진 세대의 대표자로 간주됐다. 이전 시기 상해파와 이르쿠츠크파, 서울파와 화요파 사이에 전개됐던 사회주의운동 내부 대립으로부터 자유로운 위치에 서 있던 인물이었다. 새로운 간부 인선에는 전임 책임비서 김철수의 의중이 실려 있었다. 김철수는 당대회 개최에 앞서 구 중앙위원들과 함께 신임 중앙위원회 윤곽을 미리 협의했다.[25] 특히 책임비서 인선이 중요했다. 김철수의 판단에 따르면, 안광천은 재능이 뛰어난데다가 분파투쟁에 가담한 경력이 없어 각파를 망라한 통일된 공산당을 이끌기에 적합한 인물이었다.

사회주의 진영 통합 등 괄목할 만한 성과

안광천이 이끄는 조선공산당의 새로운 시대가 열렸다. 안광천의 책임비서 취임 이후 조직, 대중, 정책 각 영역에서 눈에 띄는 약진이 있었다. 첫째, 양분된 국내 사회주의 진영의 통합에 성공했다. 전임 김철수 책임비서 시기인 1926년 11월에 당외 서울파 공산 그룹의 구성원 140명이 입당한 데 이어, 안광천 취임 이후인 1927년 3월에 나머지 서울파 구성원들 100여 명이 최종적으로 공산당에 합류하기로 결정했다. 사회주의운동을 양분하던 두 공산 그룹을 조선공산당 이름 아래 통합할 수 있게 된 것이다. 대 단결을 바라는 사회주의자들의 오랜 숙원이 해결된 셈이었다.

안광천 서명
안광천 중앙위원이 다른 위원들과 함께 남긴 1926년 11월 29일 자
공문서 서명. 김철수, 우단우(오의선), 안광천, 권태석, 김준연, 양명 등
6인의 자필 이름과 서명이 적혀 있다.

둘째, 합법 공개 영역의 대중운동에 대한 장악력도 급격히 높아졌다. 보기를 들면 1927년 5월 전국의 923개 가맹 단체를 망라하는 조선사회단체중앙협의회 창립대회가 열렸을 때, 안광천은 협의회의 진로를 자신이 이끄는 조선공산당의 의사대로 좌우할 수 있었다. 공산당 집행부는 협의회 설립을 저지하기로 결정했고, 대회 석상에서 압도적 다수의 지지를 얻어 자신의 정책을 관철할 수 있었다.

셋째, 민족통일전선 기관인 신간회 설립도 안광천 책임비서 재임 시기의 업적이었다. 1927년 2월 신간회와 민흥회 두 갈래로 나뉘어 추진되어 오던 민족통일전선 설립운동이 신간회라는 이름 아래 단일화될 수 있었던 것도 비합법 영역의 사회주의운동이 통합됐기 때문에 가능한 일이었다. 안광천의 공로이자 통일된 조선공산당 덕분이었다.

그러나 달도 차면 기운다. 대립물로 전화하지 않는 사물은 없는 것인지 1927년 9월 즈음 안광천의 리더십이 위기에 빠졌다. 위기의 진원지는 둘이었다. 하나는 당내 조직 문제이고, 다른 하나는 정책 문제였다. 조직 문제는 공산당 내부에 'Leninist League(레닌주의동맹)'이라는 비밀 단체가 은밀히 만들어져서 1년 이상 암약해왔음이 동료들에게 널리 알려지게 된 사건을 말한다. 일부 간부들이 당 중 당을 만들었던 것이다. 이 단체는 〈엘L단〉, 〈엘엘LL단〉, 〈엠엘ML단〉, 〈엠엘당〉 등과 같은 여러 가지 이름으로 불렸는데, 당원들 사이에 쉬쉬하면서 널리 회자됐다. 당 중 당을 몰래 만드는 것은 당의 규범에 반하는 범죄 행위이자 바윗덩이같이 강고한 단결을 지향하는 전위당 조직론에 배치되는 해당 행위였다. 이전에도 분파투쟁은 있었지만 그것은 조직체를 달리하는 공산 그룹 사이의 분쟁이었다. 당 내부에 은밀히 분파 조직이 만들어진 것은 처음 있는 일이었다. 충격적인 것은 책임비서 안광천이 그 일원이었다는 점이다. 모든 당원들이 책임비서가 당의 규범을 해치고 사조직을 운용하고 있었음을 알게 됐다. 책임비서가 당을 위해서가 아니라 당내 비밀분파의 이익을 위해 행동해왔다고 생각하기에 이르렀다. 일반 당원들은 배신감과 분노의 감정을 느꼈다.

영남친목회 참여 등으로 리더십에 상처

정책 문제도 리더십 위기를 낳은 또 하나의 진원이었다. 당내에서뿐만 아니라 전 사회적으로 그의 명성이 실추되는 사건이 터졌다. 바로 영남친목회 사건이다. 영남친목회는 경성에 거주하는 경상남북도 출신자들의 친목 단체였다. 이 단체가 창립된 1927년 9월 즈음 경성에는 호남 출신자들의 친목 단체인 호남동우회, 서북 5도 출신자들이 결성한 오성구락부, 일부 영남 출신자들이 따로 만든 상우회 등 동향 출신자들의 친목 단체가 여럿 존재했다. 지방에서 태어나 경성에서 생활하고 있던 사람들이 출신지의 동일성을 기준으로 단체를 조직한 것이다. 여기에는 다양한 인간 집단이 참여했다. 출신지가 같으면 누구든 입회할 수 있었다. 조선총독부의 관리도 있었고, 부유한 지주와 상공업자도 있었고, 노동운동 참가자와 사회주의 문필가도 있었다.

문제는 경상남도 김해 출신의 안광천이 영남친목회에 가담했다는 사실이었다. 단지 참여만 했을 뿐 아니라 깊숙이 개입하여 주도했음이 드러났다. 그는 단체 설립의 이유와 논리를 적은 〈영남친목회 취지서〉를 작성했다.[26] 영남친목회의 이론가 역할을 스스로 떠맡은 것이다. 취지서에는 눈길을 끄는 대목이 있었다. "용기를 고취하여 전 민족적 사업에 적극적으로 참가 분투"하겠노라는 천명이다. '전 민족적 사업'은 다의적으로 해

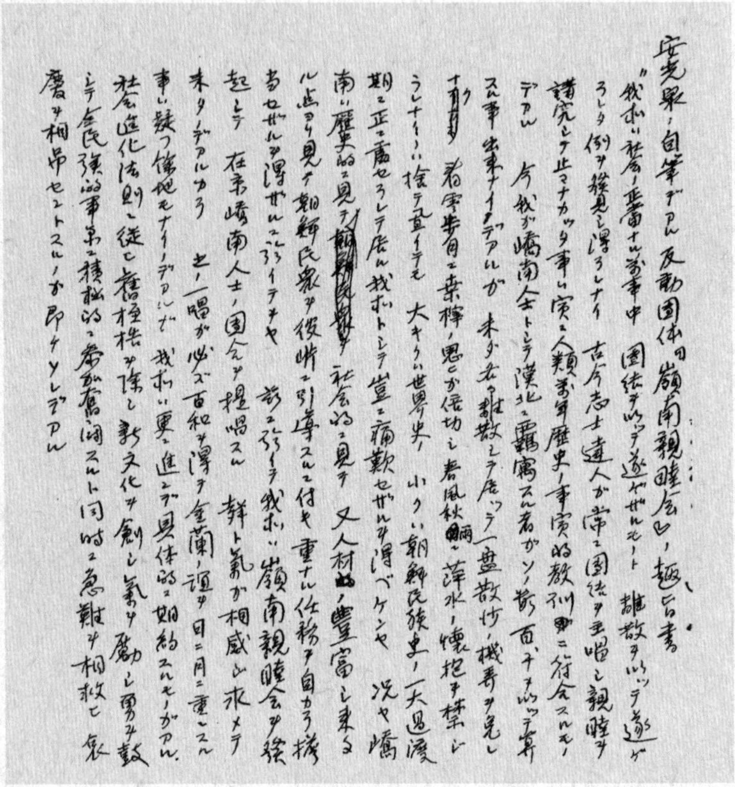
安光泉ノ自筆デアル 反動団体「嶺南親睦会」ノ趣旨書

"我等ハ社会ノ正當ナル諸事中 団結ヲ以ッテ遂ゲザルモノト 離散ヲ以ッテ遂ゲラレタ例ヲ發見シ得ラレナイ 古今志士達人ガ常ニ団結ヲ主唱シ親睦ヲ講究シテ止マナカッタ事ハ實ニ人類數千年歴史ノ事實的教訓ニ符合スルモノデアル 今我ガ嶺南人トシテ漢北ニ羈寓スル者ガソノ數百ヲ以ッテ算スル事出来ナイノデアルガ 未ダ各々離散シテ居ッテ一盤散沙ノ譏弄ヲ免レ難ク 客窓歩月ニ桑梓ノ思ヒガ倍切シ 春風秋雨ニ萍水ノ懐抱ヲ禁ジラレナイノハ捨テ置イテモ 大キクハ世界史ノ 小クハ朝鮮民族史ノ一大過渡期ニ正ニ處セラレテ居ル我等トシテ豈ニ痛歎セザルヲ得ベケンヤ 況ヤ嶺南ハ歴史的ニ見テ 社会的ニ見テ 又人材ノ豊富シ来タル点ヨリ見テ朝鮮民衆ヲ役啃ニ引導スルニ付キ重大ナル任務ヲ自カラ擔當セザルヲ得ザルニ於テオヤ 茲ニ於イテ我等ハ嶺南親睦会ヲ發起シテ 在京嶺南人士ノ團合ヲ提唱スル 聲ト氣ガ相感シ求メテ来タノデアルカラ 之ノ一唱ガ必ズ百和ヲ得テ金蘭ノ誼ヲ日ニ月ニ重シスル事ハ疑フ餘地モナイノデアルガ 我等ハ更ニ進ンデ具体的ニ約スルモノガアル。社会進化法則ニ従ヒ舊極捁ヲ除シ 新文化ヲ創シ氣ヲ勵シ勇ヲ鼓シテ全民族的事業ニ積極的ニ参加奮闘スルト同時ニ急難ヲ相救ヒ哀慶ヲ相弔セントスルノガ即チソレデアル"

영남친목회 취지서

영남친목회 취지서 일역본.

석될 수 있는 언어였다. 식민지 약소민족의 해방을 뜻할 수도 있고, 일본 제국의 소수민족으로서 자치제를 실시하거나 제국의회 혹은 지방의회의 선거에 참여할 수 있게끔 참정권을 획득하자는 말로도 해석될 수 있었다. 하지만 총독부 관료, 대지주들과 같이하는 '전 민족적 사업'이란 적어도 조선 독립을 지칭하는 것은 아니었다.

경향 각지에서 영남친목회 반대운동이 터져 나왔다. '영남친목회 반대 책강구회'라는 단체가 결성되고, 〈영남친목회 반대 성명서〉가 발표됐다. 머지않아 반대운동의 외연이 확장됐다. 단지 영남친목회 한 단체만이 아니라 그와 성격을 같이하는 모든 지방열 단체를 반대하는 사회적 캠페인으로 확장됐다. 그것을 '지방열 단체 반대운동'이라고 불렀다. 지방열 단체는 '반동 단체'로, 참여한 사회운동가들은 '반동분자'로 간주됐다. 반대운동은 광범한 호응을 얻었다. 전국 규모의 3대 대중 단체로 촉망받고 있던 노총(조선노동총동맹), 농총(조선농민총동맹), 청총(조선청년총동맹)이 지방열 단체 반대에 한 목소리를 냈다. 그뿐인가. 전 조선의 '민족유일당'으로 존중받던 신간회도 지방열 단체 배척을 결의했다. 막중한 무게감을 갖는 결정이었다. 여론의 향배는 이미 결정된 것이나 진배없었다.

조선공산당 내부 동향 또한 심각했다. 안광천의 책임을 묻는 당내 흐름이 나타났다. 책임비서가 '친일파·자치파'와 협동 사업을 주창하는 것은 심각한 과오였다. 누가 혁명의 적이고 누가 벗인지를 가르는, 혁명운동의 근본 문제를 혼란케 하는 행위였다. 안광천을 책임비서 직책에서 면직시키고 당에서 제명해야 한다는 요구가 제기됐다. 이 때문에 조선공산당은 다시 둘로 갈라졌다. 안광천을 옹호하는 그룹과 그의 면직을 요구하는 당원들로 분열됐다. 전자에는 엠엘당 그룹이 섰고, 후자에는 엠엘당을 비난하는 그룹이 섰다.

처음으로 정책 실패 책임지고 사임

결국 1927년 10월에 안광천은 책임비서 직위에서 물러나야 했다. 영남친목회에 참여하여 분란을 야기한 책임을 진 셈이었다. 당의 최고 지도자가 정책 실패에 대한 책임을 지고 책임비서 직위에서 물러나는 것은 조선공산당이 출범한 이래 처음 있는 일이었다. 그러나 엠엘당 그룹이 반대파의 요구를 100퍼센트 받아들인 것은 아니었다. 단지 책임비서 직위만 벗었을 뿐 중앙위원 자격은 그대로 유지되었다. 당내 갈등은 계속됐다.

안광천 책임비서 시기는 조선 사회주의운동사의 전성기 중 하나였다. 그의 재임과 동시에 사회주의운동 진영이 하나로 통일될 수 있었고, 그의 사임과 더불어 조선공산당이 새롭게 분열되고 말았다. 그런 점에서 안광천은 조선공산당 성쇠의 척도였다. 또 안광천 책임비서 시기는 전환기이기도 했다. 이전의 내부 다양성이 화요파와 서울파 사이의 갈등으로 대표됐다면, 안광천 이후에는 엠엘파와 비엠엘파의 대립으로 표출됐다는 점에서 그러했다.

이래저래 안광천은 주목할 만한 가치가 있는 역사 속 인물이다. 하지만 기이하게 사진이 한 장도 발견되지 않았다. 그의 용모에 관한 묘사만 전해질 뿐이다. "머리를 길러 뒤로 젖혔으나 지나치게 길지는 않았다. 얼굴은 빼빼 말라 골격이 훤히 드러났으며, 좌우 뺨은 두드러지고 턱은 뾰족했다. 과묵한 편이고, 말을 하고 나면 해죽해죽 웃는 습관이 있어서, 다정스럽고 친절한 기분이 느껴졌다. 키가 호리호리하고 약질이었다. 체격만을 놓고 보면 투사 같은 느낌은 없다."[27]

8장

옥중투쟁.

30

법정에서도 당당히 항변했던 박헌영

식민통치 20년래의 중대 사건 '101인 사건'

새 사료가 발굴됐다. 베일 속에 감춰져 있던 역사 속 진실을 전해주는 진기한 기록이다. 모스크바 도심에 위치한 러시아국립사회정치사문서보관소РГАСПИ에서 오랜 시간 잠자고 있던 이 기록에는 방청이 금지된 한 비밀재판의 진행 상황이 담겨 있다. 1927년 9월 일제 식민지 경성에서 개정된 '101인 사건' 재판정에서 한 피고인이 행한, 목숨을 건 과감한 법정투쟁의 실상이 적혀 있던 것이다.

101인 사건이란 식민지 시대 온 세상을 떠들썩하게 했던 3대 독립운동 탄압 재판 가운데 하나를 가리킨다. 3대 독립운동 탄압 재판 중 첫 번째는 '105인 사건' 재판으로, 식민지 시대 초기를 대표하는 비밀결사 신민회 탄압 재판이었다. 두 번째는 '48인 사건' 재판으로, 3·1운동 때 민족대표를 비롯하여 독립선언 사전 모의에 가담한 인사들에 대한 탄압 재

Второй день суда 15-го сентября Пак-Ен-Хен выступил на суде и заявил:"Мы представлены здесь как авангард/-пролетариата. Террор наводимый полицией,усиление особой охраны над нами и нежелание допускать на суд посторонних - все это характеризует политику активного наступления на весь класс пролетариата. Поэтому мы не признаем этот суд.Судья,вы можете сами назначить каждому из нас срок заключения".

С этого дня суд происходил при закрытых дверях и мы потеряли связь.

Четвертый день суда,20-ое сентября.После открытия заседания суда Пак-Хен-Ен обращаясь к судье сказал:"Вы говорите,что у вас есть законы? Это неправда. Несмотря на то,что вы ссылаетесь на законы,вы применяете всевозможные пытки во время следствия и превращаете нас в калек. Если мы сегодня находимся перед судом,то только благодаря тому,что мы еще кое-как живы.

Почему вы убили нашего товарища Пак-Сун-Венг? О его смерти мы узнали только здесь. Вспоминая его,мы не можем удержать весь   наш гнев и возмущение по этому поводу".

Пак-Хен-Ен,не докончив свою речь,расплакался.Вслед за ним разрыдались все остальные товарищи.

Пак-Хен-Ен обращаясь к своим товарищам сказал:"Мы коммунисты. Нам не страшны наказания. Нам до конца надо держать себя соответствующим образом. Я никогда не думал, что Ким-Як-Су,который себя считает коммунистом будет вести себя так позорно перед этим судом (Когда на суде судья задал Ким-Як-Су вопрос - кто будет властвовать в будущем коммунистическом обществе,он ответил "И тогда его императорское величество Микадо").

Коммунист так позорно себя вести не может и не должен".

101인 사건 재판 관련 러시아어 자료
101인 사건 비밀재판의 진행 상황을 설명하고 있는
러시아어 발굴자료 첫 페이지.

판이었다. 이어서 바통을 넘겨받은 것이 바로 '101인 사건' 재판으로, 3·1운동 이후 들불처럼 타오르던 사회주의운동의 대표 단체 조선공산당 재판이었다. 세 재판은 피고인 숫자가 각각 105인, 48인, 101인이었다고 해서 그런 명칭을 갖게 됐다. 당대 언론매체들은 이 세 재판을 "식민지 조선 통치 20년래의 대표적 중대 사건"으로 지목했다.[1] 항일운동의 역사를 대표하는 사건으로 신민회, 3·1운동, 조선공산당이 나란히 손꼽히고 있음이 눈길을 끈다.

신문들뿐이랴. 일본 사법 관료들도 동일한 인식을 보였다. 취조를 직접 담당했던 사토미 간지 검사는 세 사건 중에서도 조선공산당 사건이 더욱 위험하고 교묘하다고 평가했다. 더 나아가 101인 사건은 '조선의 대사건'일 뿐만 아니라 '세계적 대사건'이라고 논평했다. 실제로 그랬다. 조선공산당 사건은 국제적으로 큰 반향을 일으켰다. 그것은 미국에서 자행된 사코Nicola Sacco·반제티Bartolomeo Vanzetti 사형 사건과 더불어 1927년 한 해 동안 "전 세계 무산계급의 격동을 일으킨" 양대 사건으로 일컬어졌다.[2] 사코와 반제티는 무정부주의 신념을 갖고 있다는 이유로, 상충되는 증거가 있음에도 불구하고 미국 법정에서 무장강도 사건의 범인으로 처형된 이탈리아계 미국인 노동자들이었다.

101인 사건 재판이 시작된 것은 1927년 9월 13일이었다. 취조 기록만 4만여 쪽에 달했다. 사건을 담당한 일본인 재판장이 기록을 열람하는 데에만 4개월이 걸렸다고 한다. 피고인들은 두 차례 조선공산당 검거 사건으로 체포된 20~30대 청년들이었다. 그중 20명은 1925년 11월 제1차 조선공산당 검거 사건 때 체포된 이들이었고, 다른 81명은 1926년 6월부터 8월까지 전국에 걸쳐서 계속된 제2차 검거 사건의 희생자들이었다.

경성 거리는 새벽부터 삼엄했다. 시내 도로에는 길목마다 정복 경관

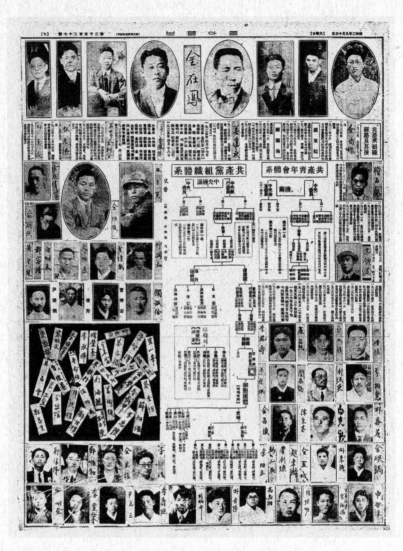

조선공산당 검거와 재판 소식을 전하는 신문기사
책임비서 김재봉을 비롯한 재판을 받은 관계자들의 사진과
조직표가 신문 전면을 채우고 있다. 《동아일보》 1927년 9월 13일.

조선공산당 공판 당시 경찰의 경계 태세
조선공산당 사건 첫 재판 당시 경찰은 기마경찰대가 순찰에 나서고
시내 도로 길목마다 정복 경찰들이 늘어서는 등 삼엄한 경계 태세를 펼쳤다.
《동아일보》 1927년 9월 14일.

들이 늘어섰고, 재판소 앞길과 종로 큰길에는 기마경찰대가 말굽 소리를
울리며 순찰에 나섰다. 경성역과 용산역에는 경찰과 헌병이 늘어서서 승
객들을 일일이 확인했다. 재판소 구내에는 정복 경찰들이 빼곡히 들어서
서 경계에 임했고, 건물 주위에도 사복 경찰이 이중 삼중으로 배치됐다.
온 시내에 긴장된 분위기가 가득 찼다.

　일간지들은 재판 동향을 대서특필했다. 경찰의 경계 태세, 재판 진행
경과, 거리 풍경, 변호사 동향, 피고인들의 혐의 사실 등을 자세히 보도했
다. 이런 양상은 확정 판결이 내려진 이듬해 2월까지 계속됐다.

조선공산당 재판 외부 풍경
조선공산당 재판 첫날 재판소 앞에
운집한 군중과 방청 금지를 알리는 법원 앞 안내문.
안내문에는 "치안유지법 위반 사건 공판은
방청이 금지됐으므로 재판정에
들어갈 수 없음을 아시기 바랍니다.
경성지방법원"이라고 적혀 있었다.
《조선일보》 1927년 9월 15일.

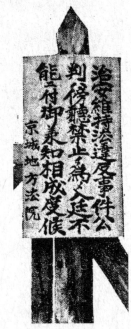

治安維持法違反事件公
判傍聽禁止ㇳ爲ㇱㇳ廷不
能ㇳ付御柬知相成度候
京城地方法院

방청하려는 사람이 많았다. 피고인의 가족과 친지 수백 명에 각지의 사회운동 단체 회원들까지 모여들었다. 경찰 추산에 따르면, 재판을 지켜보기 위해 지방에서 올라온 사람만 개정 이틀 전에 이미 500명이 넘었다. 재판소 문 앞에는 군중이 몰려들었다. 해가 뜨기 전부터 모여든 사람들로 시장통을 이뤘다. 방청권 얻기는 하늘의 별 따기였다.

그러나 방청은 개정 직후 두 차례만 허용됐다. 제2회 공판일인 9월 15일, 재판부는 방청 금지를 선언했다. 공개 재판이 공공의 안전을 방해할 염려가 있다는 주장이었다. 비밀재판을 하겠다는 뜻이었다. 변호인단이 집단으로 항의했으나 소용없었다.

동지의 고문치사에 강력 항의

그때였다. 피고인석에서 한 사람이 일어나 발언권을 요청했다. 박헌영이었다. 비밀결사 고려공산청년회 책임비서 재임 중에 체포된 그였다. 그는 식민지 법정의 공용어인 일본어로 유창하게 발언했다.

> 우리는 무산계급의 전위가 되어 일하는 터인데, 방청을 금지하고 엄중한 경계를 행하는 것은 곧 무산계급을 억압하는 것입니다. 이런 상태에서는 우리는 이 재판을 인정하지 않겠습니다. 재판장 마음대로 우리에게 징역형을 판결하시오.[3]

그러나 방청 금지는 풀리지 않았다. 비밀재판을 하겠다는 것이 식민지 당국의 확고한 의지였다. 그뿐인가. 방청 금지와 더불어 법정 내부 동

조선공산당 재판 내부 풍경
경성지방법원 제3호 법정 내부 풍경을
전하는 스케치.

향을 보도하는 것도 금지했다. 언론은 고작 재판소 주변 동정을 전하는 게 전부였다.

　제4회 공판일인 9월 20일, 박헌영은 다시 과감한 법정투쟁을 전개했다. 목숨을 건, 비장한 행동이었다. 재판장이 정숙하라고 고함치고 위협하는데도 불구하고 박헌영은 진술을 멈추지 않았다. 유감스럽게도 그가 무슨 발언을 했는지 정확히는 알 수 없다. 취조 도중 고문으로 사망한 동료의 죽음을 항의하는 발언이었다고만 알려져 있다.

　신문 지면에는 법정 바깥에서 관찰할 수 있는 양상만 보도됐다. 기사에 따르면 오전 9시 개정 직후에 재판정 내부에서 뭔가 사고가 발생했다. 개정 20분 만에 피고인 박헌영이 간수 3~4인에게 붙잡힌 상태로 끌려 나왔고 뒤이어 염창렬도 그랬다. 그 후 1시간 반 휴식 뒤에 재판이 속개됐다. 그러나 마찬가지였다. 다시 20분도 채 못 되어 재차 재판이 중단됐다. 재판은 오후 1시 40분에야 다시 속개됐다. 이 동향은 언론의 큰 주목을 받았다. 조선일보는 〈호외〉까지 발행해서 이 사실을 보도했다.

일제 경찰의 고문치사 폭로

도대체 재판정 내부에서 무슨 일이 있었을까? 새롭게 발굴한 자료가 당시 상황을 자세히 알려준다. 아침 9시에 개정이 되자마자 박헌영은 격렬한 발언을 시작했다. 일본 관헌의 야수적인 고문 행위를 고발하는 내용이었다.

　당신네는 법률이 있다고 말합니다. 그 말은 거짓입니다. 법률에 의거하고 있다 하면서도, 당신네는 심리 중에 온갖 고문을 가해서 우리를 불구자로 만들었습니다. 우리가 오늘 법정에 서 있는 것은 아직 우리가 어떻게든 살아있는 덕분일 뿐입니다. 우리 박순병 동무를 왜 죽였습니까? 우리는 그가 죽었음을 바로 여기서 알았습니다. 그 사람을 회상하니 분노를 참을 수 없습니다.

박헌영은 말을 미처 끝마치지 못한 채 통곡했다. 박순병은 시대일보사의 젊은 기자로서 박헌영과 함께 고려공산청년회 비밀 활동을 함께하던 가까운 동지였다. 그는 1926년 7월 19일에 종로경찰서 고등계 형사대에 체포되어 취조를 받다가 8월 25일 장 파열로 사망했다.[4] 고문으로 인한 사망이 명백했다. 박헌영의 비분에 찬 발언은 좌중을 울음바다로 만들었다. 100명 피고인들이 다들 목 놓아 울었다.

박헌영은 시선을 돌려 피고인 동지들을 향해 말했다. 당부의 말이었다.

박헌영·박순병
조선공산당 사건으로 검거되기 이전의 젊은 박헌영(왼쪽)과
일본 관헌의 고문으로 인해 장 파열로 사망한 박순병(오른쪽).
《동아일보》 1927년 4월 3일.

우리는 공산주의자입니다. 우리는 징벌이 두렵지 않습니다. 끝까지 당당한 태도를 견지해야 합니다. 공산주의자를 자임하는 김약수가 이 법정에서 그처럼 부끄럽게 처신할 거라고는 나는 한 번도 생각하지 못했습니다. 공산주의자는 그처럼 부끄럽게 행동할 수 없고 또 해서도 안 됩니다.

김약수의 부끄러운 처신이란 무엇을 말하는 것인가? 법정에서 이뤄진 문답을 가리키는 것이었다. 일본인 재판장이 피고인 김약수에게 장래 공산주의 사회에서는 누가 통치하느냐고 질문했다. 그러자 김약수는 "그때도 천황 폐하가 다스립니다"고 답했다고 한다. 이러한 문답이 있었음은 사실인 듯하다. 물론 김약수의 발언이 부끄러운 처신인지에 대해서는 관점에 따라 다른 평가가 나올 수 있을 것이다.

김약수의 진술 전략은 박헌영과는 달랐다. 그는 자신의 행동이 적법한 테두리 내에서 이뤄진 것이라고 주장했다. 1920년대에 사회주의라는 신흥 사상을 연구하는 것 자체는 합법적으로 허용되어 있었다. 천황 운운하는 발언도 바로 그런 고려에서 나온 진술이었다. 게다가 김약수는 조선공산당 사건에 말려들 이유가 없었다. 1925년 4월 창당대회에 참가하긴 했지만 그해 10월에 의견 다툼으로 인해 탈퇴한 상태였기 때문이다. 그는 1925년 10월 이후에는 더이상 조선공산당원이 아니었다. 여전히 '까엔당(조선인민당)'이라고 부르는 자파 비밀결사의 지도자였지만 말이다.

11시에 재판이 속개된 뒤에도 박헌영은 발언을 멈추지 않았다. 그는 다시 고문에 대해 언급했다. "박순병 동무는 우리의 적, 바로 당신들에게 살해됐습니다. 정말로 우리 동무를 추도해서는 안 되는 겁니까?"라고 압박했다. 거기에서 멈추지 않았다. 그는 경찰과 검찰의 신문 중에 자행된 모든 고문에 대해 폭로했다. 더 나아가 공개 재판과 재판부의 재구성을 요구했다.

사회주의 독립운동가들의 자긍심

박헌영이 요구를 강청함에 따라 재판은 두 번째로 중단됐다. 변호사들은 박헌영을 설득했다. 고문 건과 박순병 살해 건에 관해서는 새로이 소송을 제기하기로 약속했다. 그래서 다시 오후 1시 40분에 재판이 재개됐다.

박헌영의 법정투쟁은 시종 당당했다. 고문과 억압 속에서 심리적으로 짓눌려 있던 피고인들의 자긍심을 회복시켜 주었다. 이때 이후로 그는 동지들 사이에서 신뢰할 수 있는 믿음직한 지도자감으로 회자되기 시작했다. 그러나 가혹한 보복이 뒤따랐다. 박헌영은 공판이 끝난 뒤 무지막지한 폭행을 당했다. 1928년 11월 20일에 작성한 박헌영의 자필 영문이력서에 따르면 "나는 법정에서 일본 재판관에 반대하여 투쟁한 것이 문제가 되어 감옥에 돌아와서 심한 고문을 당했다. 그 결과 나는 1927년 9월 말까지 의식을 잃었다"고 한다.[5] 자살을 기도하고 자기 똥을 퍼먹는 것과 같은 박헌영의 '정신이상' 현상은 이 폭행에 말미암은 것이었다.

병보석으로 풀려난 박헌영

1927년 11월 병보석으로 풀려난 박헌영(가운데)과 부인 주세죽(왼쪽).

모진 고문의 후유증으로 넋이 나간 얼굴이다.

《동아일보》 1927년 11월 24일.

31

고문에 희생된
사회주의 독립운동가, 박길양

고문 탓에 옥사한 34세 청년

박길양朴吉陽은 옥중에서 죽었다. 서른네 살, 한창 나이였다. 1928년 1월 19일 겨울날 새벽 6시에 서대문형무소 차디찬 철창 속에서 숨을 거뒀다. 사인은 폐병이라고 알려졌다. 두 달 전부터 병세가 악화된 듯하다. 재판 중인데도 재판정에 출석하지 못했다. 그는 1927년 12월 7일 이후로 모습

박길양
조선공산당 사건으로 체포된 후
출옥 예정이던 1928년 1월 19일 새벽에 일본의
야만적 고문으로 숨을 거뒀다.

야모토 재판장
질병 치료를 위해 병보석을 신청한 박길양에게 뒤늦게
병보석 결정을 내린 야모토矢本 재판장.

을 드러내지 않았다. 담당 변호사 김병로와 이인이 12월 16일 자로 병보석을 신청했다. 질병 치료를 위해 구속 중인 피고인을 석방해 달라는 요청이었다. 그러나 조선총독부 판사들은 좀체 보석 허가를 내주지 않았다. 사상범인 경우에는 더욱 그러했다. 그런데 웬걸, 얼마나 위급했을까. 1월 18일 오후 3시경에 급기야 보석이 허용됐다. 야모토 재판장도 피고인의 상태가 위중하다는 것을 인정하지 않을 수 없었나 보다. 하지만 너무 늦었다. 박길양은 출옥 예정일 새벽에 세상을 떠나고 말았다.

속속 죽어 나가는 조선공산당 피고인들

그는 '조선공산당 재판'의 피고인이었다. 조선공산당 재판은 1927년 9월 13일부터 이듬해 2월 13일까지 5개월간 계속된, 조선총독부 경성지방법원이 담당한 형사재판이었다. 피고인 숫자가 101인이라 '101인 사건'이라고도 부른다. 일본의 강점 초기에 벌어진 '105인 사건'과 더불어 일제식민지시대의 대표적인 항일 비밀결사 사건이었다.

수사와 재판이 진행되는 동안 피의자와 피고인들이 속속 죽어 나갔다. 시대일보사 기자 박순병이 1926년 8월 25일에 사망했다. 조선일보 동래지국장이자 조선노동공제회 상무간사였던 백광흠은 1927년 12월 13일에 숨을 거뒀다. 박길양에 뒤이어 연희전문학교 학생 권오상이 1928년 6월 3일에 죽었다.

이들의 사인은 질병으로 발표되었다. 맹장염, 건성늑막염 및 결핵성 복막염, 폐병 따위였다. 그러나 사람들은 진실을 알고 있었다. 건강하고 원기 넘치던 청년들이 경찰에 체포된 뒤 얼마 안 되어 죽을병에 걸린 데에는 이유가 있었다. '야만적 고문' 탓이었다. 견디기 힘든 가혹 행위에 의해 '학살'된 것이었다. 당시 사람들은 "박순병 동무는 경찰서에서 학

살당하고 백광흠, 박길양 동무는 감옥에서 참사되었다"고 여겼다.[6] 희생자들을 바라보는 사람들의 마음속에는 슬픔과 분노가 일었다. 희생자들을 잊지 않으리라. 그 희생이 헛되지 않게 하리라. "혁명가 한 사람의 희생한 터에는 그 위에 새로이 열렬한 혁명가 열 사람 이상이 솟아나느니라"[7]고 속다짐을 했다.

백광흠·권오상
조선공산당 피고인이었던 이들은
야만적 고문으로 인해 각각 1927년 12월 13일,
1928년 6월 3일에 숨을 거뒀다.
서대문형무소에서 촬영한 '범죄자 식별용' 사진.
*출처: 국사편찬위원회

장례식도 제멋대로 하는 일본 경찰

장례식은 그렇게 마음속 결의를 다지는 자리였다. 박길양이 숨을 거둔 이튿날, 합법 공개 영역에서 활동하는 사회운동가 40여 명이 모였다. 장례를 준비하기 위해서였다. 30개 단체가 참여했다. 노동총동맹, 농민총동맹, 청년총동맹 등과 같은 전국 규모의 대중 단체를 비롯하여 신간회, 근우회 등 민족통일전선 단체가 포함되어 있었다. 대표자들은 장례식을 '사회단체연합장'으로 치르기로 결의하고, '장의준비위원회'를 조직했다. 재정부, 장례의식부, 서무부 등 집행부서가 만들어지고 장례 준비가 착착 이뤄졌다.

그러나 경찰은 이를 가만두지 않았다. 박길양의 장례식이 반일운동의 상징이 되도록 방관하지 않았다. 사회단체연합장을 금지시키고, 오직 가족장으로 치르는 것만 허용했다. 그뿐만이 아니다. 장례식 세부 절차에 하나하나 개입했다. 경찰은 매장이 아니라 화장을 종용했다. 그의 죽음이 사회적인 추모와 저항의 표상이 될 가능성을 애초부터 제거하려 했다. 하마터면 그렇게 될 뻔했다.

그의 젊은 아내 김씨 부인이 맞섰다. 화장이 아니라 매장을 원한다는 것을 분명히 했다. 그녀는 경찰의 심리적 압박에 굴하지 않는 용감하고 지혜로운 여성이었다. 식민지 국가 폭력은 나이 서른 전후의 젊은 여성에게서 배우자를 빼앗아갔다. 그녀에게는 어린 남매가 남겨져 있었다. 애비 없이 자라야 할 어린 승문이와 승희를 키우는 것은 온전히 그녀 혼자만의 몫이 됐다. 기가 막힐 일이었다. 그녀는 기자에게 말했다. "그저 한많은 일생이었지요. 살아 있을 때 한 번이라도 더 보았더라면 할 뿐이외다"라고 말하다가 목이 메어 말끝을 맺지 못했다.[8]

박길양의 부인 김씨
슬픔에 젖어 망연자실한 박길양의 부인 김씨.
《동아일보》 1928년 1월 22일.

1월 22일 장례식 날, 발인 장소는 서대문에 위치한 노동총동맹 회관
이었다. 정사복 경관 30여 명이 식장을 에워쌌다. 종로경찰서 오모리 순
사부장이 현장을 지휘했다. 경찰은 장지로 향하는 상여 뒤로 가족만 따르
게 했다. 가족이라야 오직 한 사람이었다. 고인의 아내만이 "애끓는 눈물
로 얼굴을 적시면서" 상여를 뒤따랐다. 그 곁에 친정 남동생 김근호만 동
행할 수 있었다. 장례식에 참여하려고 모여든 200여 명의 조문객은 해산
을 종용받았다. 명정이나 조기, 만장 등도 들지 못했다. 동지를 영결하려
던 조문객들은 삼삼오오 짝을 지어서 100미터 혹은 200미터 멀찌감치 떨
어진 채로 말없이 상여를 뒤따랐다.

장지는 수철리 공동묘지였다. 광희문 밖 4킬로미터 지점에 위치한 이
묘지는 오늘날 행정구역으로는 성동구 금호동에 해당한다. 경찰 기록에
따르면 장의 행렬은 종로, 동대문, 광희문, 신당리를 거쳐서 수철리에 이
르렀다. 장지까지 따라온 조문객은 28명이었다고 한다.[9]

전국 최대 규모의 강화 3·18시위운동

박길양은 곱상한 외모에 피부가 하얗고 눈이 큰 청년이었다.[10] 키는 164센티미터, 당시 기준으로는 성인 남성 평균쯤 되는 체구였다. 하지만 겉모습과 달리 행동거지는 과감하고 단호했다. 그는 저 유명한 강화도 3·1운동의 능동적인 참가자였다. 1919년 3월 13일 부내면 장날에 시작된 강화도 3·1운동은 4월 12일까지 한 달 내내 계속됐다. 이 중에서 가장 유명한 것은 3월 18일 강화 읍내 시위였다. 이날 시위에는 무려 2만여 명의 군중이 참가했다. 당시 강화군의 인구가 7만 2,000여 명이었으니, 군내 전체 인구의 28퍼센트가 시위에 참가한 것이다. 부속 도서에 거주하는 숫자를 제외하면 세 사람 가운데 한 사람 꼴로 시위에 가담한 셈이었다. 3·1운동기에 발발한 전국 모든 시위 가운데 가장 많은 군중이 참여한 최대 시위였다. 경찰 집계에 따르면 참가자가 가장 많은 최대 시위는 강화도 3·18시위(2만 명)였고, 그 다음으로 합천 3·23시위(1만 명)와 서울 3·1시위(1만 명)가 뒤를 이었다.

박길양이 강화도 3·1운동에서 어떠한 역할을 했는지는 알려져 있지 않다. 유감스럽게도 구체적인 정보는 발견되지 않았다. 강화도에서 3·1운동에 참가했다는 이유로 체포되어 재판에 회부된 사람은 45명이었고, 그중에서 35명이 징역 또는 태형을 받아 고초를 겪었다.[11] 거기에서 박길양이라는 이름은 확인되지 않는다. 요행히 체포되지 않았던 것이다.

만세시위운동이 사그라들자 그는 새 방향을 모색했다. 시위운동이 불가능한 조건에서는 무장투쟁을 벌이는 것이 옳다고 생각했다. 독립군 자금 모금에 뛰어든 것은 그 까닭이었다. 그는 경기도와 삼남 일대를 돌아다니면서 군자금 모금에 헌신했다. 그러다가 불행히 체포되어 1년 6개월간 징역살이를 했다. 그는 '열렬한 독립운동가'였다.

비밀결사 고려공산청년회에 가담하다

옥살이를 마치고 출감한 박길양은 해방투쟁을 위한 새로운 이론과 방법에 눈을 떴다. 사회주의 사상이 그것이다. 민족해방을 위해서는 민중을 조직화·의식화하여 스스로 혁명운동의 주체로 나서게 돕는 것이 첩경이라고 인식했다. 거족적인 혁명을 일으킴으로써 식민지 체제를 전복하는 것이 가능하다고 보았다. 그는 대중운동 속으로 뛰어들었다. 합법 공개 영역의 사회 단체 활동에 참여했고, 공산주의 비밀결사에도 가담했다.

청년운동에서 미래의 희망을 본 박길양은 청년을 조직하고 계몽하는 일에 열성을 보였다. 먼저 강화군 부내면의 양대 청년 단체를 통합하여 강력한 단일 청년 단체를 만들었다. 1924년 3월에 창립한 강화중앙청년회가 그것이다. 강화중앙청년회 간부로 선출된 그는 다채로운 활동을 전개했다. 강화군 내 웅변대회를 개최하고, 강화청년단체연합 육상경기대회를 주관했으며, 경성에 유학 중인 강화 출신 학생들의 하기 순회강연을 주최하고, 배움의 기회를 놓친 청년층을 위해 야학교를 설립했다.

고려공산청년회 창립대회 개최 장소
고려공산청년회 창립대회가 열린
박헌영의 경성 훈정동 집.

하지만 합법 공개 단체의 역량은 한계가 있었다. 실정법의 테두리 내에서만 활동해야 했기 때문이다. 이에 박길양은 비밀결사인 고려공산청년회에 입회했다. 강화도 내에 공청 세포 단체를 조직하고 비서가 되었다. 중앙 상층부 논의 테이블에도 진출했다. 1925년 4월 18일 경성 시내에서 비밀리에 개최된 고려공산청년회 창립대회에 대의원 자격으로 참석했다.

그러나 비밀결사는 탄로나기 쉬운 위험한 운동이었다. 1925년 12월 초였다. 박길양은 비밀결사 가담 혐의로 체포됐다. 경성의 종로경찰서에서 파견 온 경찰대에게 포박당했다. 자신의 과오가 아니었다. 멀리 신의주에서 발발한 어처구니없는 우연적인 사건 때문에 공청의 비밀이 누설되고 만 것이다. 그리하여 박길양의 생애 두 번째이자 마지막 감옥살이의 막이 올랐다.

고향 가는 길

봄이 왔다. 얼었던 땅이 풀리고 만물이 소생하기 시작했다. 1928년 4월 9일, 박길양이 사망한 지 석 달쯤 지난 때였다. 아침 일찍부터 그의 고향 친구와 동지 10인이 수철리 묘역을 찾았다. 무덤을 이장하기 위해서였다. 그들은 벗의 시신을 고향에 묻고자 했다. 가족의 뜻이기도 했다. 수철리 묘지에서 한강 변의 용산 나루까지는 옛 친구 열 사람이 직접 상여를 메고 운구했다. 상여를 멘 채 보조를 맞춰서 8킬로미터쯤 떨어진 용산까지 이동했다. 거기에는 배를 한 척 정박시켜 놓았다. 강화도까지 한강 수로를 이용하여 관을 옮길 터였다.

시신을 담은 목관에는 〈고백평박길양지영구故白萍朴吉陽之靈柩〉라고 적

박길양 부부 묘비
1993년 대전현충원으로 이장한
박길양 부부의 합장 무덤 묘비.

힌 명정을 둘렀다. '백평'은 박길양의
아호였다. 상여를 실은 배는 한강 물길
을 따라 서서히 이동하다가 4월 10일
오후 1시에 강화도 월곶 나루에 닿았
다. 가족, 친구, 친척, 동지들이 그를
맞았다. 강화도는 물론이고 서울과 인
천 등지에서 온 사람들이었다. 경찰도
있었다. 조문객보다 정사복 경찰들이
더 많아 보였다. 행여 분노에 찬 군중
이 불온한 움직임이라도 보일까봐 강
화경찰서 병력이 총동원됐던 것이다.
장지는 갑곶리 공동묘지였다.[12] 그날
저녁 늦어서야 하관이 이뤄졌다. 오후
8시였다. 묘역 한켠에 새로 꾸민 봉분이 들어섰다. 고문에 희생된 사회주
의 독립운동가 박길양의 유택이었다.

32

예방구금에 맞서 105일
단식투쟁으로 옥사한 이한빈

'예방구금' 탓에 해방 두 해 앞두고 옥사

105일간의 단식 끝에 자기 목숨을 공동체에 바친 사람이 있다. 처절한 단식투쟁을 통해 철벽같이 강고한 지배체제에 맞선 사람이다. 이렇게 운을 떼면 아마도 저 유명한 아일랜드 단식투쟁을 떠올리는 이들이 있을 것이다. 1981년 바비 샌즈Bobby Sands를 비롯한 아일랜드 민족주의자 10인이 영국의 북아일랜드 지배에 맞서서 46~73일에 걸친 옥중 단식 끝에 사망한 사건 말이다. 온 세계 사람들의 심금을 울린 이 비극적인 사건은 지금도 단식투쟁의 상징처럼 여겨지고 있다. 하지만 필자가 염두에 두고 있는 이는 아일랜드인이 아니다. 일제 식민지 시대에 피억압 민족의 해방운동에 헌신하다가 일본 관헌의 손에 희생된 조선 청년 이한빈李翰彬이다.

이한빈의 존재를 처음 알게 된 것은 역사학자 박준성의 글을 통해서였다.[13] 박준성은 일본 경찰의 취조 기록과 제3자의 회고담을 토대로 이한빈의 기막힌 삶을 재구성했다. 그는 해방 후 처음 맞이하는 5월 1일 노동절 기념식장에서 조선노동조합전국평의회 위원장 허성택이 행한 연설을 접하고서 깜짝 놀랐다고 한다. 무려 105일 동안의 처절한 단식투쟁을 감행한 선진 노동자가 존재함을 비로소 알게 된 까닭이었다. 어떻게 인간으로서 그러한 살인적인 단식투쟁이 가능했을까? 그가 겪었을 참혹한 고통을 상상하니, 이한빈이라는 이름을 잊을 수가 없었다.

이한빈은 사회주의자였다. 모스크바 유학까지 다녀온, 장래가 촉망되는 간부급 인물이었다. 그는 서른 살 되던 해 동방노력자공산대학을 졸업했고, 그 후 국내에 잠입하여 비밀결사운동에 종사했다. 하지만 불운하게도 일본 경찰에게 체포되어 조선총독부 경성복심법원에서 5년 징역형을 언도받았다. 출감 예정일은 1942년 9월 20일이었다.[14]

당시는 일본의 대외 침략전쟁이 갈수록 확대되던 극단의 시기였다. 만기를 채웠음에도 이한빈은 감옥 문을 나서지 못했다. 이른바 '예방구

이한빈
1937년 9월 29일, 32세 때
서대문형무소에서 촬영한 '범죄자 식별용' 사진.
*출처: 국사편찬위원회

금'에 걸려든 탓이었다. 예방구금이란 재범의 우려가 있다는 관헌의 심증만으로 치안유지법 위반의 전력을 가진 사람을 수감할 수 있는 행정처분이었다. 아무런 범죄행위도 저지르지 않았는데 사람을 감옥에 가두는 터무니없는 악법이었다.

이한빈은 항의에 나섰다. 1943년 3월 1일에 시작된 단식은 6월 13일까지 계속됐다. 단식이 길어지면 체내 근육과 지방이 신진대사의 에너지원으로 대체되기 때문에 장기간 단식은 인간의 신체 조직을 파괴한다. 이한빈은 피골이 상접한 채로 숨을 거뒀다.

고향서 야학 교사·언론인으로 활동

이한빈을 다시 만난 것은 신문지면을 통해서였다. 언론매체 전산화가 확충되어 예전에는 접하기 어려웠던 신문기사를 쉽사리 활용할 수 있게 된 덕분이었다. 이한빈에 관한 신문기사는 주로 1926년부터 1929년까지의 4년 사이에 확인되었다. 그의 나이 22세부터 25세에 해당된 시기였다. 그의 동정을 다룬 신문기사는 9건이었다. 많은 양은 아니지만 20대 전반기의 청년 이한빈이 어떤 일에 몰입했는지를 살피기에는 부족함이 없었다.

그는 자신의 고향인 함경남도 신흥군의 청년 단체 활동에 적극적으로 참여했다. 1928년 2월 현재 신흥군의 면 단위 청년 단체인 가평청년회 간부였다. 집행위원장 후보 겸 교양부 위원의 일을 맡아보고 있었다. 위원장 주장순에 이어 제2위의 지위에 있었다. 그뿐 아니라 군 단위 연맹체인 신흥청년동맹에서도 비중 있는 역할을 맡았다. 1928년 4월에는 조직 변경 총회에 참석했고, 회관 건립을 위한 의연금 기부자 명단에 이름을 올렸다.

이듬해 9월에는 군내 9개 면 지부를 훑는 순회 강연단에 참여했다. 저명한 사회주의자 임충석을 포함한 9인의 연사 명단에 그의 이름도 올라 있다.[15]

그는 농촌 야학 활동가였다. 1926년 12월 당시 가평면에는 노동야학 14개소가 설립됐는데, 대체로 1개 리에 평균 하나 꼴이었다. 그중 이한빈이 관계한 야학은 풍상리에 소재한 풍상야학당이었다. 주무와 강사를 합쳐 3인의 교사가 있었고, 학생은 35명이었다. 이한빈은 교사 가운데 한 사람이었다.

그는 중앙일간지의 군 단위 지국에 소속된 언론인이기도 했다. 1928년 11월에 《조선일보》 함흥지국 풍상분국의 기자가 됐다. 가평청년회 집행위원장이던 주장순과 함께 이한빈이 나란히 분국 기자에 이름을 올렸다. 현지 청년운동 지도부가 지방 언론계의 주역을 겸했음을 보여준다. 이한빈은 지국 기자들을 망라하여 군 단위 기자단을 결성하는 데에도 참여했다. 1929년 12월에 신흥기자단을 결성했는데, 거기에는 세 중앙일간지(《동아일보》, 《조선일보》, 《중외일보》)의 지국 기자 17명이 속해 있었다.[16]

공통성이 엿보인다. 이한빈은 가평청년회 교양부 위원이었고, 순회강연 연사였다. 또 야학 교사를 지냈고, 지국 신문기자였다. 글을 쓰고 강의하는 일이 그가 주로 담당하는 업무였음을 알 수 있다. 문필력이 있고 달변의 인물이었던 것 같다. 중등교육까지 이수한 그의 경력과 관련지어 볼 만하다. 그는 고향에서 보통학교를 졸업한 후 경성으로 유학을 갔다. 경성 중동학교에 진학한 때는 1923년경이었다. 한참 마르크스주의의 영향력이 고조되던 시절이었다. 바로 이때 사회주의 사상에 경도된 것으로 보인다. 그는 1926년에 학업을 마치지 못한 채 귀향했다. 학자금 부족이 원인 중 하나였을 것이다. 하지만 단지 그 이유 때문만은 아니었다. 귀향과 동시에 사회운동에 뛰어든 것을 보면 말이다.

중동학교서 귀향 후 사회주의운동 참여

이한빈을 다시 만난 것은 러시아 발굴 자료에서였다. 최근 수년 동안 코민테른 조선 관련 자료들이 잇따라 학계에 소개되고 있다. 동국대, 외국어대, 독립기념관 등의 연구기관들이 앞다투어 성과를 냈다. 그중에는 이한빈의 신상 기록이 포함되어 있다. 특히 동방노력자공산대학 재학 시기에 작성된 기록이 그의 개인적 풍모를 살피는 데 유용하다. 자필 이력서를 비롯하여 학적부 개인카드, 추천서, 평가서, 각급 회의록 등이 포함되어 있다.

모스크바 유학생들이 통상 그러하듯 이한빈도 러시아식 이름을 갖고 있었다. 일찍이 일본 경찰도 취조를 통해 이 사실을 확인했다. 일본어 표기에 따르면 '호엔호–エン'이었다고 한다.[17] 하지만 의미가 통하지 않는다. 정확히 어떤 뜻으로 사용된 것인지 알 수 없다. 다행히 러시아어 문서를 직접 확인할 수 있게 됐다. 최근에 출간된 자료집에 의하면, 그가 공산대학 재학 중에 사용한 성명은 'Xo-Ен'이었다. 《러시아문서보관소 문서번역집》에서는 러시아어 소릿값을 감안하여 '호영'이라고 옮겼다.[18] 음가를 잘 반영하고 있지만, 뜻이 통하지 않기로는 마찬가지다.

자필 이력서는 이러한 의문을 일거에 해결해준다. 이한빈은 성명을 적는 난에 '이호연李浩然'이라고 적고 옆에 이한빈이라고 덧붙였다. 러시아에서는 '호연'이라는 이름을 사용하겠다고 한 것이다. '넓을 호, 그럴 연'이라는 한자였다. 정의에 기초하여 형성되는 내면의 큰 기운을 뜻하는 말로, 《맹자》에 나오는 '호연지기浩然之氣'라는 구절에서 따온 것이다. 아마도 조선혁명에 헌신하려는 결의를 담은 이름이라 생각된다.

유학 고전에서 자신의 가명을 따온 데서 짐작할 수 있듯이 이한빈에게

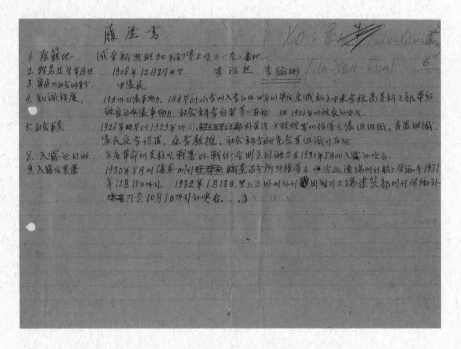

이한빈 자필 이력서

1932년 10월 초 이한빈이 공산대학 입학을 위해 작성한 자필 이력서.

는 한학 소양이 있었던 듯하다. 이 추론은 가정환경과 교육 경력에 관한 기록과도 부합한다. 공산대학 시절에 작성된 한 문서에는, 이한빈의 "아버지는 농업에 종사하며 시골에 약국을 갖고 있다. 직접 약을 제조한다"고 쓰여 있다.[19] 농사를 지으면서 한약방을 겸업했던 것이다. 한의학 처방이 한문으로 기록됐음을 감안하면, 그의 아버지는 한학 소양을 갖고 있었음에 틀림없다. 이한빈은 부모의 사회적 성분을 '중농'이라고 적었다. 빈농이라고 기재하는 것이 유리했을 텐데 그렇게 하지 않은 것을 보면 그의 가족은 농촌사회 내에서 어느 정도 유복한 생활을 누렸던 것 같다.

공산대학 개인카드에 기재된 바에 따르면, 그는 1926년부터 고려공산청년회에 입회했다. 사회주의 비밀결사에 가담했던 것이다. 중동학교를 그만두고 고향인 신흥군으로 귀향하던 바로 그해였다. 공산당이나 공청과 같은 사회주의 비밀결사에 참여하는 것은 상당한 각오를 요하는 일이었다. 그것은 1925년 치안유지법 시행 이후에는 유죄판결의 대상이 됐으며, 1928년 치안유지법 개정 이후로는 최대 사형과 무기징역까지 각오해야 하는 범죄로 간주되고 있었다.

이한빈은 비밀 활동의 동료 가운데 특별히 한 사람의 이름을 언급했다. 그의 '지도'가 있었다고 한다. 방치규方致規였다. 1902년생으로 이한빈보다 3년 연상의 선배였던 그는 메이지대학 경제과를 졸업한 일본 유학생 출신이었다. 방치규는 합법·비합법 두 영역에서 이한빈과 활동 반경이 겹쳤다. 1928년 이한빈이 신흥청년동맹 간부로 일할 때, 방치규는 신흥군에 잇닿은 함흥청년동맹 집행위원장을 지냈다. 두 사람은 함흥 지역 비밀결사의 동료였다. 어쩌면 방치규가 공청 도위원회 간부이고 이한빈은 신흥군 세포 단체 소속이었을 가능성이 크다.

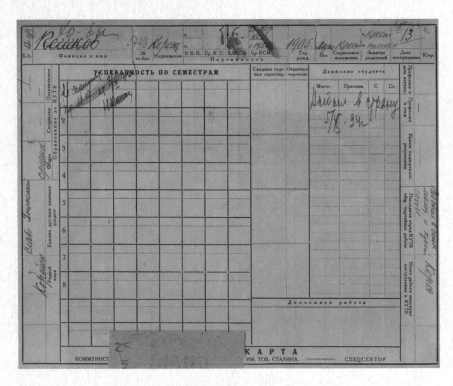

이한빈 공산대학 개인카드
모스크바의 동방노력자공산대학에 보관된 이한빈 학생 개인카드.
상단 가운데에 1926년 고려공청에 입회했다는 펜글씨가 적혀 있다.

"동무들이 조선 독립을 완성하기를"

이제까지 이한빈을 세 번 만났다. 만남의 횟수가 늘어날 때마다 그에 대한 이해가 심화되는 듯하다. 하지만 만족스럽지 않다. 그의 삶의 궤적과 내면의식을 살피기에는 여전히 부족하다. 죽기 3일 전에 수감 중인 동료에게 남겼다는 유언이 떠오른다. "나는 더 살 수 없으니 나의 뒷일을 동무들이 계승하여 조선 독립을 완성하기를 바라며, 만일 동무가 살아 나가거든 동무들에게 일제가 이 같이 나를 죽인 것을 전하여 달라!"

그를 기억하고 그의 죽음을 사람들에게 알리는 일은 살아남은 자가 수행해야 할 의무인 것만 같다. 다시 또 미래의 어느 구비에선가 그의 족적을 만나게 되기를 기대한다.

9장

국제주의.

33

코민테른 특사 존 페퍼의 조선 여행

존 페퍼, 국제당 특사로 조선으로 향하다

코민테른(국제당)은 가맹 지부에 문제가 생기면 결정서를 채택하곤 했다. 조선 지부에 대해서도 그랬다. 1927년 4월 29일 자 조선문제결정서도 그중 하나다. 조선공산당 제2차 대회 대표자 김철수가 모스크바에 가서 국제당 외교를 승리로 이끈 결과였다. 당권이 제2차 당대회에서 선출된 중앙위원회에 있음을 인정한 중요한 문서였다.

그런데 이 문서에는 차기 대회를 국제당 대표의 입회하에 개최해야 한다는 조항이 삽입되어 있었다. "국제당 집행위원회 대표가 참가"하여 가까운 장래에 조선공산당 대회를 소집하되, 민주주의적 방법으로 대의원을 선출해야 한다는 규정이었다.[1] 조선당의 조직 내 단결이 불충분하고 정치노선과 조직노선이 불완전하다고 본 때문이었다. 국제당 특사가 이 문제를 바로잡을 수 있다고 판단했던 것이다.

국제당 특사가 찾아온다? 가혹한 식민지 통치에 신음하는 조선 현지에서 외국인이 참석하는 당대회 개최가 가능할지 의심스러웠다. 과연 파란 눈의 외국인이 조선으로 들어올 수 있을지 귀추가 주목되는 결정이었다.

두 달 뒤에 대표가 확정됐다. "조선공산당 당대회 준비를 위해 존 페퍼John Pepper 동무를 코민테른 대표로 조선당에 파견한다"는 내용이었다.[2] 국제당 최고위 집행기구인 간부회가 내린 권위 있는 결정이었다.

존 페퍼는 헝가리 사람이었다. 제1차 세계대전이 끝난 뒤 대혁명의 파도가 전 유럽에 휘몰아칠 때 오스트리아·헝가리 제국의 폐허에서 혁명을 이끌던 요제프 포가니Jozsef Pogany(1886~1938)가 바로 그였다. 그는 유명한 벨라 쿤과 더불어 1919년 3월~7월에 고조된 헝가리혁명의 주요 지도자로 손꼽히는 인물이었다. 단명했지만 국방인민위원, 외무인민위원부 차관, 교육인민위원 등 헝가리소비에트공화국의 요직도 맡았다. 하지만 그해 8월 1일 군부의 정변으로 혁명정부가 전복되자 소비에트러시아로 피신했고 그 후 평생토록 해외에서 떠도는 망명자가 됐다.

국제당은 망명자들에게 훌륭한 활동 무대가 됐다. 그는 1921년에는 독일공산당의 혁명 봉기를 돕기 위해 독일로 파견됐다. 독일 '3월 행동'의 실패 이후 모스크바로 되돌아오긴 했지만, 그의 해외 활동은 계속됐다. 1922년 7월에는 미국으로 갔다. 미국 공산당 내 헝가리계 당원들의 활동을 지원하기 위해서였다. 존 페퍼라는 이름은 바로 이 시기에 사용하던 필명이었다. 그곳에서 페퍼는 출중한 활동력을 발휘하여 당내 유력한 지도자 그룹의 한 사람으로 부상했다.

1925년 모스크바로 소환된 페퍼는 국제당 각급 기구의 활동가로 일하기 시작했다. 이듬해 국제당집행위 비서부 및 조직국 후보위원으로 선임됐고 선전선동국장에 임명됐다. 그때부터 페퍼는 국제당 내에서 전천후

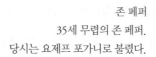

존 페퍼
35세 무렵의 존 페퍼.
당시는 요제프 포가니로 불렸다.

헝가리혁명 지도자들
헝가리혁명을 이끈 3인의 지도자들. 1919년에 열린 헝가리공산당 대회장에서의 모습.
왼쪽부터 존 페퍼, 지그몬드 쿤피, 벨라 쿤.

임무를 수행하는 인물로 떠올랐다. 같은 시기에 국제당 주재 미국공산당 대표부를 이끌었고, 국제당 영국비서부 비서로도 재직했다. 전 세계 영어사용권 지역의 모든 문제에 의견을 피력하는 입장에 섰다.

하지만 페퍼는 부끄러움을 모르는 기회주의자라는 악명도 얻었다. 이전까지 그는 국제당 의장 지노비예프의 후원을 받아온 측근이었다. 모스크바로 망명한 이후 줄곧 그랬다. 하지만 당시 진행 중이던 권력투쟁에서 스탈린이 승리할 것이라고 확신한 페퍼는 정치적 생존과 미래의 성공을 위해 옛 동료를 기꺼이 버리기로 결심했다.[3] 1926년 여름 《데일리 워커 *The Daily Worker*》에 지노비예프를 비판하는 기고문을 게재한 것은 그 때문이었다. 1927년 9월에는 국제당집행위 회의에서 트로츠키를 규탄하는 주요 연설자로 등단하기도 했다. 페퍼가 조선 문제에 대한 국제당 특사로 임명된 것은 이 시점에서였다.

존 페퍼와 조선공산당 집행부의 도쿄 회합

1927년 11월 7일을 며칠 앞둔 때 페퍼는 일본 고베神戶항에 도착했다. 러시아혁명 10주년 기념일이 코앞이었다. 경찰의 신경이 곤두서 있었다. 혁명을 찬양하는 군중집회와 시위를 차단하기 위해 일본 정부는 경찰력을 총동원하고 있었다.

배에서 내리기도 전에 벌써 경찰이 다가왔다. 일본에 온 목적은 무엇인지, 일본에 친구가 있는지, 과거에 일본에 와본 적이 있는지, 얼마나 오래 체류할 것인지 등을 물었다. 페퍼는 AP통신 베를린 지국에서 파견한 캐나다인 기자를 자임했다. 도쿄 지국에 보내는 추천서와 신분증을 소지하고 있었다. 그 덕분에 관헌으로부터 별다른 의심을 사지 않았던 것 같다. 그는 취재차 일본 출장길에 오른 언론인으로 인정받을 수 있었다. 다행히 그를 미행하는 감시인은 없었다.

그러나 일본에서 유럽인이 비합법적인 업무를 보는 것은 대단히 어려운 일이었다. 당시 도쿄는 인구가 200만 명이나 되는 일본의 최대 도시였지만 유럽인이 숙박할 수 있는 호텔은 두 개밖에 없었다. 페퍼는 그중에서 '임페리얼 호텔'에 투숙했다. 바로 '일본의 영빈관'이라고 불리는 '데이코쿠帝國 호텔'이다. 이처럼 값비싼 최고급 호텔을 선택한 이유에 대해 그는, "나는 좀 더 저렴한 룸을 구하려 노력했지만, 모두 차 있다는 말을 들었습니다"라고 변명했다.[4] 국제당의 적지 않은 공적 자금을 사용하는 입장이라 윤리적으로 부담을 느꼈던 듯하다.

페퍼의 첫 과업은 비밀결사 조선공산당 집행부와 접촉하는 일이었다. 그가 시도한 방법은 일본에서 간행되는 조선어 신문 《대중신문》을 이용하는 것이었다. 《대중신문》은 조선공산당의 재일본 합법 기관지였다. 그가 가진 것은 신문사 주소뿐이었다. 과연 이 신문을 통해 비밀결사 지도부와 연락할 수 있을까? 다행이었다. 페퍼는 서울의 비밀결사 집행부와 교신하는 데 성공했다.[5]

페퍼는 만남 장소로 도쿄를 희망했다. 조선공산당 집행부 구성원들에게 도쿄로 와 달라고 요청했다. 당시 공산당 중앙위원회는 5인으로 구성되어 있었다. 양명梁明, 김세연金世淵, 최익한崔益翰, 최창익崔昌益, 김영식金泳植이 그들이다.[6] 그들이 한번에 경성을 떠나 도쿄로 이동하는 것은 부자연스럽고 위험한 일이었다. 왜 이처럼 무리한 일을 요청했을까? 아마도 페퍼는 공포를 느끼고 있었던 것 같다. 비밀회합을 갖는 데 경성보다 도쿄가 훨씬 더 안전하다고 판단했던 것으로 보인다.

데이코쿠 호텔
존 페퍼가 장기 투숙한 일본 도쿄의 데이코쿠 호텔 본관과 정원.

페퍼는 오랜 시간 기다려야 했다. 처음 예상했던 것 이상으로 길었노라고 뒷날 회고했다. "그들의 도쿄 여행 일정은 거의 2주일이 소요됐습니다. 보통 서울에서 도쿄로 가는 여정은 이틀 이상 걸리지 않습니다. 그들은 이 여행에 2주일이 걸렸습니다."

회합이 성사된 것은 12월 초엽쯤이었던 것 같다. 도쿄 시내의 유럽식 고급 레스토랑에서 만남이 이뤄졌다. 페퍼는 도쿄에 있는 한 대학의 유럽인 교수로 꾸몄고, 조선인들은 도쿄를 떠나는 교수를 환송하는 대학생들로 위장했다. 환송연 장소에는 8인의 조선인이 참석했다. 이 중 4인은 경성에서 온 조선공산당 중앙위원들이었다. 나머지 4인은 아마도 같은 당 일본총국 간부들이었을 것이다. 참석자들은 새 넥타이나 모자 같은 것을 부랴부랴 장만해야만 했다. 외국인 교수에게 고급스런 환송연을 베풀 수 있는 유복한 학생들처럼 보이기 위해서였다.

의안은 제3차 당대회 준비에 관한 것이었다. 어디서 대회를 개최할 것인가? 페퍼는 러시아 블라디보스토크나 중국 상하이에서 대회를 개최하기를 희망했다. 하지만 조선 동무들은 조선 내에서 대회를 열어야 한다는 점에 의견을 같이했다. 해외 개최는 위험할 뿐 아니라 불가능하다는 의견이었다. 13개 도와 2개 해외총국의 대의원들이 대거 해외로 이동하는 것은 현실적으로 어려운 일이었다. 페퍼는 결국 조선 동무들의 의견에 동의했다.

다음 논점은 페퍼의 대회 참석 여부였다. 페퍼는 조선 내지에서 열리는 당대회라면 자신이 불참하겠다고 주장했다. 자신뿐만 아니라 모든 조선인 동료들을 위험에 빠트릴 우려가 있기 때문이었다. 대신 페퍼는 당대회에서 사용할 네 종류의 문서를 제공했다. (1) 당대회 소집 원칙, (2) 행동강령, (3) 조직 문제 결의안, (4) 정치 문제 결의안이 그것이다. 페퍼는 이 문서들이 당대회에서 자신의 역할을 대신할 것이라고 말했다.

존 페퍼의 체험담과 통렬한 국제당 비판

페퍼가 조선에 발을 들여놓지 않은 것은 아니다. 그가 최종 목적지인 경성에 도착한 때는 12월 10일 즈음이었다. 그에게 경성은 '커다란 농촌'이나 다름없었다. 유럽인을 위한 호텔은 하나밖에 없었고, 외국인이 경성에 오는 것이 사건이 될 정도였다. 자신과 같은 유럽인이 비밀 활동을 하기에는 너무나 위험한 곳이었다. 경성에 도착한 뒤 그가 처음 외출한 곳은 조선총독부 청사였다. 거기서 문헌, 음악, 민속, 경제 사정 등에 관한 정보를 물었다. 정치 문제는 건드리지 않았다. 페퍼가 AP통신의 기자를 자임하고 있었음에 유의하자. 그는 취재를 위해 경성에 찾아온 언론인처럼 행동했다. 하지만 그는 단 한 사람의 조선인 동료도 만나지 않았다. "내가 그들과 연결을 맺는다는 것은 그들에게는 자살 행위나 다름이 없기 때문"이라는 것이다.

머지않아 페퍼는 조선을 떠나 중국 상하이를 경유하여 모스크바로 되돌아갔다. 이듬해 1월 21일 모스크바에서 평가 모임이 열렸다. 페퍼의 조선 출장 보고를 청취하기 위해 국제당 영미비서부 회합이 개최된 것이다. 당시 조선 업무는 일본과 더불어 영미비서부 소관으로 편제되어 있었다.

페퍼는 방어에 노력했다. 자신의 역할이 소극적이었다거나 실패했다고 보는 주위의 시선에 맞섰다. 그는 모스크바에서는 조선에 관한 최신의 정확한 정보를 얻기가 어려웠다는 점을 지적했다. 국제당이 이용할 수 있는 정보는 낡아서 실제를 반영하지 못했다. 그는 자신의 무지를 고백했다. 하지만 그뿐만이 아니었다. 그 점에 관한 한 국제당의 다른 동료들도 마찬가지라고 주장했다. "나는 솔직하게 말하겠습니다.

우리의 결함들 중 하나는 우리가 전혀 모르는 것들에 관해 가끔 어떤 방침을 주려고 한다는 점입니다." 뼈아픈 지적이었다. 그는 유럽인을 조선에 파견하기로 한 국제당의 결정이 애초에 무리였다고 꼬집었다. 조선 내에서 열리는 당대회에 참석하는 것은 그 어떤 백인도 할 수 없는 일이라고 단언했다.

페퍼의 체험담은 흥미롭다. 실패하지 않았다고 강변하는 대목은 설득력이 있는 것 같지 않다. 하지만 실패 원인에 대한 토로는 경청할 만하다. 국제당의 현실에 대한 통렬한 자기비판이었다.

34

12월테제 조선어 필기본의 발견

통일 교과서에 실릴 역사적 문서

12월테제 조선어 필기본이 발견됐다. 모스크바의 한 기록관에서 근 90년
만에 세상에 모습을 드러냈다. 코민테른과 소련공산당 기록을 소장하고
있는 것으로 유명한 러시아사회정치사기록관РГАСПИ의 한 서류 파일에
서 잠자고 있던 문서다.[7]

이 문서는 국한문 혼용체로 작성되어 있다. 개성 있는 유려한 펜글씨
로 쓰인 것으로 보아 작성자는 중등 과정 이상의 근대교육을 이수한 사람
으로 보인다. 군데군데 가감첨삭의 교정 흔적이 남아 있어 현장감이 생생
하게 살아 있다. 종이는 밑줄이 인쇄되어 있는 21줄짜리 편지지로 보이
는데, 노트 속지일 수도 있겠다. 각 페이지마다 글자가 빼곡히 들어차 있
다. 도합 19쪽, 200자 원고지로 62매에 해당한다.

12월테제란 1928년 12월 10일에 코민테른 정치비서부가 채택한 조선

РЕЗОЛЮЦИЯ ПО КОРЕЙСКОМУ ВОПРОСУ. 1928.

Все командные высоты экономики Кореи находятся в руках японского финансового капитала. В горной промышленности в совершенно ничтожном размере участвует американский и английский капитал, но за исключением этого, вряд ли заслуживающего особого внимания участия иностранного капитала, японский капитал овладел всеми важнейшими экономическими позициями. Транспорт /железные дороги, пароходы/, горная промышленность, внешняя торговля, банки и вся кредитная и валютная система и те несколько промышленных предприятий, которые заслуживают это название /текстильная, цементная, кожевенная, спичечная, сахарная, более или менее крупные мануфактуры /перегонные, пивоваренные, маслобойные/ находятся в японских руках. Но японский империализм имеет чрезвычайно сильные командные высоты и в области сельского хозяйства. Оросительные системы, колонизационный фонд страны, лесное хозяйство в значительной мере и рыболовство, табаководство и т.д. контролируются японским империализмом, который сумел захватить народное количество земли для японских колонистов и плантаторов. Роль Кореи в системе японского империализма заключается в том, чтобы быть ко-сырьевым хинтерландом и рынком сбыта для японской промышленности, при чем главная задача Кореи заключается в том, чтобы снабжать японский рынок рисом. Население Кореи переводится на худшее питание, а рис вывозится в Японию. Горные ресурсы страны использовывались во время мировой войны более интенсивно, но горная промышленность едва ли оправилась уже от постигшего ее после войны кризиса. Даже легкая и перерабатывающая промышленность развивается лишь черепашьим темпом и современные крупные машинные промышленные предприятия можно подсчитать по пальцам. В то же время растет в большом темпе вывоз из страны с.х. продуктов и ввоз в страну промышленных изделий. Расширение посевной площади, создание оросительных сооружений, предполагаемое расширение орошаемой земли, некоторое упорядочение легкого хозяйства, ничтожные мелкие агрономические реформы не приведут к улучшению положения населения Кореи, ибо они сопровождались усиленной эксплоатацией со стороны японского империализма. Корея является типичной колониальной страной в смысле, указанном тезисами VI конгресса И. Она представляет собою только аграрно-сырьевую базис японского империализма. Но в этом смысле значение Кореи растет.

12월테제 러시아어 정본
〈조선 문제에 관한 결정〉이라는 제목 옆에 '최종본' 이라는 펜글씨 메모가 기재되어 있다.
1928년 12월 10일 코민테른 정치비서부가 채택할 때 사용한 문서다.

문제 결정서를 가리킨다. 조선혁명운동의 기본 방침에 관해 논하고 있는 강령적 문서이기 때문에 '테제'라고 불렸다. 이 테제는 일제하 조선 사회주의운동에 가장 큰 영향력을 미친 기념비적인 문헌이다. 〈기미독립선언서〉(1919)와 〈조선혁명선언〉(1923)이 독립운동을 대표하는 위상을 갖는 문서라면, 12월테제 조선어 필기본은 사회주의운동사에서 그러한 역할을 하는 텍스트라 할 수 있다. 훗날 남북한이 통일된 뒤에는 국어 교과서에 실릴 개연성이 높은 역사적인 문헌이다.

'테제 정치'의 출현

12월테제를 기점으로 사회주의운동 내부에 '테제 정치'라고 불러도 좋을 하나의 행동 양식이 출현했다. 새로운 현상이었다. 1928년 이전에도 여러 차례 코민테른 조선문제결정서가 채택된 바 있다. 그러나 내용이 길지 않았다. 꼭 필요한 사항만 짧은 문장으로 명시하곤 했다. 그런데 12월테제 이후에는 달라졌다. '테제'라고 부르는 장문의 정치적 문서가 채택되는 현상이 나타난 것이다. '테제'는 혁명운동의 주객관 정세, 전략과 전술, 조직 문제 등의 체계를 세운 일종의 논문이었다. 12월테제를 기점으로 9월테제, 10월서신 등으로 불리는 장문의 문서가 줄을 이었다. 이런 현상은 해방 직후까지 계속됐다. 1945년 조선공산당 지도자 박헌영이 작성한 8월테제는 이 행동 양식을 계승한 것이었다.

'테제 정치'가 근 20년 지속된 데에는 그럴 만한 이유가 있었다. 1929년 이후 통일된 전위당의 중앙기관이 부재했기 때문이다. 국내외에 산재해 있는 여러 층위의 비밀결사 구성원들의 생각을 일치시키는 데에는 테제와 같은, 논리직으로 잘 짜인 장문의 문서가 유용했다. 어느 비밀결사에 속했든 관계없이 구성원들의 정체성을 통합하는 데 적합했던 것이다. 그뿐인가. '테제'는 정치적·사상적으로 비밀결사 구성원들을 교육시키는 역할도 했다. 국내외에 조성된 복잡한 정세를 어떻게 봐야 하는지, 어떻게 행동해야 하는지, 어떤 정책을 추진해야 하는지 등의 문제에 대해 일목요연하게 해답을 제시했다. 그 때문에 비밀리에 활동하고 있는 현장의 사회주의자들은 이 테제를 구하고자 노력했고, 마른 스펀지가 물을 빨아들이듯 탐독하는 현상이 생겨났다. 하지만 해방 후 통합된 공산당이 수립된 뒤로는 '테제 정치' 현상이 더이상 나타나지 않았다. 구성원 상호간의 의사소통을 위한, 훨씬 유용한 수단들이 많이 사용됐기 때문일 것이다.

문서 발견 장소가 유일한 단서

도대체 누가 이 기록을 작성했는가? 유감스럽게도 이 문서의 어느 곳에도 작성자가 누구인지를 시사하는 구절은 없다. 부득이 추정할 수밖에 없다. 이 문서가 발견된 장소가 유력한 단서다. 조선어 필기본은 12월 테제를 작성한 코민테른 조선위원회 파일에 켜켜이 쌓여 있는 초안들 속에 포함되어 있었다. 그렇다면 조선어 필기본의 작성자는 12월테제 채택 논의 과정에 참여한 조선인임이 틀림없다.

코민테른 조선위원회는 쿠시넨(핀란드), 퍄트니츠키(러시아), 렘멜레 (독일) 3인으로 구성되어 있었다. 이들은 모두 코민테른의 최상급 집행기구인 정치비서부 위원이었다. 최고위직 인사 11인 가운데 3인으로 이

12월테제 조선어 필기본 첫 쪽
〈조선 문제에 대한 결정서〉라는 제하에 펜글씨로 적혀 있다.
전체 분량은 도합 19매에 달한다.

뤄진, 권위 있는 기구였다.[8] 조선인이 포함되지 않은 점에 눈길이 간다. 그렇다고 해서 조선인이 문제 심의에 전혀 참여하지 않거나 배제됐던 것은 아니다.

조선위원회의 심의 과정에 참여한 조선인은 5인이었다. 이들은 분열된 조선공산당의 어느 한편을 대표하는 사람들이었다. 이동휘와 김규열 2인은 1927년 12월 당대회에서 성립한 조선공산당, 이른바 서상파(서울상해파의 줄임말)를 대변했다. 양명과 한빈 두 사람은 1928년 2월 당대회를 통해 결성된 조선공산당, 소위 엠엘파를 대표했다. 또 한 사람은 모스크바의 국제레닌대학에 유학 중이던 김단야였다. 그는 분열 전 조선공산당의 관점에서 독립적인 의견을 진술해줄 것을 요청받았다. 이들 다섯 명은 조선공산당의 내부 상황에 대해 서면으로 된 상세한 보고서를 제출했고, 위원회가 요청하는 참고자료를 작성했다. 주요 인물에 대한 인물평도 써 냈고, 직접 위원회 회의에 출석하여 질의에 답변도 했다. 물론 어느 사안에 대해서건 자신의 관점에서 진술했다. 그 덕분에 조선위원회는 중요 사안마다 세 종류의 상이한, 때로는 서로 대립되는 정보를 접할 수 있었다.

조선인 대표단은 의사소통을 위해 통역을 둘 수 있었다. 서상파 공산당 대표단은 박진순의 도움을 받았다. 1920년에 코민테른 제2회 대회에 한인사회당을 대표하여 참석했던 바로 그 사람이다. 러시아에서 정규교육을 받고 모스크바대학 철학과를 졸업한 그는 세련된 고급 러시아어를 구사할 수 있었다. 엠엘파 공산당 대표단이 어떤 사람을 통역으로 내세웠는지는 아직 정확히 알지 못한다. 아마도 국제공산청년회 제5회 대회(1928년 8월 20일~9월 18일)에 참석하기 위해 모스크바에 와 있던 고려공청 대표 강진일 가능성이 높다. 강진은 러시아 연해주 포시에트에서 태어나 러시아 초등·중등교육을 이수하고 극동대학 공대에서 수학했던 인물이라 러시아어를 능숙하게 구사했다. 반면 김단야는 통역을 세우지 않고 직접 자신의 의사를 밝혔다. 그는 러시아어로 대화를 나눌 수 있는데다가, 서면으로 문서를 제출할 때에는 영어를 사용했다.

공산 그룹별로 다양한 번역본

12월테제 조선어 필기본의 작성자는 바로 조선인 대표와 통역들 가운데 한 사람으로 추측된다. 12월테제 조선어 판본들을 비교하는 방법을 통해 후보자군을 좀 더 줄여보자.

12월테제가 채택된 지 불과 5개월 만에 조선어 활자본이 출간됐다. 상하이에서 발간되는 조선공산당 엠엘파의 기관지 《계급투쟁》 창간호에 전문이 게재된 것이다. 〈국제공산당의 조선문제에 대한 결의〉라는 제목으로 6쪽에 걸쳐 실려 있다.[9] 두 가지가 놀랍다. 코민테른의 최고위급 결정 내용을 신속히 당원들에게 알리고 있다는 점이 그렇고, 기관지 창간호의 권두 논설로 활자본을 실을 수 있을 만큼 조직 역량이 우수하다는 점도 그렇다.

내용을 비교해 보았다. '필기본'과 '계급투쟁본' 사이에 내용상의 차이는 발견하기 어려웠다. 다만 선택된 용어나 문투, 표현 방식이 같지 않은 점이 눈에 띄었다. 예컨대 '필기본'의 첫머리는 "조선경제의 모든 지배적 우월권은 일본 금융자본의 수중에 들어 있다"는 문장으로 시작한다. 이와 달리 '계급투쟁본'에서는 "조선의 모든 경영의 지배권은 일본 금융자본의 수중에 장악되어 있다"라고 표현되어 있다. 한 군데 더 살펴

12월테제 조선어 활자본 첫 쪽
조선공산당 엠엘파 기관지 《계급투쟁》 창간호에 실렸다.
〈국제○산당의 조선문제에 대한 결의〉라는 제목으로 6쪽에 걸쳐 게재됐다.
제목에서 '공'에 해당하는 글자가 누락된 점이 이채롭다.

보자. 조선혁명의 성격을 논하는 대목이다. '필기본'에는 "조선혁명은 그 자체의 사회적 경제적 내용으로 보아서 다만 일본제국주의만 대항할 것이 아니라 역시 조선의 봉건주의도 대항하여야 할 것이다"고 표현되어 있다. 반면 '계급투쟁본'에서는 "조선혁명은 그 사회적 경제적 내용에 있어서 다만 일본제국주의뿐 아니라 조선의 봉건주의까지도 반대하는 방향으로 나가게 되는 것이다"라고 적혀 있다. 양자 사이에 내용상의 유의미한 차이는 없지만, 용어와 문투가 동일하지 않음을 확인할 수 있다.

이것은 다음 두 가지를 알려준다. 첫째, '필기본'과 '계급투쟁본'이 서로 다른 사람의 의해 작성됐다는 사실이다. 《계급투쟁》이 엠엘파 공산당의 기관지임을 고려하면, 거기에 게재된 활자본은 모스크바에 파견된 양명과 한빈, 그들의 러시아어 통역을 담당했던 강진 등에 의해 작성됐음이 분명하다. 둘째, 12월테제의 조선어 정본이 코민테른에 의해 독립적으로 채택된 적이 없었다는 점이다. 코민테른이 채택한 12월테제 정본은 러시아어본 하나일 뿐이고, 조선어나 일본어 등 다른 언어로 이뤄진 것은 모두 그 번역본이었던 것이다. 조선어 판본의 다양성은 12월테제의 번역과 전파가 통일적으로 이뤄진 게 아니라 각 공산 그룹별로 이뤄졌음을 보여준다.

필적 대조하고 개인 행적 추적을

12월테제 조선어 필기본은 누가 작성한 것인가. 두 부류의 인물들로 좁힐 수 있게 됐다. 서상파 공산당 대표로 조선위원회 심의에 참가했던 이동휘, 김규열, 통역 박진순이거나 제3의 입장에서 심의에 참가했던 김단야일 것이다. 현재까지 확보된 단서를 통해 추적할 수 있는 것은 딱 여기까지다.

만약 전자라면 12월테제 조선어 필기본은 서상파 계열의 조선공산당 재건운동 참가자들이 숙독하던 텍스트일 것이고, 후자라면 김단야가 이끌던 국제선 공산주의 그룹이 사용하던 문서일 것이다. 앞으로 이 문제를 해결하기 위해서는 추론의 단서를 확보하려는 노력이 필요하다. 후보자들이 작성한 자필 문서의 필적을 대조한다거나, 12월테제 채택 전후 각 개인의 행적을 정밀하게 추적하는 일 등이 그것이다.

주석

1장 망명

[1] 안창호, 〈본단 역사〉, 《도산 안창호 전집》 13, 도산안창호전집편찬위원회, 2000, 565쪽.

[2] 國友尙謙, 〈不逞事件二依シテ觀タル朝鮮人〉, 《百五人事件資料集》 2, 不二出版, 1986, 121쪽.

[3] 윤병석·윤경로, 《안창호일대기》, 역민사, 1995, 193쪽.

[4] 〈학교다화회〉, 《대한매일신보》 1910년 3월 11일.

[5] 〈안의사의 추도회〉, 《大東共報》 1910년 4월 24일, 3면.

[6] 조동걸, 〈안동 유림의 도만 경위와 독립운동상의 성향〉, 《대구사학》 15·16, 1978, 15~17쪽.

[7] 최남선, 〈太白의 넘을 離別함〉, 《소년》 1910년 4월호, 3~4쪽.

[8] 이미륵, 박균 옮김, 《압록강은 흐른다》, 살림, 2016, 213~215쪽.

[9] 경성의학전문학교, 〈생도모집〉 대정 6년 1월 17일, 《조선총독부관보》 2337호, 1917년 1월 22일.

[10] 김상태, 〈경성의학전문학교 학생들의 3·1운동 참여 양상〉, 《한국민족운동사연구》 100, 2019, 152쪽.

[11] 장석흥, 〈대한민국청년외교단 연구〉, 《한국독립운동사연구》 2, 1988; 조은경, 〈연병호와 대한민국청년외교단 활동〉, 《한국민족운동사연구》 98, 2019.

[12] 정규화·박균, 《이미륵 평전》, 범우, 2010.

[13] 임경석, 《이정 박헌영 일대기》, 역사비평사, 2004, 56~57쪽.

[14] 심훈, 〈박 군의 얼굴〉, 1927년 12월 2일, 《沈熏文學全集》, 探求堂, 1966, 61쪽.

[15] Ким Даня(김단야), автобиография(자전), 1937년 2월 7일, РГАСПИ ф.495 оп.228 д.439 л.56~65.

[16] 김창숙, 〈벽옹 73년 회상기〉, 《국역 심산유고》, 1979, 723쪽.

[17] 임경석, 〈극동민족대회와 조선대표단〉, 《역사와 현실》 제32호, 한국역사연구회, 1999.

2장 김립 암살 사건

[1] 〈구술자료 정진석 소장본〉, 한국정신문화연구원 현대사연구소 편, 《遲耘 金錣洙》, 1999년 1월, 222쪽.

[2] 〈閘北寶通路發生暗殺案〉, 《申報》 1922년 2월 9일, 14面.

[3] 〈閘北寶通路暗殺案 續聞〉, 《申報》 1922년 2월 10일, 14面.

[4] 在杭州領事代理 副領事 淸野長太郎, 〈朝鮮人楊春山ノ暗殺事件二關スル新聞論評ノ件〉, 1922년 2월 18일.

[5] 〈조선인 양춘산, 상해에서 피살〉, 《동아일보》 1922년 2월 14일.

[6] 〈叙任及辭令〉, 《독립신문》 1920년 12월 25일.

[7] 〈상해 공동조계 경찰국이 재상해 일본 총영사관 앞으로 보낸 통지문〉(영문), 1922년 2월 16일.

[8] 〈楊春山의 피살〉, 《독립신문》 1922년 2월 20일.

[9] 조선총독부 경무국장, 〈高警第686號, 在外不逞鮮人ノ落膽〉, 1922년 3월 1일.

[10] 憲兵司令官, 〈中제30호, 大韓國民協會員 渡來에 관한 件〉, 1922년 1월 6일, 1~3쪽, 《不逞團關係雜件-鮮人의 部-在上海地方(4)》, 국사편찬위원회 한국사데이터베이스.

[11] 조선총독부 경무국, 〈高警 제29574호, 上海僭稱假政府의 運命과 共産黨〉, 1922년 1월 6일.

[12] 재상해총영사 船津辰一郎, 〈기밀 제49호, 共産黨首領金立殺害二關スル件〉, 1922년 2월 14일, 1~2쪽.

[13] 국가보훈처, 《大韓民國獨立有功者功勳錄》 제5권, 1988, 667~669쪽; 국가보훈처, 《大韓民國獨立有功者功勳錄》 제12권, 1996, 550쪽.

[14] 김구, 도진순 주해, 《백범일지》, 돌베개, 1997, 302쪽.

[15] 김구, 도진순 주해, 《백범일지》, 313쪽.

[16] 〈大韓民國臨時政府 佈告 第1號〉, 1922년 1월 26일.

[17] 김철수, 〈본대로 드른 대로 생각난 대로 지어 만든 대로〉, 한국정신문화연구원 현대사연구소 편, 《遲耘 金錣洙》, 한국정신문화연구원 현대사연구소, 1999, 17쪽.

[18] 〈구술자료 김소중 소장본〉, 한국정신문화연구원 현대사연구소 편, 《遲耘 金錣洙》, 50쪽.

[19] 한형권, 〈혁명가의 회상록: 레닌과 담판, 독립자금 20억 원 획득〉, 《삼천리》 6, 1948년 10월, 10쪽.

[20] http://www.kitco.com/scripts/hist_charts/yearly_graphs.plx

[21] 〈외국우편위체〉, 《동아일보》 1924년 1월 22일.

[22] Пак Диншунь(박진순), Великий Сдвиг(위대한 진보), 1920년 8월, с.1~4, РГАСПИ, ф.495 оп.135 д.22 л.57~60.

[23] Секретарь ИККИ Куусинен(코민테른집행위 비서 쿠시넨), тов Янсону(얀손 동무에게), 1922년 5월 11일, с.2, РГАСПИ ф.495 оп.135 д.57 л.13об.

[24] Доклад о результатах работ комиссии по выяснению финансовых расчетов Ко р.Ком.Партии / Шанх.организации(고려공산당 상해파 자금결산규명위원회 결과 보고서), 1922년 8월 18일, с.9, РГАСПИ ф.495 оп.135 д.59 л.59~67.

[25] Телеграмма Чита Янсону из Москвы Карахана(모스크바에서 카라한이 치따의 얀손에게 보내는 전보), 1922년 6월 2일, с.1, РГАСПИ ф.495 оп.135 д.59 л.33.

[26] 반병률, 〈김립과 항일민족운동〉, 《한국근현대사연구》 32, 2005, 65쪽.

[27] 許憲, 〈交友錄〉, 《삼천리》 제7권 제7호, 1935년 8월, 72쪽.

[28] 신용하, 〈신민회의 창건과 그 국권회복운동(하)〉, 《한국학보》 9, 1977, 178쪽.

[29] 반병률, 〈김립과 항일민족운동〉, 74쪽.

[30] 김규면, 〈老兵 金規勉의 備忘錄〉, 윤병석 편, 《誠齋李東輝全書(下)》, 독립기념관 한국독립운동사연구소, 1998, 121~245쪽.

3장 15만 원 사건

1 高等法院刑事部, 〈大正10年刑上第42,43號 判決(全洪燮 등 4인)〉, 1921년 4월 4일, 《독립군의 수기》, 국가보훈처, 1995, 334쪽.

2 崔溪立, 〈간도 15만 원 사건에 대한 40주년을 맞으면서〉, 1959년 1월, 《독립군의 수기》, 289~290쪽.

3 〈會憲機第1號,於間島公金及郵便物遭難ノ件〉, 1920년 1월 5일; 《한국독립운동사자료 38》, 국사편찬위원회, 2002, 321~322쪽.

4 〈간도 십오만 원 사건, 최계립 회상기〉, 1958년 6월 15일, 독립기념관 한국독립운동사연구소 편, 《이인섭과 독립운동자료집 Ⅳ》, 독립기념관 한국독립운동사연구소, 2011, 171쪽.

5 〈절약의 實例, 25원으로 네 식구가 살아가오〉, 《매일신보》 1919년 8월 3일.

6 《조선민족운동연감》, 金正明 편, 《조선독립운동 2》, 東京: 原書房, 258쪽.

7 최계립, 〈간도 십오만 원 사건 회상기〉, 1958년 6월 15일; 《이인섭과 독립운동 자료집 Ⅳ》 독립기념관, 2011, 295쪽.

8 崔溪立, 〈간도 15만 원 사건에 대한 40주년을 맞으면서〉, 1959년 1월, 《독립군의 수기》, 국가보훈처, 1995, 295쪽.

9 소련 동방학연구소 편, 相田重夫 외 일역, 《極東國際政治史》(上), 平凡社, 1957, 363쪽.

10 이경숙, 〈블라디보스톡 한인학교의 변동, 1905~1922〉, 《정신문화연구》 제34권 제1호, 2011, 12쪽.

11 在浦斯德總領事, 〈鮮銀 사건 범인 체포에 관한 건〉, 1920년 2월 7일, 《外務省警察史,間島の部 第2》, 국회도서관 해외소재한국관련자료, 332쪽.

12 박민영, 《대한제국기 의병연구》, 한울아카데미, 1998, 322쪽.

13 최계립, 〈간도 십오만 원 사건 회상기〉, 1958년 6월 15일; 《이인섭과 독립운동 자료집 Ⅳ》 독립기념관, 2011, 186~187쪽.

14 李智澤, 〈간도 십오만 원 사건의 전모 2〉, 《민성》 제5권 제6호, 1949년 5월, 54쪽.

15 在浦潮斯德총영사, 〈鮮銀 사건 범인 체포에 관한 건〉, 1920년 2월 7일, 《外務省警察史,間島の部 第2》, 국회도서관 해외소재 한국관련 자료, 322~335쪽.

16 〈旅順監獄에서의 安重根 진술내용〉, 1909년 11월 27일, 《統監府文書》 7권, 국사편찬위원

회, 1999.

[17] 韓國駐箚軍參謀長 明石元二郎, 〈伊藤 公爵 흉변에 대한 보고〉, 1909년 12월 15일, 《統監府文書》 7권, 국사편찬위원회, 1999.

[18] 〈러시아 지역 한인 독립운동의 연구 성과와 과제〉, 《한국사론》 26, 국사편찬위원회, 1996, 47쪽.

[19] 在浦潮總領事, 〈機密韓第1號, 排日的韓人名簿送付 ノ件〉, 1910년 1월 13일; 《韓國近代史資料集成 3권》, 국사편찬위원회, 2001.

[20] 한국어 통역관 9등문관 탐Тим, 〈남우수리스크 크라이의 국경수비위원에게 보낸 보고서 사본〉, 1909년 1월 30일, 《한국독립운동사 자료 34 (러시아편 I)》, 국사편찬위원회.

[21] 고등법원 형사부, 〈大正 10年刑上第42, 43號 判決(全洪燮 등 4인)〉, 1921년 4월 4일, 《독립군의 수기》, 국가보훈처, 1995, 339쪽.

[22] 〈會惠機제64호, 공금약탈범인에 관한 건〉, 1920년 1월 31일; 《한국독립운동사 자료 38, 종교운동편》, 국사편찬위원회, 2002, 322쪽.

[23] 〈天氣豫報〉, 《동아일보》 1921년 8월 25일.

4장 의열투쟁

[1] 〈천기예보〉, 《동아일보》 1923년 1월 18일.

[2] 〈종로서 타령 9, 신년 벽두에 大變, 최초의 폭탄세례〉, 《동아일보》 1929년 9월 14일.

[3] 〈남산을 徒步로 安靜寺에 은신〉, 《매일신보》 1923년 3월 16일.

[4] 〈설중의 남산 포위〉, 《동아일보》 1923년 3월 15일 호외.

[5] 김상옥·나석주열사기념사업회, 《김상옥·나석주 열사 항일실록》, 1986; 윤우, 《서울 한복판 항일 시가전의 용장 김상옥 의사》, 백산서당, 2003; 김동진, 《1923 경성을 뒤흔든 사람들》, 서해문집, 2010; 이성아, 《경성을 쏘다》, 도서출판 북멘토, 2014; 이정은, 《김상옥 평전》, 민속원, 2014.

[6] 〈僧庵의 生米飯으로〉, 《동아일보》 1923년 3월 15일 호외.

[7] 〈천기예보〉, 〈휴지통〉, 《동아일보》 1923년 1월 23일.

8 宋相燾, 《騎驢隨筆》(한국사료총서 제2집), 국사편찬위원회, 1955, 320쪽.

9 〈令人酸鼻의 血流屍體〉, 《조선일보》 1923년 3월 16일.

10 〈휴지통〉, 《동아일보》 1923년 3월 16일.

11 明石東次郎 외, 〈爆彈鑑定書〉, 1923년 3월 21일, 《정보(경찰부의 1부)》, 경성지방법원 검사국, 1923 (아세아문제연구소 희귀문헌 29).

12 조철행, 〈국민대표회 개최 과정과 참가 대표〉, 《한국민족운동사연구》 61, 2009, 44쪽.

13 〈의열단 사건 내용발표〉, 《동아일보》 1923년 4월 12일 호외.

14 〈일본 다나카 장군 폭탄 세례, 광신자들의 표적〉, 《더 차이나 프레스》 1922년 3월 29일; 국사편찬위원회 편, 《한국독립운동사자료 20, 임정편 V》, 1991, 240쪽.

15 〈폭발탄〉, 《독립신문》 1922년 4월 15일.

16 Shanghai Municipal Police, Special Branch, "D.4460, D.4463", 국사편찬위원회 편, 《한국독립운동사자료 20, 임정편 V》, 442쪽.

17 〈프랑스조계 白爾路 停雲里 18호의 한국인 집에서 3월 29일 발견된 한국어 서류〉, 국사편찬위원회 편, 《한국독립운동사자료 20, 임정편 V》, 448~450쪽.

18 〈일본 다나카 장군 폭탄 세례, 광신자들의 표적〉, 《더 차이나 프레스》 1922년 3월 29일; 국사편찬위원회 편, 《한국독립운동사자료 20, 임정편 V》, 241쪽.

19 在上海船津總領事, 〈田中大將狙擊犯人吳成崙逃走ニ關スル件〉, 大正 11年 5月 3日; 日本外務省 編, 《外務省警察史-朝鮮民族運動史(未定稿)》 2, 高麗書林影印, 1991, 678~679쪽.

20 在上海船津總領事, 〈田中大將狙擊犯人吳成崙逃走ニ關スル件〉, 大正 11年 7月 12日; 日本外務省 編, 《外務省警察史-朝鮮民族運動史(未定稿)》 2, 698쪽.

21 在上海船津總領事, 〈田中大將狙擊犯人吳成崙逃走ニ關スル件〉, 大正 11年 5月 3日; 日本外務省 編, 《外務省警察史-朝鮮民族運動史(未定稿)》 2, 683쪽.

22 〈吳壯士脫訊顛末〉, 《독립신문》 1922년 12월 13일.

23 〈吳壯士脫訊顛末〉, 《독립신문》 1922년 12월 13일.

24 〈金益相의 본가는 시외 孔德里로 판명〉, 《동아일보》 1922년 4월 6일.

25 〈객월 製煙 이출액〉, 《동아일보》 1920년 8월 1일.

26 〈불운아! 김익상의 實弟가 縊首자살〉, 《동아일보》 1925년 6월 9일; 〈김익상 弟 자살〉, 《조선일보》 1925년 6월 9일; 〈田中대장 저격범인의 實弟 자살〉, 《京城日報》 1925년 6월 20일.

27 〈옥중생활로 轉身하며 조국해방에 바친 일생〉, 《조선일보》 1945년 12월 5일.

28 장신, 〈1930~40년대 조선총독부의 사상전향정책 연구〉, 성균관대학교 동아시아학과 박사학위논문, 2020, 146~164쪽.

5장 블라디보스토크 신한촌

1 현규환, 《한국유이민사》 상, 어문각, 1953, 814~815쪽.

2 《해조신문》 제61호, 1908년 5월 6일.

3 〈양씨 피살상보〉, 《대동공보》 1910년 4월 24일.

4 〈정순만 씨의 역사〉, 《대동공보》 1909년 5월 5일.

5 박걸순, 〈연해주 한인사회의 갈등과 정순만의 피살〉, 《한국독립운동사연구》 34, 독립기념관, 2009.

6 박민영, 〈러시아 연해주 지역의 독립운동과 충북인의 활동〉, 《정순만의 생애와 민족운동》 학술회의 발표문, 2011

7 《대동공보》 1910년 5월 15일.

8 В.Граве. Китайцы, Корейцы и Японцы в Приамурье, Хабаровск, 1912; 南滿洲鐵道株式會社庶務部調査課 日譯, 《極東露領に於ける黃色人種問題》, 大阪每日新聞社, 1929, 147쪽.

9 《대동공보》 1910년 9월 1일.

10 朝鮮駐箚憲兵隊司令部, 《(秘)明治45年 6月調, 露領沿海州移住鮮人ノ狀態》, 1913년 3월 3일; 정태수, 〈국치 전후의 신한촌과 한민학교 연구〉, 《수촌박영석교수화갑기념한민족독립운동사논총》, 1992, 1189쪽.

11 在浦潮斯德 總領事代理 二瓶兵二, 〈機密鮮 제43호, 鄭享萬 殺害에 관한 報告〉, 1911년 6월 27일, 《不逞團關係雜件-朝鮮人의 部-在西比利亞》 3.

12 계봉우, 〈꿈속의 꿈〉, 《북우 계봉우 자료집 ⑴》, 독립기념관 한국독립운동사연구소, 1996, 373쪽.

13 菊池義郎(블라디보스토크 총영사), 〈機密 제49호, 선인의 행동에 관한 건〉, 1921년 7월 13일, 《不逞團關係雜件−朝鮮人의 部−在西比利亞》 12.

14 《조선총독부 급 소속관서 직원록》 1911년판.

15 블라디보스토크 총영사 大鳥富士太郎, 〈機密金 交付 件〉, 1910년 7월 12일; 《한국근대사 자료집성, 間島·沿海州 關係 2》, 국사편찬위원회.

16 在浦潮斯德총영사, 〈機密鮮제55호 배일신문 大洋報 활자 절취의 건〉, 1911년 9월 22일. 《한국독립운동사 자료 37 (해외언론운동편)》.

17 鳥居(블라디보스토크 通譯官), 〈憲機第1042號 第277號, 5월 22일 木藤通譯官이 嚴仁燮으로부터 얻은 情報〉, 1911년 6월 1일, 《不逞團關係雜件−朝鮮人의 部−在西比利亞》 2.

18 〈연해주의 독립단체〉, 《동아일보》 1921년 12월 7일.

19 〈朝憲機 제2호, 浦潮地方鮮人狀況〉, 1914년 1월 7일, 《不逞團關係雜件−在西比利亞(4)》, 국사편찬위원회.

20 임경석, 〈권업회 설립 전후 재노령 한인 정치세력과 안창호〉, 《도산사상연구》 5, 도산사상연구회, 1998.

21 뒤바보, 〈아령실기(9)〉, 《독립신문》 1920년 3월 30일.

22 윤병석, 〈이동휘의 망명 생활과 대한광복군 정부〉, 《한국독립운동사연구》 11, 독립기념관, 1997, 105~107쪽.

23 《권업신문》 제36호, 1912년 12월 22일, 2쪽.

24 〈朝憲機 제42호, 昨冬12月下旬 浦潮朝鮮人에 關한 諜報〉, 1912년 1월 12일, 《不逞團關係雜件−在西比利亞(3)》, 국사편찬위원회.

25 〈朝憲機 제84호, 2월 1일 浦潮發情報〉, 1914년 2월 13일, 《不逞團關係雜件−在西比利亞(4)》, 국사편찬위원회.

6장 배신

1 〈여교 졸업〉, 《황성신문》 1910년 6월 19일.

2 반민족행위특별조사위원회 조사관 申亨植, 〈피의자 신문조서(오현주)〉, 1949. 3. 28.,

15~17쪽, 국사편찬위원회 한국사 데이터베이스.

[3] 《동아일보》 1930년 4월 2일.

[4] 〈劉根洙〉, 《大韓帝國官員履歷書》 25책, 1972, 641쪽.

[5] 劉根洙, 〈論體育說〉, 《대한매일신보》 1909년 2월 5일.

[6] 특별검찰관 李義植, 〈피의자 신문조서(오현주)〉, 1949년 4월 14일, 18~23쪽.

[7] 박용옥, 《김마리아, 나는 대한의 독립과 결혼하였다》, 홍성사, 2003, 203쪽.

[8] 《안동교회 90년사》, 안동교회 역사편찬위원회, 2001, 159쪽, 217쪽.

[9] 국사편찬위원회 편, 《대한제국관헌 이력서》 33책, 1972, 774쪽.

[10] 臨時統監府總務長官事務取扱 統監府參與官 石塚英藏, 〈機密統發第536號, 金東億의 身分取調 照會에 대한 回答〉, 1909년 4월 8일.

[11] 〈회록〉, 《서우》 제1호, 1906년 12월 1일, 45쪽.

[12] 支那特命全權公使 小幡酉吉, 〈公제92호, 獨立紀念日에서의 鮮人의 行動 報告의 件〉, 1921년 3월 5일, 《不逞團關係雜件−朝鮮人의 部−在支那各地》 1.

[13] 〈尋訪왔던 괴청년, 一去後에 流血慘屍〉, 《동아일보》 1925년 8월 6일, 2면; 박태원, 《약산과 의열단》, 1947년 9월, 초판, 174~179쪽.

[14] KBS, 〈시사기획 창: 밀정 2부—임시정부를 파괴하라〉, 2019년 8월 20일.

[15] 豫審掛職務代理 朝鮮總督府判事 堀直喜, 〈金大羽 신문조서〉, 대정 8년 4월 9일, 《한민족독립운동사자료집》 15(삼일운동 V), 국사편찬위원회, 1991.

[16] 장규식, 〈학생단 독립운동과 3월 5일 시위〉, 《3·1운동 100년, 2. 사건과 목격자들》, 휴머니스트, 2019, 141쪽.

[17] 松花學人, 〈總督府 及 各道 高官 人物評〉, 《삼천리》, 1938년 5월호, 59쪽.

[18] 朝鮮總督府 검사 山澤佐一郎, 〈金大羽 신문조서〉, 大正 8년 3월 13일; 《한민족독립운동사자료집》 14(삼일운동 IV), 국사편찬위원회, 1991.

[19] 장신, 〈1930~40년대 조선총독부의 사상전향정책 연구〉, 미발표논문, 2019, 32쪽.

[20] 宮嶋博史, 〈植民地下朝鮮人大地主의 存在形態에 關する 試論〉, 《朝鮮史叢》 5·6合併號, 1982.

[21] 〈조선총독부지방관 관제〉 23조, 24조, 《조선총독부관보》 1910년 9월 30일.

[22] 〈삼일운동 데이터베이스〉, 국사편찬위원회 한국사 데이터베이스.

[23] 김단야, 〈1929년에 조선 가서 일하든 경로〉, 1937년 2월 23일, 13쪽, РГАСПИ ф.495 о п.228 д.439.

[24] Член ЦК Коркомсолола Квон-о-сель·Ким-тон-мен(고려공청 위원 권오설·김동명), Испоолкому КИМа(국제공청 집행부 앞), 1926년 1월 31일, с.2, РГАСПИ ф.533 оп.10 д.1894.

[25] 이준식,《조선공산당 성립과 활동》, 독립기념관, 2009, 72쪽.

[26] 임경석, 〈잡지 '콤무니스트'와 국제선 공산주의그룹〉,《한국사연구》126, 2004.

[27] Kimdanya, Report on the publication of journal "Communist" for Korea, 1934년 2월 8일, pp. 13~14, РГАСПИ ф.495 оп.135 д.194.

[28] 상해시 치안국 경비대, 〈조서〉, 1920년 4월 29일;《대한민국임시정부자료집》23, 국사편찬위원회, 2008, 125쪽.

[29] 안창호, 〈일기〉, 1920년 4월 29일;《도산안창호전집》제4권, 도산안창호선생기념사업회, 2000.

[30] 송민수, 〈상해 구국모험단의 조직과 활동〉,《한국민족운동사연구》102, 2020, 178~179쪽.

[31] 警務局, 〈上海在住不逞鮮人의 行動〉, 1920년 6월,《不逞團關係雜件-鮮人의 部-在上海地方》(2), 19~20쪽.

[32] 김구, 도진순 주해,《백범일지》, 돌베개, 1997, 302쪽.

[33] 〈4각관계로 폭로된 상해밀정사건 3〉,《동아일보》1925년 9월 27일.

[34] 〈문제의 인물 金聲根, 입경하자 경무국〉,《동아일보》1925년 9월 28일.

7장 비밀결사

[1] 조선공산당중앙집행위원 책임비서 金在鳳, 〈黨 內部에 대한 整理問題〉, 1925년 12월 7일, РГАСПИ ф.495 оп.135 д.117 л.20~43.

[2] 고공청중앙집행위원 權五卨金東明, 〈고공청 제13호, 본회 및 조공당 관계자 被逮 사건 顚末〉, 1925년 12월 31일, 3쪽, РГАСПИ ф.495 оп.135 д.112 л.80~84.

[3] The last resolution of the presidium of the ECCI on the Korean question, 1925년 9월, РГА

СПИ ф.495 оп.135 д.104 л.53~56.

4 Мильнер(밀러), тов.Серегину(세레긴 동무에게), 1925년 11월 13일, с.1, РГАСПИ ф.495 оп.135 д.110 л.151~154.

5 김재봉, 〈黨 內部에 대한 整理問題〉, 1925년 12월 7일, 20~21쪽.

6 Ответств.ген.секретарь Коркомсомола(고려공청 책임비서), В ИКИ КИМ no.17 Общее положение ячеек комсомола, 28/II-26 г.(제17호, 국제공청 집행위원회에 보내는 공청 야체이까 일반 상황) с.1, РГАСПИ ф.495 оп.135 д.131 л.140.

7 〈조선공산당중앙집행위원회비서부일기〉 1926년 3월 12일~5월 14일, 《조선사상운동조사자료》 제1집, 고등법원검사국사상부, 1932.

8 朝鮮總督府警務局, 《朝鮮の治安狀況(昭和12年版)》, 不二出版, 1984(復刻板).

9 Билль(윌리), Дорогие товарищи(경애하는 여러 동무들), 1925년 9월 19일, РГАСПИ ф.495 оп.135 д.106 л.19~24.

10 〈조선공산당중앙집행위원회회록(제6회)〉, 1926년 3월 5일, 《조선사상운동조사자료》 제1집, 고등법원검사국사상부, 1932, 7쪽.

11 고공청 중앙집행위원 권오설·김동명, 〈幹部 被捉 사건에 대한 보고〉, 1925년 12월 3일, 1쪽, РГАСПИ ф.495 оп.135 д.131 л.222-224.

12 고공청 중앙집행위원 권오설·김동명, 〈第特号二 금번 돌발 사건에 대한 대책〉, 1925년 12월 3일, 1쪽, РГАСПИ ф.495 оп.135 д.131 л.214-6об.

13 Член ЦК Коркомсолола Квон-о-сель·Ким-тон-мен(고려공청 중앙집행위원 권오설·김동명), Испоолкому КИМа(국제공청 집행위 앞), 1926년 1월 31일, с.3, РГАСПИ ф.533 оп.10 д.1894 л.1~12.

14 고공청 중앙집행위원 권오설·김동명, 〈第特号三 금후 事業案〉, 1925년 12월 3일, 1~2쪽, РГАСПИ ф.495 оп.135 д.131 л.217~219об.

15 고공청 중앙집행위원 권오설·김동명, 〈第特号二 금번 돌발 사건에 대한 대책〉, 1925년 12월 3일, 5~6쪽, РГАСПИ ф.495 оп.135 д.131 л.214~6об.

16 고공청 중앙집행위원 權五卨·金東明, 〈고공청 제10호, 道幹部 선정에 관한 건〉, 1925년 12월 31일, 2쪽, РГАСПИ ф.495 оп.135 д.112 лл.72~74.

17 朝鮮總督府警務局, 《朝鮮の治安狀況(昭和12年版)》, 神戸, 不二出版, 1984(復刻板).

18 임원근, 〈亡友追憶, 1년 전에 간 權五尙에게〉, 《삼천리》 13, 1931년 3월 1일, 60쪽.

19 〈국경의 1년간 검거된 범죄 수〉, 《매일신보》 1928년 12월 23일.

20 沈熏, 〈동방의 애인 (1)〉, 《조선일보》 1930년 10월 29일.

21 〈체포된 蔡某는 공산대학 교수〉, 《동아일보》 1928년 1월 25일.

22 경성지방법원 조선총독부예심판사 五井節藏, 〈예심종결서〉, 昭和 3년 5월 28일.

23 〈月餘 두고 鐵棺 제작, 동지 유골을 안치〉, 《조선일보》 1931년 4월 19일.

24 〈新聞戰線總動員, '大合同日報'의 幹部 公選〉, 《동광》 29호, 1931년 12월, 63쪽.

25 《김철수외 20인 조서(2)》 419~420쪽; 김준엽·김창순, 《한국공산주의운동사》 3, 청계연구소, 1986, 197쪽.

26 〈영남친목회 취지서〉, 1927년 9월, (김철수, 〈福本트로츠키주의자들에 대한 중요 재료〉 1928. 4. 1, 4~5쪽 수록), РГАСПИ ф.495 оп.135 д.155 л.43~45об.

27 〈名士諸氏 맛나기前 생각과 맛난 後의 印像〉, 《별건곤》 11호, 1928년 2월, 68쪽.

8장 옥중투쟁

1 〈반도 근대사상 3대 사건의 조선공산당 공판 금일 개정〉, 《동아일보》 1927년 9월 13일.

2 〈사설, 개인과 결사—공산당 사건 공판 開廷에 임하여〉, 《조선일보》 1927년 9월 14일.

3 《Второй день суда 15-то сентября Пак Ен-Хен выступил……》 - перевод с корейского языка (제목 없는 문서: 9월 15일 공판 제2일에 박헌영은 발언하기를…… 한국어에서 번역), РГАСПИ ф.495 оп.135 д.146 л.175~177.

4 〈朴純秉씨 요절〉, 《동아일보》 1926년 8월 27일.

5 박헌영, 〈영문이력서〉, 1928년 11월 20일, РГАСПИ ф.495 оп.228 д.23 л.83~84.

6 〈육십만세 10주년을 맞으면서〉, 《앞으로》 3-4, 1936, 82~83쪽.

7 고려공산청년회, 〈朴純秉동무를 悼함〉, 《불꽃》 제7호, 1926년 9월 1일, 4쪽.

8 〈작일 박길양 시체되어 출옥〉, 《동아일보》 1928년 1월 22일.

9 경성동대문경찰서장, 〈京東警高秘第102호, 朝鮮共産黨事件 獄死者 朴吉陽 葬儀의 件〉, 1928년 1월 23일, 국편 한국사데이터베이스.

[10] 《왜정시대 인물사료》 1권, 45~46쪽.

[11] 김성민, 〈강화 지역 3·1운동의 전개와 성격〉, 《한국근현대사연구》 22, 2002, 35~36쪽.

[12] 〈박길양 유해, 무사 이장〉, 《조선일보》 1928년 4월 15일.

[13] 박준성, 〈이한빈, 105일 단식투쟁 끝에 옥사한 선진노동자〉, 《시대를 앞서간 사람들》, 선인, 2014.

[14] 일제 감시대상 인물카드, 〈李翰彬〉, 국사편찬위원회 한국사데이터베이스 http://db.history.go.kr

[15] 〈加平청년회 정기총회〉, 《조선일보》 1928년 3월 8일; 〈신흥청맹위원회〉, 《조선일보》 1929년 9월 14일.

[16] 〈社告〉, 《조선일보》 1928년 11월 27일; 〈신흥기자단 창립대회 개최〉, 《조선일보》 1929년 12월 30일.

[17] 朝鮮軍參謀長 久納誠一, 〈朝參密第32號, 共産大學卒業者ノ軍事スパイ事件檢擧ニ關スル件〉, 1937년 1월 22일, 452쪽; 공훈전자사료관(https://e-gonghun.mpva.go.kr)

[18] 〈A학부 제5분과(한인분과) 학생 명부〉, 1932년 11월 20일; 이재훈·배은경 등 옮김, 《러시아문서보관소 자료집 1—문서 번역집》, 한울아카데미, 2020, 136~137쪽.

[19] Записка. Хо-Ен: К проток М.К. от 8. X-32г.(이호연에 관한 메모: 1932년 10월 8일 자 М.К.회의록 첨부) РГАСПИ ф.495 оп.288 д.180 л.11.

9장 국제주의

[1] 김철수·김강 역, 〈고려문제에 관한 결정서〉(1927년 4월 29일의 결정), 2쪽, РГАСПИ ф.495 оп.45 д.13 л.113об.

[2] Minutes of the Korean commission, 1927년 6월 28일, РГАСПИ ф.495 оп.45 д.13 л.129.

[3] Sakmyster, Thomas L., *A Communist Odyssey: The Life of József Pogány/John Pepper*(Budapest and New York: Central European University Press, 2012), pp. 136~144.

[4] Report of comrade Pepper to the Bureau of the Anglo-American Secretariat, Jan. 21.

1928, p. 6, РГАСПИ ф.495 оп.135 д.156 л.10~27.

[5] Sen Katayama, On the Korean communist party problem, 1928. 2. 29, p. 2, РГАСПИ ф.495 оп.135 д.156 л.116~119.

[6] 〈중앙집행위원회 보고, 제1호〉 3쪽, РГАСПИ ф.495 оп.135 д.156 л.69~74об.

[7] 〈조선문제에 대한 결정서〉, РГАСПИ ф.495 оп.135 д.150 л.144~153.

[8] 강호출, 〈코민테른 '조선 문제 결정서'를 통해본 조선공산당 운동(1925~1928)〉, 고려대학교 박사학위논문, 2004, 141~142쪽.

[9] 〈국제공산당의 조선문제에 대한 결의〉,《계급투쟁》1호, 1929년 5월, 33~39쪽; 朴慶植 編,《朝鮮問題資料叢書》7, 東京: アジア問題研究所, 1982.

찾아보기

독립운동 열전 ❶
—잊힌 사건을 찾아서

⊙ 2022년 9월 9일 초판 1쇄 발행
⊙ 2023년 3월 9일 초판 4쇄 발행

⊙ 지은이   임경석
⊙ 펴낸이   박혜숙
⊙ 펴낸곳   도서출판 푸른역사
　　　　　　우) 03044 서울시 종로구 자하문로8길 13
　　　　　　전화: 02) 720−8921(편집부) 02) 720−8920(영업부)
　　　　　　팩스: 02) 720−9887
　　　　　　전자우편: 2013history@naver.com
　　　　　　등록: 1997년 2월 14일 제13−483호

ISBN　979−11−5612−226−5　04900
　　　　979−11−5612−225−8　04900 (세트)

• 잘못 만들어진 책은 교환해드립니다.